High-Quality Development of China's Rural Industries (2021)

Development Pathways and Regional Characteristics of Agricultural Modernization

中国乡村产业高质量发展报告

—（2021）—

农业现代化发展路径与地域特征

阮建青　杨奇明　陈立辉◎著

浙江大学出版社

ZHEJIANG UNIVERSITY PRESS

·杭州·

本书获得国家自然科学基金项目(71873121)、国家社科基金重大项目(21&ZD091)以及浙江大学中国农村发展研究院的支持。

序　一

　　乡村振兴战略是党的十九大提出的重大战略,实施乡村振兴战略是关系全面建设社会主义现代化国家的全局性、历史性任务,是新时代"三农"工作的总抓手。乡村振兴战略包括产业兴旺、生态宜居、乡风文明、治理有效、生活富裕五个方面的内涵,其中产业兴旺是乡村振兴的重要基础,是解决农村一切问题的前提。

　　2019 年 6 月国务院印发的《国务院关于促进乡村产业振兴的指导意见》对乡村产业进行了明确的定义:乡村产业根植于县域,以农业农村资源为依托,以农民为主体,以农村一二三产业融合发展为路径,地域特色鲜明、创新创业活跃、业态类型丰富、利益联结紧密,是提升农业、繁荣农村、富裕农民的产业。发展乡村产业是拓宽农民就业渠道、提高农村收入水平、实现农业高质量发展的核心手段。

　　要制定科学的、符合实际的乡村产业发展战略,首先需要对中国乡村产业发展的历史和现状有全面的认识。虽然社会各界高度关注乡村产业,但是系统、全面、深入地描述中国各地乡村产业发展现状的研究却并不多见。我很高兴地看到浙江大学中国农村发展研究院阮建青教授带领的研究团队在这方面付出了努力,并取得了不菲的成绩。

　　本书首先构建了一套乡村产业发展评价指标系统,从产业体系、生产体系、经营体系三个维度,设置了融合化、多样化、品牌化、特色化、数字化、科技化、合作化、新型化、规模化 9 个二级指标,并进一步设置了 22 个具体的三级指标。然后利用翔实的数据,分别从省级、地市级、县级层面计算2018—2020 年的乡村产业发展指数,对中国乡村产业发展现状给出了全景式的描述。

　　本书具有如下特点:第一,本书设置的指标体系兼具科学性与可操作性;第二,本书的数据非常丰富,且具体到了县级层面,可为社会各界研究乡村产业发展提供数据支撑。综合而言,本书具有重要的学术价值和实践意义。

　　实现乡村产业的高质量发展是一项长期而艰巨的任务,需要社会各界的共同努力,期待有更多高质量的相关研究陆续问世。

浙江大学中国农村发展研究院首席专家

浙江大学求是特聘教授

2022 年 2 月

序　二

　　党的十九大作出中国特色社会主义进入新时代的科学论断,提出实施乡村振兴战略的重大历史任务,在我国"三农"发展进程中具有划时代的意义。产业兴旺是乡村振兴的基础,也是乡村振兴的关键。中国乡村产业在过去的发展历史中取得了不菲的成绩,在新的历史阶段,如何抓住历史机遇进一步壮大乡村产业,是实现共同富裕和第二个百年奋斗目标亟须回答的重大问题。

　　要科学地回答上述问题,首先需要对中国乡村产业发展有系统的了解和把握。推动农业产业化高质量发展,发挥农业产业化在构建乡村产业体系、促进乡村经济多元化发展、带动农户就业增收等方面的重要作用,是实现习近平总书记所提出的构建现代农业"三大体系"、加快推进农业现代化目标[①]的重要一环。发展壮大乡村产业,需要以完善利益联结机制为核心,以制度、技术和商业模式创新为动力,推进农村一二三产业交叉融合,贯穿绿色发展理念,构建发展根植于农业农村、由当地农民主办、彰显地域特色和乡村价值的产业体系。全面归纳、总结和评价中国乡村产业发展的现状不仅具有重要的学术意义,而且具有重要的政策参考价值。但是,受制于数据资料的可得性,目前全面评价中国乡村产业发展现状的研究还不多。

　　浙江大学中国农村发展研究院(简称"卡特")是我国著名的农业农村问题研究基地,承接深厚的历史积淀,自成立以来在我国"三农"领域进行了大量的理论研究,做出了很大的社会贡献。进入新时代后,浙江作为乡村振兴

---

① 韩长赋.构建三大体系 推进农业现代化.人民日报,2016-05-18(15).

示范省,在数字农业、城乡产业融合发展等方面均走在全国前列。浙大"卡特"地处中国农业农村发展的前沿地带,在把握乡村产业发展的前沿理论和实践操作方面具有得天独厚的优势。基于强大的平台,阮建青教授带领的研究团队深耕中国乡村产业发展研究,在该领域取得了重要的进展和突破。

本书对中国当前乡村产业发展的现状进行了翔实的描述与评价。作者从县级层面构建了一套评价乡村产业发展的指标体系,共设置了融合化、多样化、品牌化、特色化、数字化、科技化、合作化、新型化、规模化9个二级指标,并细分为22个三级指标。通过大量的数据收集和整理,作者在本书中测度了中国省级、市级、县级的乡村产业发展情况,并总结了相关的案例。既利用不同层面的数据来严格定量分析,又基于鲜活的案例来深入研究探讨,是本书有别于同领域其他学术作品的最大特色。

建青教授是一位低调谦和、潜心科研的学者,既具有扎实的理论功底,又能深入了解中国农业农村发展的实际,在国内外学术期刊发表了多篇具有影响力的学术作品。我跟建青教授相识多年,在多年的交流中获益良多。本书是建青教授及其团队成员长期研究积累的成果,作者在数据资料收集、数据分析、典型案例梳理等方面花费了大量的心血,提出了一些非常具有见地的政策建议。本书内容丰富,分析深入,可以作为学者和政策制定者的重要参考资料。我也期待建青教授能把这项研究工作延续下去,对我国乡村产业发展进行长期的跟踪分析,提出更多的真知灼见。

中国人民大学农业与农村发展学院院长

教育部特聘教授

2022年2月

目　录

第一篇　中国乡村产业发展综合评价

第一章　中国乡村产业发展背景 ……………………… 3
一、中国乡村产业发展现状 ………………………………… 3
二、中国乡村产业发展的历史进程 ……………………… 6
三、乡村产业高质量发展的重要意义 …………………… 9
四、中国乡村产业高质量发展指数的价值 ……………… 11

第二章　指标体系与数据来源 ……………………… 13
一、指标设置原则 ……………………………………… 13
二、指标体系构成 ……………………………………… 14
三、指标权重设置与计算方法 ………………………… 21
四、其他必要说明 ……………………………………… 23

第三章　中国乡村产业发展总体评价 ……………… 26
一、省域层面评价 ……………………………………… 26
二、地市层面评价 ……………………………………… 28
三、县域层面评价 ……………………………………… 35

第二篇　产业体系高质量发展评价

第四章　产业体系高质量发展省域评价 ……………………… 47

一、省域产业体系发展指数解读 ……………………… 47

二、省域融合化发展指数解读 ……………………… 49

三、省域多样化发展指数解读 ……………………… 55

四、小结 ……………………… 57

第五章　产业体系高质量发展地市评价 ……………………… 58

一、地市产业体系发展指数解读 ……………………… 58

二、地市融合化发展指数解读 ……………………… 62

三、地市多样化发展指数解读 ……………………… 68

四、小结 ……………………… 74

第六章　产业体系高质量发展县域评价 ……………………… 75

一、县域产业体系发展指数解读 ……………………… 75

二、县域融合化发展指数解读 ……………………… 80

三、县域多样化发展指数解读 ……………………… 88

四、小结 ……………………… 96

专栏一 ……………………… 97

第七章　典型案例解析 ……………………… 100

一、浙江省:产业门类丰富,夯实共同富裕基础 ……………………… 100

二、泉州市:鼓励创新创业,把握资源优势 ……………………… 102

三、兴义市:蔬果菌特色产业带动全域发展 ……………………… 104

第三篇 生产体系高质量发展评价

第八章 生产体系高质量发展省域评价 ································ 109

一、省域生产体系发展指数解读 ································ 109

二、省域品牌化发展指数解读 ································ 111

三、省域特色化发展指数解读 ································ 117

四、省域数字化发展指数解读 ································ 121

五、省域科技化发展指数解读 ································ 126

六、小结 ································ 131

第九章 生产体系高质量发展地市评价 ································ 132

一、地市生产体系发展指数解读 ································ 132

二、地市品牌化发展指数解读 ································ 135

三、地市特色化发展指数解读 ································ 142

四、地市数字化发展指数解读 ································ 144

五、地市科技化发展指数解读 ································ 151

六、小结 ································ 157

本章附录 ································ 158

第十章 生产体系高质量发展县域评价 ································ 161

一、县域生产体系发展指数解读 ································ 161

二、县域品牌化发展指数解读 ································ 167

三、县域特色化发展指数解读 ································ 175

四、县域数字化发展指数解读 ································ 178

五、县域科技化发展指数解读 ································ 186

六、小结 ································ 194

本章附录 ……………………………………………………… 195

专栏二 ………………………………………………………… 200

第十一章　典型案例解析 ………………………………… 203

　一、江苏省:多元发展助力生产体系协调共进 …………… 203

　二、湖州市:"两山"理念赋能乡村产业优化升级 ………… 207

第四篇　经营体系高质量发展评价

第十二章　经营体系高质量发展省域评价 …………… 215

　一、省域经营体系发展指数解读 ………………………… 215

　二、省域合作化发展指数解读 …………………………… 217

　三、省域新型化发展指数解读 …………………………… 221

　四、省域规模化发展指数解读 …………………………… 224

　五、小结 ………………………………………………… 228

第十三章　经营体系高质量发展地市评价 …………… 230

　一、地市经营体系发展指数解读 ………………………… 230

　二、地市合作化发展指数解读 …………………………… 234

　三、地市新型化发展指数解读 …………………………… 240

　四、地市规模化发展指数解读 …………………………… 247

　五、小结 ………………………………………………… 253

第十四章　经营体系高质量发展县域评价 …………… 255

　一、县域经营体系发展指数解读 ………………………… 255

　二、县域合作化发展指数解读 …………………………… 260

三、县域新型化发展指数解读 ·············· 268

四、县域规模化发展指数解读 　276

五、小结 ·············· 284

专栏三 ·············· 285

第十五章　典型案例解析 ·············· 288

一、山东省:传统农业大省砥砺前行谱乡村振兴新华章 ·············· 288

二、成都市:西南名城努力打造乡村振兴高地 ·············· 290

第五篇　总结与建议

第十六章　中国乡村产业高质量发展的主要成效 ·············· 299

一、产业形态日益丰富,三产融合不断深化 ·············· 299

二、乡村双创氛围浓厚,新型主体大量涌现 ·············· 300

三、科技支撑不断增强,生产效率得到改善 ·············· 303

四、品牌经营深入人心,特色产业助力减贫 ·············· 306

五、数字赋能成效彰显,公共平台有力支撑 ·············· 308

六、基础设施不断完善,发展根基越发牢固 ·············· 309

第十七章　当前中国乡村产业发展面临的主要问题 ·············· 312

一、产业地位弱势突出,均衡发展亟待加强 ·············· 312

二、产业链培育不完善,产业结构亟待优化 ·············· 315

三、全要素生产率较低,科技进步相对迟缓 ·············· 317

四、空壳主体大量存在,管理资源存在浪费 ·············· 318

五、新型主体效益不高,带动农户能力有限 ·············· 321

六、乡村空心趋势加剧,人才振兴亟待破题 ·············· 324

　　七、金融供给力度增强,主体融资困难依旧 …………………… 327

第十八章　推动乡村产业进一步高质量发展的政策建议 ………… 331
　　一、优化提升产业结构,推动乡村产业全面振兴 ……………… 331
　　二、搭建创新创业平台,助力乡村产业全面升级 ……………… 334
　　三、深化农村综合改革,加快城乡要素有序流动 ……………… 336
　　四、发展高质高效农业,促进产品服务价值增值 ……………… 339

后　记 ………………………………………………………………… 341

第一篇　中国乡村产业发展综合评价

　　乡村产业作为衔接脱贫攻坚和乡村振兴的主要抓手,是解决"三农"问题的核心与关键。评价我国各地乡村产业的发展水平,并据此有针对性地发展乡村产业,有助于提升乡村振兴事业的推进效率。

第一章　中国乡村产业发展背景

"三农"问题是关系国计民生的重大问题。长久以来,党和政府始终将其作为核心工作之一,赋予其"重中之重"的战略地位。民族要复兴,乡村必振兴。2017年10月,党中央在准确研判我国经济社会发展趋势和乡村演变发展态势之后,首次提出实施乡村振兴战略,"三农"工作开始由脱贫攻坚逐渐过渡到乡村振兴上。"三农"工作重心的转移,是建设社会主义现代化强国,统筹城乡发展,促进我国经济高质量发展,实现全体人民共同富裕的必由之路。

乡村振兴包括产业兴旺、生态宜居、乡风文明、治理有效和生活富裕五个方面,其中乡村产业兴旺是重点。《国务院关于促进乡村产业振兴的指导意见》指出,乡村产业根植于县域,以农业农村资源为依托,以农民为主体,以农村一二三产业融合发展为路径,地域特色鲜明、创新创业活跃、业态类型丰富、利益联结紧密,是提升农业、繁荣农村、富裕农民的产业。就我国国情而言,乡村产业发展的好坏决定了乡村振兴的成败,也是解决"三农"问题的前提。作为衔接脱贫攻坚和乡村振兴的主要抓手,发展乡村产业是拓宽农民就业渠道、提高农村收入水平、实现农业高质量发展的必要之举和核心手段。

一、中国乡村产业发展现状

自改革开放以来,我国经济蓬勃发展,物质财富水平得到了巨大的提升,人民生活水平日新月异。在此历史进程中,我国乡村也经历了一场激烈的变革,取得不俗成绩的同时也面临着不少困境。

成绩方面。我国农林牧渔业总产值从 1978 年的 1397.0 亿元,增长至 2019 年的 123967.9 亿元,年均增长 11.56%[①];农村居民人均可支配收入从 1978 年的 133.6 元增加到 2019 年的 16020.7 元,名义增长近 120 倍,年均增长 12.38%[②];农业生产方式发生了深刻变革,实现了从主要依靠人力、畜力到主要依靠机械动力的转变。农业农村部数据显示,2020 年全国农作物耕种收综合机械化率已达到 71%,相比 1978 年的 19.7% 有了长足的进步,其中各主要粮食作物耕种收综合机械化率均超过 80%;农业机械总动力得到了巨大提升,从 1978 年的 11749.9 万千瓦增长至 2019 年的 102758.3 万千瓦,年均增长 5.43%[③];农产品加工业不断发展,2020 年农产品加工业营业收入达 23.2 万亿元,较 2019 年增加 1.2 万亿元,农产品加工转化率达到了 67.5%[④];乡村特色产业发展快速,产值超 100 亿元的乡村特色产业集群共有 34 个,休闲农业年营业收入超过 8500 亿元,农林牧渔专业及辅助性活动产值达 6500 亿元;农村电商及创业队伍不断壮大,农产品网络销售额达 4000 亿元,返乡入乡创新创业人员累计达 850 万人,返乡入乡创业带动就业人数达 3400 万人。此外,我国农业科技进步贡献率显著提升,从改革开放初期仅为 27.0% 迅速提升到 2019 年的 59.2%[⑤]。

困境方面。从乡村宏观环境来看,主要存在以下三点。一是空心化。随着城镇化的不断推进,大量农民工进城谋生使得乡村劳动力逐渐减少,大量农村房屋、土地闲置,空巢率持续上升,不少乡村逐渐凋零甚至走向消亡。二是老龄化。大量青壮年流向城镇使得留守在乡村的人口年龄结构失衡,

---

① 国家统计局.中国统计年鉴 2020.北京:中国统计出版社,2020.

② 国家统计局农村社会经济调查司.中国农村统计年鉴 2020.北京:中国统计出版社,2020.

③ 国家统计局农村社会经济调查司.中国农村统计年鉴 2020.北京:中国统计出版社,2020.

④ 农业农村部.农业农村部印发指导意见拓展农业多种功能 促进乡村产业高质量发展.(2021-11-18).http://www.moa.gov.cn/gbzwfwqjdxxdt202111/t20211118_6382476.htm.

⑤ 农业农村部.农业农村部关于印发《全国乡村产业发展规划(2020—2025 年)》的通知.(2020-07-16).http://www.moa.gov.cn/govpublic/XZQYJ/202007/t20200716_6348795.htm.

老龄化现象明显。据王红霞①测算,全国有超过 78％的乡村已经进入老龄化社会,乡村的深度老龄化和超级老龄化急速发展的现象非常突出。三是滞后化。相比于城镇,乡村在基础设施、公共服务、医疗、教育、金融资源等诸多方面均处于落后水平,较难支撑乡村产业的高质量发展。

从乡村产业自身的发展来看,同样存在不少问题。一是乡村产业链条较短,产业融合度低。受制于时空条件,我国乡村产业在地域层面上分割明显,农产品销售主要停留在本地市场,明显表现出产业链短、附加值低、产业融合程度低等特点。如农产品加工业多停留在初级加工,精深加工不足,远未形成集生产、加工、物流、营销于一体的全链条融合发展;休闲农业和乡村旅游类产业形式简单,拓展不够,主要停留在"游览"层面,"门票经济"现象突出。二是产业同质化明显,特色不足。尽管在乡村振兴战略的推动下,当前各类乡村产业在我国大江南北遍地开花,但在产业形式上却呈现出千业一面、同质化明显、特色不足的问题。即使是以各地迥异的民俗文化发展起来的乡村旅游,在旅游项目、乡土特产的打造上同样表现出十分明显的同质化现象。三是农产品质量不高,品牌化不够。当前我国乡村生产经营模式仍以小农经济为主,未形成规模经济,加之乡村地区技术水平相对落后,缺乏必要的质检,从而使得农产品质量良莠不齐。此外,小农式生产经营加大了政府的监管难度与监管成本,监管缺位错位也会导致逆向选择等市场失灵的现象,有损于农产品品牌的建立。四是科技创新不足,附加值不高。尽管近年来我国乡村产业技术生产水平有了较大提升,但是与发达国家相比,仍然表现出科技创新能力不足、农业现代化程度偏低的特点。一方面,我国科技创新投入不足。根据《中国科技统计年鉴》数据,2019 年在研究与开发机构的 R&D 支出中,第一产业的 R&D 支出为 210.85 亿元,占全部 R&D 经费内部支出 6.84％,农业 R&D 支出占农业总产值的比重仅为 0.17％,农业 R&D 人员占全部 R&D 人员比重为 12.01％,表明我国农业科技创新投入严重不足。另一方面,农业科技创新成果转化率较低。目前我国农业

① 王红霞.乡村人口老龄化与乡村空间演进——乡村微观空间视角下的人口老龄化进程探究.人口研究,2019,43(5):66-80.

科技创新成果转化率不足 50%。除此之外,我国乡村产业仍存在生产效率低下,生产方式落后,缺乏资金、信息、市场、渠道、法律法规等要素,规划不到位,土地流转不规范等影响乡村产业发展的问题。

在此背景下,吸引更多资金、人才、技术和其他要素流向乡村,有效推动乡村产业提质增效,实现乡村经济多元化和农业全产业链发展最终达到乡村产业的高质量发展,使乡村社会重现生机活力就显得尤为重要。为此,党和政府出台了一系列指导乡村产业发展的政策文件,为乡村产业的发展指明目标和方向,以期实现乡村产业的高质量发展。2018 年 9 月,中共中央、国务院印发的《乡村振兴战略规划(2018—2022 年)》,从推动农村产业深度融合、完善紧密型利益联结机制、激发农村创新创业活力三个方面对乡村产业的发展壮大作出了规划;2019 年,《国务院关于促进乡村产业振兴的指导意见》发布,作为近年来国家层面发布的首个指导乡村产业发展的纲领性文件,其针对农业农村部、发改委、自然资源部、国家林草局等众多部门进行了针对性的部署,为乡村产业的发展指明了方向;2020 年,农业农村部编制印发的《全国乡村产业发展规划(2020—2025)》是我国第一次对乡村产业发展作出全面规划,其立足于国情,结合我国经济社会发展的新阶段,针对每一类乡村产业业态发展都进行详细规划,并对未来五年乡村产业的发展提出了具体任务及目标,为乡村产业的发展在实践层面上提供了指导。2021 年的中央一号文件《中共中央、国务院关于全面推进乡村振兴加快农业农村现代化的意见》立足于年度任务,提出立足县域、构建全产业链发展、创建农业现代化示范区等更为具体、细致的要求和任务,为短期内发展乡村产业提供了切实可行的路径。2021 年 4 月,《中华人民共和国乡村振兴促进法》颁布,并于 2021 年 6 月 1 日起正式施行,通过立法的形式使得乡村振兴有法可依,也使得乡村产业的发展得到了法律的推动与保障。

二、中国乡村产业发展的历史进程

我国乡村产业的发展大致经历了传统产业—乡村工业化快速推进—乡村产业多元化发展—乡村一二三产业融合发展等四个阶段。

(一)第一阶段:传统产业阶段(1949—1977年)

新中国成立以来,农村土地制度几经变革,先后经历了土地的农民所有制和劳动群众集体所有制。在人民公社制度中,形成"三级所有、队为基础"的农村基本经营制度,以生产小队为核算单位,实行土地集体所有、统一经营,成员按所挣的工分分配劳动成果的经营形式。

这个阶段,中国各地乡村产业处于传统产业阶段,主要以传统种养业为主,手工业等其他产业为辅,农业生产仍以人力、畜力、手工工具等传统劳动方式为主,现代工业基本空白,整体发展较为缓慢。由于国家对农业农村投入不足以及农业集体经济体制一定程度上抑制了农民生产积极性,乡村产业总体上结构单一、发展缓慢。

(二)第二阶段:传统农业向工业化转变阶段(1978—2000年)

自1978年改革开放以来,我国乡村产业逐渐走向中国特色的工业化阶段,乡村产业开始向现代化、多元化转型。家庭联产承包责任制的实行调整了生产关系,改变了原有的分配方式,直接激发了农民的生产积极性,使得生产力得到解放,农业生产效率、农民生活水平得以提高,农村经济开始全面发展。发端于20世纪50年代的乡镇企业开始蓬勃发展,使现代农业从乡村产业这个角度来看出现了萌芽。《中国乡镇企业年鉴》显示,1978—2000年我国乡镇企业的数量和吸纳的就业人数大幅度增加,其中企业数量从152.42万个增加至2080.66万个,从业人数也增加了3.54倍,截至2000年,乡镇企业吸纳的从业人数为12819.57万人。同时,乡镇企业的总产值增长迅速,2000年相比1978年增加了234.57倍。

(三)第三阶段:产业多元化发展阶段(2001—2014年)

这一阶段,在国内外形势发生深刻变化的背景下,我国乡村产业开始朝向多元化方向发展。从国际形势来看,2001年,我国加入世界贸易组织(WTO),对我国各行各业包括农业都产生了巨大的影响。放开农产品进出口贸易领域,使得我国农产品贸易顺差开始转变为贸易逆差,并呈现出日益扩大的趋势,这极大地推动了我国乡村产业生产结构的调整。从国内形势来看,跨入新世纪,我国进入全面建设小康社会、加快推进社会主义现代化的新阶段。对于乡村产业,我国政府提出"工业反哺农业、城市支持农村"的战略,形成"以工促农、以城带乡"的新局面,国家在此期间不断推进农村土地制度改革,健全农村土地管理制度,实行农村税费制度改革,深化农村金融体制改革,建立城乡发展一体化制度。2006年农业税的取消,终结了农业税在我国延续了2000多年的历史,这既使农民负担重的状况得到根本性扭转,也意味着我国工业反哺农业进程提速。

这一时期,我国乡村产业发展的重点一是农业现代化进程加快,二是农村二三产业快速发展。农业逐渐向规模化、集约化、产业化方向发展,农村土地流转加快,农业科技化、机械化水平显著提高。特别是,农村电商开始走向人们的视野,阿里巴巴布局的淘宝村、淘宝镇自2013年开始快速崛起,为乡村产业的发展开辟了一个广阔的天地。政府公开数据显示,2014年农村地区网络零售额达1800亿元[1],在全国网络零售总额[2]中的比重达到了6.45%。我国休闲农业和乡村旅游等新产业新业态也在这一时期开始酝酿发展。

(四)第四阶段:乡村产业融合发展阶段(2015年至今)

这个阶段,我国充分认识到乡村产业在产业链发展以及产业间融合方面的迫切性。2014年12月底召开的中央农村工作会议提出,大力发展农业产业化,把产业链、价值链等现代产业组织方式引入农业,促进一二三产业融合互动。随后2015年的中央1号文件明确提出,推进农村一二三产业融合发展。从政策层面看,这是在国家层面首次提出一二三产业融合发展这个概念。2015年12月30日,国务院办公厅印发《国务院办公厅关于推进农村一二三产业融合发展的指导意见》,提出发展多类型农村产业融合方

---

[1] 新华社.我国网络扶贫信息服务体系基本建立.(2020-11-06).http://www.gov.cn/xinwen/2020-11/06/content_5558444.htm。

[2] 国家统计局.2014年12月份社会消费品零售总额增长11.9%.(2015-01-20).http://www.stats.gov.cntjsjzxfb/201501/t20150120_671071.html。

式、培育多元化农村产业融合主体、建立多形式利益联结机制、完善多渠道农村产业融合服务、健全农村产业融合推进机制等多条发展建议。

党的十八届五中全会强调指出,实现"十三五"时期发展目标,必须牢固树立并切实贯彻创新、协调、绿色、开放、共享的新发展理念,作为发展的指挥棒,新发展理念为稳步推进农村一二三产业融合指明了方向。此后,在"十三五"规划建议中再次提到要推动农村一二三产业融合发展,一系列举措足以说明党中央对推进农村一二三产业融合发展的高度重视。2017 年,中央提出实施乡村振兴战略以后,我国乡村产业逐渐表现为农旅、农文、农工、农贸等各种业态在不断地融合发展。此外,在信息技术与数字经济的加持下,"互联网+"、智慧农业、大数据云计算等产业业态开始走进人们的视野,也在很大程度上改变了人们对传统农业的认知。通过大力发展具有特色的乡村非农产业,农产品加工、乡村旅游、农产品电子商务、农村生产性服务业等新业态取得了长足发展,乡村一二三产业融合发展进一步得到强化。

三、乡村产业高质量发展的重要意义

(一)有助于实现乡村振兴和高质量发展

发展乡村产业,提升乡村产业的质量和效益是我国乡村振兴实现高质量发展的必然要求,是我国全面建成社会主义现代化强国的关键,是新发展格局下实现共同富裕的必经之路。第一,实现乡村振兴,产业兴旺是基础。通过大力发展乡村产业,可以发掘出更多功能价值,丰富更多业态类型,形成城乡要素顺畅流动、产业优势互补、市场有效对接的格局,进而筑牢乡村振兴的基础。第二,乡村产业顺应了农业高质量发展要求,发展乡村产业有助于激发农业农村多种功能价值,调整优化乡村产业结构,推进产业发展由增产导向转向提质导向。第三,发展乡村产业能够促进经济发展向绿色型、质量型方向转变。乡村产业的发展一方面能够重塑乡村产业价值体系,实现品牌强农、质量兴农、绿色兴农;另一方面,能够构建完善的乡村产业标准体系以及农产品质量安全监管体系,建立市场准入制度,提高乡村产业综合效益和竞争力。第四,乡村产业的发展能够推动乡村地区人才振兴。通过让农村青年接受职业教育,培养一批懂技术的新型职业农民,形成家庭农场、农民合作社和专业大户等现代农业主力军,推动乡村农民整体素质水平的提升。通过激励机制,支持企业家、科技人员等高素质人才返乡下乡,实现乡村产业创业创新新局面,促进乡村地区人才振兴。

(二)有助于保障农民就业增收,实现共同富裕

长期以来,就地转移和异地转移并行是我国农业劳动力转移的典型特征,随着城镇化、工业化的推进,异地转移逐渐成为农业劳动力转移的主要方式。农业劳动力异地转移对于我国国民经济带来了巨大的推进作用,为我国各项事业的发展做出了卓越贡献。不过,这同样带来了乡村社会结构的空心化,不少乡村逐渐走向凋零,也在相当程度上影响了农民的幸福感与安全感。

发展壮大乡村产业是吸纳农村劳动力就地就近就业的重要途径,是实现农民增收的主要载体。乡村产业发展能够推动科技、人才、资金等各类资源、发展要素加快向乡村汇聚,激活乡村土地、消费和金融市场,培育现代农业生产经营主体,推动小农户与现代农业相结合发展,促进农民增收。发展乡村产业,农村全面小康社会和脱贫攻坚成果的巩固才有基础、提升才有空间。

当前城乡二元经济结构明显,城乡收入差距过大,极大地影响了我国共同富裕的进程。我国乡村产业发展的最大作用就是保障农民稳定就业和增收致富。人随产业走,坚持立农为农,把二三产业留在乡村,意味着农村有更多就业创业机会,农民的收入水平也会随之提升,城乡收入差距也因此得以缩小。实施乡村振兴战略,发展乡村产业有助于提高农村现代化水平,缓解我国城乡发展不平衡问题,从而扎实推进共同富裕建设。

(三)有助于促进农业现代化

在脱贫攻坚取得胜利之际,乡村产业振兴地位日益上升,乡村产业发展良好与否,直接关系到我国农业现代化的进程。

第一，发展乡村产业是推进农业农村现代化的重要引擎。农业农村现代化不仅是技术装备提升和组织方式创新，更体现在构建完备的现代农业产业体系、生产体系、经营体系。发展乡村产业，将现代工业标准理念和服务业人本理念引入农业农村，推进农业规模化、标准化、集约化，纵向延长产业链条，横向拓展产业形态，能够助力农业强、农村美、农民富。

第二，发展乡村产业有助于夯实产业基础，推动乡村产业集聚，优化产业结构，可以极大地提升农产品加工业价值、拓宽乡村特色产业门类、拓展休闲农业功能、丰富乡村新型服务业态类型，实现乡村经济多元化发展和农业全产业链发展，促进产业转型升级，从而实现可持续发展。

第三，发展乡村产业能够形成紧密的利益联结机制，优化要素组合配置，利用科技互联网等技术优势，深度挖掘市场优势，在核心产业上形成强大的竞争优势，提升农业国际竞争力。

四、中国乡村产业高质量发展指数的价值

我国幅员辽阔，各地气候地理、要素禀赋、人文环境、产业基础存在很大差异，使得我国不同时间不同区域在乡村产业类型、结构、所处产业链条位置的选择上迥然不同，这为我国乡村产业发展水平的评价带来了一定的难度。显然，乡村产业发展水平高低的评价不应只注重经济体量、发展速度等量的指标，更应站在高质量发展的角度，从多层次、多维度、多变量的视角出发，综合乡村产业发展过程中的各类成绩来全方位把握我国乡村产业的高质量发展水平。

构建以指数为基础的分析框架，可以综合反映现象总体的变动方向和变动程度。对我国乡村产业高质量发展水平的评价，也是如此。通过构建指数，可以将多个相关评价指标纳入评价体系之中，进而全面综合地判定一个地区乡村产业发展的总体水平。

首先，根据乡村产业高质量发展指数得分可以直观地显示我国各地乡村产业发展水平，可为后进者找到不足、提供发展榜样，为领先者提供自我审视、好上加好的机会。

其次,通过乡村产业高质量发展指数,可以明确我国哪些地方在乡村产业发展上处于领先地位,其成功经验与发展模式是我国乡村振兴的宝贵财富,可以作为先进案例面向全国推广,助力欠发达地区乡村产业的更快发展。

再次,通过分项指数的评价,有助于各个地区提优补差,通过区域间的协作发展,可使各地在补链、扩链、强链上取得更显著的成就,为各地打通产业链、促进区域一体化发展提供了可能。

最后,乡村产业高质量发展指数可以优化乡村振兴事业工作方向,提升政策效能,助力各级政府更高效、更具针对性地推动乡村产业振兴。

第二章　指标体系与数据来源

　　《全国乡村产业发展规划(2020—2025年)》指出,发展乡村产业是推进农业农村现代化的重要引擎,而农业农村现代化需要构建完备的产业体系、生产体系、经营体系。乡村产业的健康发展,"三大体系"缺一不可。基于此,本书围绕产业体系、生产体系、经营体系这"三大体系"来构建高质量发展评价指标体系。根据"三大体系"的内涵特点,结合乡村产业高质量发展的外化表现,本书指标体系将设置三个层面,"三大体系"为一级指标,每个体系设置若干二级分项指标,再在每个二级指标下面进一步设置具体的三级指标,力求客观、科学、合理、准确地反映我国省、市、县的乡村产业高质量发展状况。

一、指标设置原则

　　指标体系的建立,需要考虑多方面因素,综合来看,应遵循以下三大原则。

　　第一,指标的选取应紧贴研究主题,科学、合理。评价指标体系是对研究对象的测度,其是否科学直接关系到评价结果的科学性和准确性。因此,指标体系的构建应充分考虑研究对象的特点,各级指标的选择要科学、客观、合理、全面。

　　第二,指标的选取应尽量简洁明了。通俗地讲,指标宜少不宜多,宜简不宜繁,指标的选取应避免含义重复,相互之间存在高度相关关系或是因果关系。同时,指标体系构建又是一个整体,因此指标与指标之间应相对独立,作为一个整体又相互联系。本报告"三大体系"、九个二级指标不仅彼此之间不存在交叉和重复,具有一定的独立性,在指标的设置上又突出重点,代表性强,可准确地反映乡村产业发展全貌。

第三,指标的选取应具有可操作性。具体而言,可操作性是指数据的可比、可测、可得。乡村产业发展评价指标体系的构建要真正做到横向可比、纵向可测,科学、全面、准确地测度我国省、市、县三级行政区域乡村产业发展水平,以一个科学合理的评价结果为政府决策提供支撑。因此,指标体系的构建要考虑到不同区域地理位置、资源禀赋、经济发展等方面的实际差异,做到既要具有可比性,又要具有可测性。同时,选取指标时必须考虑数据的可得性,对于数据较难获取的指标应尽可能排除。本书数据基本来源于已有数据库及涉农相关部门公开的数据资源,具备数据的可得性、可比性与可测性。

下文将重点阐述构建本书指标体系的过程以及数据来源。

二、指标体系构成

基于上述原则,本书指标体系围绕"三大体系"共设置了融合化、多样化、品牌化、特色化、数字化、科技化、合作化、新型化、规模化等9个二级分项指标,并进一步设置了22个三级具体指标。具体说明如下。

(一)产业体系

构建现代乡村产业体系,核心是丰富传统农业的增值方式。通过引入新技术、新业态和新模式,推动一二三产业的融合发展,彻底改变以往农村仅仅依靠农业的单一经济增长方式。根据乡村产业体系的最新内涵,本书在产业体系中下设融合化、多样化两个二级指标。

1. 融合化

融合化主要度量乡村一二三产业融合发展的情况,具体指标包括农产品加工业企业数、乡村休闲旅游企业数、中国美丽休闲乡村数三个指标。

(1)农产品加工业企业数:农产品加工业是以人工生产的农产物料和野生动植物资源及其加工品为原料进行工业生产活动的总称。国际上通常将农产品加工业划分为 5 类,即:①食品、饮料和烟草加工;②纺织、服装和皮革工业;③木材和木材产品包括家具制造;④纸张和纸产品加工、印刷和出版;⑤橡胶产品加工。我国在统计上一般认为农产品加工业包括国民经济行业分类中的农副食品加工业,食品制造业,酒、饮料和精制茶制造业,烟草制品业,纺织业,纺织服装、服饰业,皮革、毛皮、羽毛及其制品和制鞋业,木材加工和木、竹、藤、棕、草制品业,家具制造业,造纸和纸制品业,印刷和记录媒介复制业,橡胶和塑料制品业等 12 个大类行业。本书主要参考《国民经济行业分类》(GB/T 4754—2017),构建出农产品加工企业专题数据库。首先,将上文提到的 12 个行业中与农产品关联度不高的行业删除,包括纺织服装、服饰业,印刷和记录媒介复制业等行业;其次,由于医药制造业中的中药饮品加工、中成药生产与农产品关联度较高,也将其纳入农产品加工业统计范畴。最终本书农产品加工企业专题数据库包括农副食品加工业,食品制造业,酒、饮料和精制茶制造业,烟草制品业,纺织业,皮革、毛皮、羽毛及其制品和制鞋业,木材加工和木、竹、藤、棕、草制品业,家具制造业,造纸和纸制品业,医药制造业,橡胶和塑料制品业等 11 个行业,如图 2-1 所示。

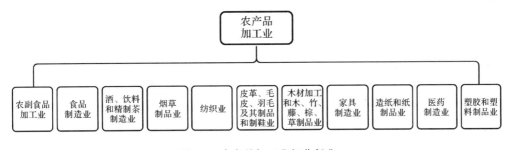

图 2-1　农产品加工业细分行业

(2)乡村休闲旅游企业数:乡村休闲旅游业是传统农业的功能拓展,横跨一二三产业,兼容生产生活生态的一个新兴产业。该指标构建方法如下:以所有工商注册的企业数据为基础,根据企业名称、经营范围等有效信息,筛选出从事乡村休闲旅游的企业单位,然后加总到不同的行政区域。

（3）中国美丽休闲乡村数：数据源于农业农村部公布的 2010—2020 年中国美丽休闲乡村名单。通过对名单数据的清洗、整理、加总，得到各省、市、县美丽休闲乡村数量。

2.多样化

多样化主要度量区域内乡村产业的多样化发展程度，包含涉农行业多样化一个指标。

涉农行业多样化：基于数据的可得性，本报告利用全部工商注册企业的行业数据，根据《国民经济行业分类》(GB/T 4754—2017)来计算涉农行业[①]的多样化程度。更为具体的算法是：首先利用各行业的企业数量计算赫芬达尔－赫希曼指数(HHI)[②]，然后再用 1 减去赫芬达尔－赫希曼指数，得到衡量各个地区的涉农行业多样化程度的指数。公式如下：

$$DI = 1 - HHI = 1 - \sum_{i=1}^{n} S_i^2 = 1 - \sum_{i=1}^{n} (X_i/X)^2 \qquad (2.1)$$

式(2.1)中，$S_i = X_i/X$ 表示第 i 个行业的占有率，多样化取值范围在 0 ～ 1 之间。

(二)生产体系

在消费升级的背景下，现代乡村产业生产体系必须围绕更高质量的需求生产，为消费者提供数量充足、品种齐全、质量优良、品牌丰富的产品供给。首先，要加强农业品牌建设，综合考虑区位资源禀赋和产业基础，打造有别于其他地区的主导产品、知名品牌。其次，要因地制宜发展农业机械化，发展数字农业、智慧农业，推动信息化和农业现代化的融合发展，不断提高农业生产的信息化、数字化水平。最后，要坚持科技为农、兴农、强农、富农，借助现代高新技术不断改善农村生产条件，提升乡村产业生产效率，通过先进的科学技术与生产过程的结合，推进科技创新，增强农村发展动力，

[①]　涉农行业采用的是《国民经济行业分类》(GB/T 4754—2017)中 A 行业下的所有二级行业以及前文提及所有的农产品加工业下的二级行业。

[②]　赫芬达尔－赫希曼指数(Herfindahl-Hirschman index，简称 HHI)，是一种测量产业集中度的综合指数。

提升科技对涉农产业增长的贡献率,使科技创新成为推动农村发展的不竭动力。

基于以上分析及数据的可得性,本报告在生产体系下设品牌化、特色化、数字化、科技化四个指标。

1.品牌化

品牌化主要度量乡村产业中的品牌发展程度,包含单位涉农经营主体拥有的有效商标数、拥有有效注册商标的涉农经营主体数占比、绿色与有机食品认证数、国家农产品质量安全县数。

(1)单位涉农经营主体拥有的有效商标数:涉农主体拥有的有效商标数除以拥有有效注册商标的涉农经营主体存续数,用以衡量涉农经营主体的品牌运营能力。数据来自浙江大学卡特—企研中国涉农研究数据库(以下简称CCAD)[①]。

(2)拥有有效注册商标的涉农经营主体数占比:拥有有效注册商标的涉农经营主体存续数除以涉农经营主体存续数,用以衡量具有品牌能力的涉农经营主体相对数量。数据来自CCAD。

(3)绿色与有机食品认证数:无公害农产品、绿色食品、有机农产品和农产品地理标志统称"三品一标"。"三品一标"是政府主导的安全优质农产品公共品牌,是当前和今后一个时期农产品生产消费的主导产品,是传统农业向现代农业转变的重要标志。由于目前正在淡化国家无公害农产品认证,而农产品地理标志难以定位到区县,因此本指数仅采用绿色食品认证以及有机食品认证两块内容。数据来源于农业农村部。

(4)国家农产品质量安全县数:国家农产品质量安全县是我国为了满足人民群众安全消费需求,体现区域"菜篮子"产品主产县水平,对周边地区、省(区、市)内乃至全国范围的农产品质量安全工作起到示范引领作用,经由农业农村部推出的一项针对县(市)的评比,当前已公布了三批名单。数据

---

① 浙大卡特—企研中国涉农研究数据库[China Academy for Rural Development-Qiyan China Agri-research Database(CCAD),Zhejiang University]是由企研数据携手浙江大学中国农村发展研究院共同发起,为助力国家乡村振兴战略,服务"三农"及相关领域学术研究及智库建设而倾力打造的涉农企业大数据库。

来源于农业农村部,县级数据依名单统计即可,市级、省级数据则为县级数据加总。

2.特色化

特色化主要度量区域内特色农业的发展程度,具体包含特色农产品优势区数、国家现代农业产业园、农业产业强镇、农村产业融合发展示范园数(下文简称两园一镇数)。

(1)特色农产品优势区数:特色农产品优势区,是指具有资源禀赋和比较优势,产出品质优良、特色鲜明的农产品,拥有较好产业基础和相对完善的产业链条,带动农民增收能力强的特色农产品产业聚集区。该数据由农业农村部市场与信息化司与国家林业、草原局改革发展司等九部门联合发布。

(2)两园一镇数:国家现代农业产业园是根据《关于开展国家现代农业产业园创建工作的通知》申请认定的比较领先的现代农业发展平台;农业产业强镇是指在镇域范围内农业主导产业突出、产业链条完整、新产业新业态丰富、经营主体活跃有力、农民增收显著的农业乡镇;农村产业融合发展示范园是指在一定区域范围内,农村一二三产业融合特色鲜明、融合模式清晰、产业集聚发展、利益联结紧密、配套服务完善、组织管理高效,具有较强示范作用,发展经验具备复制推广价值,且经国家认定的园区。由于三者反映的是一个地区的特色化经营,且数据均来源于农业农村部,因此对其进行加总处理。

3.数字化

数字化主要度量区域内乡村产业的信息化、数字化发展程度,具体包括淘宝村数量、新一代信息技术产业企业存续数量、数字农业企业存续数量三个指标。

(1)淘宝村数量:淘宝村数据来源于阿里研究院《中国淘宝村研究报告》,该名单从2013年首次发布以来已连续发布8年。

(2)新一代信息技术产业企业存续数量:新一代信息技术是战略性新兴产业之一,具体包括样新一代信息网络产业、电子核心产业、新兴软件和新型信息技术服务、互联网与云计算大数据服务、人工智能等细分行业。本报告采用关键词、行业代码等多种方式从工商注册企业数据中筛选出这部分企业,并将其用于衡量不同地区产业数字化水平。

(3)数字农业企业存续数量:数字农业企业同样从工商注册企业数据中筛选而来,用于衡量不同地区农业的数字化水平。具体步骤,首先是根据数字经济领域关键词从工商注册企业数据中筛选出从事数字经济的企业;其次,从第一步得到的结果,筛选出的从事农业领域的企业,即为数字农业企业。

4.科技化

科技化主要度量区域内乡村产业的科技发展水平,具体包括单位涉农经营主体拥有的专利授权数、拥有专利授权的涉农经营主体数占比、基本实现主要农作物生产全程机械化示范县(市、区)数三个指标。

(1)单位涉农经营主体拥有的专利授权数:涉农经营主体专利授权数除以拥有专利授权的涉农经营主体存续数。两个指标的数据均来自CCAD。

(2)拥有专利授权的涉农经营主体数占比:拥有专利授权的涉农经营主体存续数除以涉农经营主体存续数。数据来自CCAD。

(3)基本实现主要农作物生产全程机械化示范县(市、区)数:机械化示范县(市、区)是指在农业生产过程中,全程机械化水平程度较高的地区。数据来自农业农村部公开数据。

(三)经营体系

构建乡村产业经营体系,关键是培育新型农业经营主体,包含家庭农场、农民专业合作社、农业龙头企业以及种养大户,通过引导、支持上述新型经营主体的发展壮大,使其逐步成为我国现代农业的中坚力量。农业经营规模过小难以达到规模经济是我国现代农业发展面临的主要约束之一。在此情况下,发挥多类新型经营主体在农业适度规模经营的引领作用,着力提升农业生产的组织化程度尤为必要。通过调整分散、无组织、小规模的农业经营模式,构建集约化、专业化、组织化的新型农业经营体系,可以有效促进我国农业现代化步伐。对于乡村的二三产业,同样也需要新型主体的参与,并形成合作关系,实现规模化。基于此,本报告经营体系下设合作化、新型化、规模化三个二级指标。

1. 合作化

合作化主要度量乡村产业中的组织化程度,具体包括单位合作社拥有成员数、国家农民专业合作社示范社数两个指标。

(1)单位合作社拥有成员数:用当年存活合作社的成员总数除以存活的合作社数量,用以表示合作社吸纳的成员数量。合作社数据来源于CCAD。

(2)国家农民专业合作社示范社数:国家农民专业合作社示范社是指按照《中华人民共和国农民专业合作社法》《农民专业合作社登记管理条例》等法律法规规定成立,达到规定标准,并经全国农民合作社发展部际联席会议评定的农民专业合作社。《国家农民专业合作社示范社评定及监测暂行办法》第八条、第十三条及第十四条规定,国家示范社每两年评定一次,监测一次。监测合格的国家示范社,以农业农村部文件确认并公布。监测不合格的或者没有报送监测材料的,取消其国家示范社资格,从国家示范社名录中删除。

2. 新型化

新型化主要度量乡村产业中的除农户之外的各类主体的发展情况,具体包括农业产业化国家重点龙头企业数、涉农经营主体存续数两个指标。

(1)农业产业化国家重点龙头企业数:根据《农业产业化国家重点龙头企业认定和运行监测管理办法》,农业产业化国家重点龙头企业是指以农产品生产、加工或流通为主业,通过合同、合作、股份合作等利益联结方式直接与农户紧密联系,使农产品生产、加工、销售有机结合、相互促进,在规模和经营指标上达到规定标准并经全国农业产业化联席会议认定的农业企业。该头衔由农业农村部、国家发改委、财政部、商务部、中国人民银行、国家税务总局、中国证监会、中华全国供销合作总社共8个部门共同认定。

（2）涉农经营主体存续数：涉农经营主体包含了农业企业、农产品加工业、农民专业合作社、家庭农场4类主体。数据来源于CCAD。

3.规模化

规模化主要度量区域内乡村产业发展的总体规模情况，具体包括单位面积企业数①以及单位面积农林牧渔业总产值两个指标。

（1）单位面积企业数：企业数据为全国所有的工商注册企业数，来自国家企业信用信息公示平台，面积数据来源于民政部公开数据。

（2）单位面积农林牧渔业总产值：农林牧渔业总产值数据来源于各省份统计年鉴②。面积数据同上。

三、指标权重设置与计算方法

本书的乡村产业发展指数各指标权重采用专家打分法确定。通过征求多名学界、业界相关学者的意见，进行整理、归纳、统计，再匿名反馈给各专家，再次征求意见，再集中，再反馈，直至得到较为一致的意见。最终权重设置如表2-1所示。

表2-1　乡村产业发展指数指标体系及权重设置　　　　　　单位：%

一级指标	二级指标	三级指标	权重设置
产业体系	融合化	农产品加工业企业数	6
		乡村休闲旅游企业数	6
		2010—2020年中国美丽休闲乡村数	3
	多样化	涉农行业多样化	5

---

① 对于海岛县，其面积为陆地面积与海域面积之和。

② 多数地区2021版年鉴尚未发布，故本报告2020年农林牧渔总产值通过增长率计算、搜索统计公报、电话联系统计局等形式获得。

续表

一级指标	二级指标	三级指标	权重设置
生产体系	品牌化	涉农主体拥有的有效商标数/拥有有效注册商标的涉农经营主体存续数	3.5
		拥有有效注册商标的涉农经营主体存续数/涉农经营主体存续数	3.5
		绿色与有机食品认证数	3.5
		国家农产品质量安全县(市)数	3.5
	特色化	特色农产品优势区数	4
		两园一镇数	7
	数字化	淘宝村数量	3
		新一代信息技术产业企业存续数量	4
		数字农业企业存续数量	4
	科技化	涉农经营主体专利授权数/拥有专利授权的涉农经营主体存续数	6
		拥有专利授权的涉农经营主体存续数/涉农经营主体存续数	6
		基本实现主要农作物生产全程机械化示范县(市、区)数	2
经营体系	合作化	存活的合作社成员总数/存活的合作社数量	5
		国家农民专业合作社示范社数	5
	新型化	农业产业化国家重点龙头企业数	5
		涉农经营主体存续数	5
	规模化	总企业数/面积	5
		农林牧渔业总产值/面积	5

　　基于前文介绍的指标体系以及指标体系权重,下面以计算总指数为例,介绍具体计算步骤与方法。

　　第一,分省、市、县计算出22个细项指标的值。由于部分指标数值的分布差异过大,因此需要对其取对数处理。取对数不会改变数据的相互关系,且能缩小数据的绝对大小,可以使得序列更加平稳从而方便计算。具体处理公式如下：

$$V'_i = \ln(V_i + 0.001) \tag{2.2}$$

式(2.2)中，V'_i 表示第 i 指标，由于原始指标 V_i 在具体到某一省、市、县下可能取值为 0，为了避免无法取对数而导致失去排名的结果，将指标 V_i 值均加上 0.001 处理。

第二，将数据标准化。该步骤主要采用 Z-Score 标准化处理。具体是针对指标逐个处理，进而获得各个指标的标准化值。Z-Score 标准化是数据处理的一种常用方法，其原理是通过指标数据减去该指标均值再除以该指标标准差，从而将指标值转化为无单位的 Z-Score 分值，使得数据标准统一化，提高数据可比性。

$$V'_i = \left(V_i - \frac{1}{n}\sum_{i=1}^{n}V_i\right) \Big/ \sqrt{\frac{\sum_{i=1}^{n}\left(V_i - \frac{1}{n}\sum_{i=1}^{n}V_i\right)^2}{n}} \tag{2.3}$$

第三，利用标准化后的值，结合权重计算每个指标的值。

$$V''_i = \sum(V'_i \times W_i) \tag{2.4}$$

式(2.4)中，W_i 为第 i 个指标的权重。

第四，对加权后的 V''_i 值再度进行标准化处理：

$$V'''_i = \left(V''_i - \frac{1}{n}\sum_{i=1}^{n}V''_i\right) \Big/ \sqrt{\frac{\sum_{i=1}^{n}\left(V''_i - \frac{1}{n}\sum_{i=1}^{n}V_i\right)^2}{n}} \tag{2.5}$$

此时标准化后的值 V'''_i 可以看作服从标准正态分布的正态总体。

第五，将第四步获得的值转化为标准正态分布下的分位数：

$$\text{Index}_i = 100 \times P(X < V'''_i) \tag{2.6}$$

于是得到了区间在 $0 \sim 100$ 的乡村产业发展指数，数字越大表示乡村产业发展水平越高。

四、其他必要说明

除上述几个方面之外，还需要特别说明的是，考虑到部分城市区级行政单位不存在农业部门,而区与县市通常在发展农业的重要程度方面也存在显著差异,因此本报告在县级指数的计算上,排除了全国所有的市辖区,只对全国的县市(含县级市、旗、州)进行比较(省级层面则包括所有的县级行政单位)。

由于部分县市存在行政区划的改变,对于新成立的县市,我们只计算了成立后至 2020 年的指数;对于 2020 年已经撤销的县市,不纳入计算。按此原则,各省份纳入乡村产业发展指数计算的市县数量分别如表 2-2 所示。

表 2-2　纳入乡村产业发展指数评价的市县数量　　　　　单位:个

省份代码	省份名称	县级行政单位(不含市辖区)	市级行政单位
13000	河北省	121	11
14000	山西省	91	11
15000	内蒙古自治区	58	7
21000	辽宁省	41	14
22000	吉林省	39	9
23000	黑龙江省	67	13
32000	江苏省	41	13
33000	浙江省	52	11
34000	安徽省	61	16
35000	福建省	55	9
36000	江西省	73	11
37000	山东省	79	16
41000	河南省	105	17
42000	湖北省	64	13
43000	湖南省	86	14
44000	广东省	57	21
45000	广西壮族自治区	70	14
46000	海南省	15	3
50000	重庆市	12	0
51000	四川省	129	21

续表

省份代码	省份名称	县级行政单位(不含市辖区)	市级行政单位
52000	贵州省	72	9
53000	云南省	112	16
54000	西藏自治区	66	7
61000	陕西省	77	10
62000	甘肃省	69	14
63000	青海省	27	6
64000	宁夏回族自治区	13	5
65000	新疆维吾尔自治区	92	14
合计		1844	325

第三章 中国乡村产业发展总体评价

改革开放以来,随着工业化、信息化、城镇化的步伐加快,我国人口城镇化率由 1978 年的 17.9％增长至 2020 年的 63.89％,第一产业就业比重由 1978 年的 70.5％下降至 2019 年的 25.1％,第一产业增加值比重则由 1978 年的 27.7％下降至 2019 年的 7.1％,我国的农业农村发生了翻天覆地的变化。城市的大发展大繁荣,带来大量新增就业机会,农民开始背井离乡走向城市,农业产值份额越来越低,部分地区的乡村呈现出萧条景象。

新时代下,党和政府高屋建瓴,始终把解决好"三农"问题作为全党工作的重中之重,大力实施乡村振兴战略,抓重点、补短板、强弱项,实现乡村产业振兴、人才振兴、文化振兴、生态振兴、组织振兴,推动农业全面升级、农村全面进步、农民全面发展。

基于以上背景,本部分内容主要基于前文构建的乡村产业发展指标体系,通过对产业体系、生产体系、经营体系的综合刻画,反映我国各省份的乡村产业发展水平,并进一步归纳总结乡村产业发展的区域化特征。

一、省域层面评价

(一)前后段排名稳定,中游省份名次小幅波动

图 3-1 显示了 2018—2020 年我国各省份乡村产业发展指数的排名情况。可以看到,这三年的排名波动情况总体上呈现出较为稳定的特点,尤其是排名前段和后段的省份。其中山东、浙江、广东、江苏、四川、福建六省排

名相对稳定,始终位列全国前六名;排在末尾的四个省份为海南、宁夏、西藏、青海,2018—2020 年其位次同样保持不变;排名上升最多的是河北,其名次逐年上升,2020 年相对 2018 年上升 3 个位次;排名下滑最严重的是新疆,2018—2020 年呈逐年下滑趋势,2020 年相比 2018 年下滑 5 个位次。

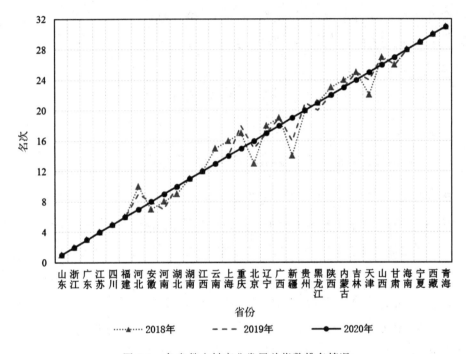

图 3-1 各省份乡村产业发展总指数排名情况

(二)东中部整体领先,西部东北两地整体落后

我国乡村产业发展的整体区域格局中,东部①最强,中部次之,东北、西部处于落后位置。具体来看,排名前 10 的省份中,地处我国西南地区的四川排名第 5;中部 3 省安徽、河南、湖北分别位列第 8、9、10 位;其余 6 省均属

---

① 本报告东西中部和东北地区参照国家统计局的划分方式。其中东部包括:北京、天津、河北、上海、江苏、浙江、福建、山东、广东和海南。中部包括:山西、安徽、江西、河南、湖北和湖南。西部包括:内蒙古、广西、重庆、四川、贵州、云南、西藏、陕西、甘肃、青海、宁夏和新疆。东北包括:辽宁、吉林和黑龙江。网址:http://www.stats.gov.cnztjczthd/sjtjr/dejtjkfrtjkp201106/t20110613_71947.htm。

东部地区。排名第 11—20 位的省份中,中部的湖南、江西两省以排名第 11 和 12 位领衔;西部地区省份中云南的排名最高,位居第 13 位;3 个直辖市上海、重庆、北京均分布在此,排名分列第 14—16 位;辽宁是东北排名最高的省份,为第 17 位;广西、新疆、贵州排名第 18—20 位,处于相对落后的位置。排名在第 21—31 位次的 11 个省份中,东北地区的黑龙江、吉林两省分别排名第 21、24 位;东部省份天津、海南两省分别排名第 25、28 位;中部省份陕西排名第 22 位;除此 5 省份外,其余 6 省份均属西部地区。

二、地市层面评价

(一)大型城市发展更优,潍坊湖州小城大貌

表 3-1 展示了 2018—2020 年我国乡村产业发展指数前 50 强市。

从城市属性来看,省会(首府)、副省级等大型城市①的数量占比约为 40%,一般地级市的占比为 60%。具体来看,2018—2020 年分别入围 21 个、20 个、22 个省会(首府)及计划单列市。除去京津沪渝 4 个直辖市,我国省会(首府)及计划单列市共有 32 个,在入围前 50 强榜单的城市中,2018—2020 年的占比分别达到了 65.63%、62.50%、68.75%,可见省会(首府)、计划单列市在乡村产业的发展上整体上要优于一般地级市。

从具体排名来看,潍坊、湖州两市表现出彩,跻身全国乡村产业发展前 10。其中潍坊市 2018 年位居第 1,2019 年第 2,2020 年出现小幅滑落跌至第 5 位;湖州市则三年稳定在前 6 名。对于潍坊、湖州两市而言,无论是从城市的知名度还是城市的综合实力,都不及榜单中的省会(首府)和副省级

---

①　省会(首府)城市包括:石家庄市、太原市、沈阳市、长春市、哈尔滨市、南京市、杭州市、合肥市、福州市、南昌市、济南市、郑州市、广州市、长沙市、武汉市、海口市、成都市、贵阳市、昆明市、西安市、兰州市、西宁市、呼和浩特市、南宁市、拉萨市、银川市、乌鲁木齐市。副省级城市:广州市、武汉市、哈尔滨市、沈阳市、成都市、南京市、西安市、长春市、济南市、杭州市、大连市、青岛市、深圳市、厦门市、宁波市。计划单列市包括:大连市、青岛市、宁波市、厦门市、深圳市。本书将以上城市归属为大型城市,其余城市为中小型城市。

城市。不过,在乡村产业发展上,两市却能媲美甚至领先众多大型城市。具有"全国农业看山东、山东农业看潍坊"美誉的潍坊市,以及作为"绿水青山就是金山银山"践行地的湖州市,都已经走出了一条"生态美、产业兴、百姓富"的乡村产业发展之路。

表 3-1　乡村产业发展指数市级排名 50 强(2018—2020 年)

排名	2018 年		2019 年		2020 年	
	城市	得分	城市	得分	城市	得分
1	潍坊市	99.942	成都市	99.923	成都市	99.942
2	成都市	99.926	潍坊市	99.858	广州市	99.852
3	深圳市	99.890	深圳市	99.808	杭州市	99.851
4	湖州市	99.880	广州市	99.768	深圳市	99.713
5	杭州市	99.868	杭州市	99.729	潍坊市	99.712
6	宁波市	99.658	湖州市	99.516	湖州市	99.174
7	广州市	99.422	宁波市	99.486	泉州市	99.133
8	青岛市	99.360	青岛市	99.013	青岛市	99.067
9	泉州市	99.242	泉州市	98.900	宁波市	99.059
10	苏州市	98.948	苏州市	98.859	苏州市	98.506
11	长沙市	98.638	长沙市	98.081	厦门市	97.969
12	嘉兴市	97.758	嘉兴市	97.892	嘉兴市	97.865
13	厦门市	97.663	厦门市	97.259	长沙市	97.838
14	哈尔滨市	96.831	大连市	96.901	金华市	97.283
15	大连市	96.337	福州市	96.578	福州市	96.697
16	南通市	96.022	金华市	96.459	烟台市	95.919
17	福州市	95.663	烟台市	96.218	温州市	95.872
18	金华市	94.658	武汉市	95.965	石家庄市	95.695
19	武汉市	94.606	合肥市	95.313	大连市	95.631
20	台州市	94.597	石家庄市	95.151	临沂市	95.557
21	济宁市	94.541	临沂市	95.008	合肥市	95.414

续表

排名	2018 年		2019 年		2020 年	
	城市	得分	城市	得分	城市	得分
22	合肥市	94.539	哈尔滨市	94.918	南京市	95.249
23	佛山市	94.339	济宁市	94.312	哈尔滨市	94.871
24	长春市	94.187	温州市	93.602	盐城市	94.745
25	烟台市	93.984	南京市	93.027	武汉市	94.593
26	东莞市	93.970	赣州市	92.979	邢台市	94.003
27	临沂市	93.828	盐城市	92.253	赣州市	93.118
28	济南市	93.371	遵义市	92.225	长春市	92.675
29	温州市	92.773	佛山市	92.012	济宁市	91.326
30	赣州市	92.664	宣城市	91.792	济南市	91.251
31	石家庄市	91.828	长春市	91.630	佛山市	90.801
32	宣城市	91.327	济南市	90.906	徐州市	90.499
33	南京市	91.213	台州市	90.839	宣城市	90.490
34	徐州市	89.595	徐州市	90.392	遵义市	90.251
35	绍兴市	89.246	漳州市	90.052	东莞市	89.598
36	盐城市	89.108	邢台市	89.938	郑州市	89.466
37	遵义市	89.015	东莞市	89.886	南通市	88.638
38	邢台市	88.000	菏泽市	87.904	安庆市	88.313
39	安庆市	87.744	聊城市	87.683	菏泽市	88.278
40	漳州市	87.534	南通市	87.675	漳州市	88.260
41	南宁市	86.981	抚州市	87.595	台州市	87.068
42	菏泽市	86.687	保定市	87.550	邯郸市	86.250
43	吉安市	85.088	绍兴市	87.456	南宁市	85.282
44	郑州市	84.803	郑州市	87.175	绍兴市	85.277
45	南平市	84.390	南平市	86.028	保定市	84.913
46	邯郸市	83.823	安庆市	84.708	宁德市	84.358

续表

排名	2018 年		2019 年		2020 年	
	城市	得分	城市	得分	城市	得分
47	西安市	83.764	邯郸市	83.263	西安市	83.984
48	抚州市	83.524	西安市	83.250	南昌市	83.589
49	银川市	83.517	银川市	82.616	银川市	83.428
50	南昌市	83.228	滨州市	82.523	南平市	83.140

注:为便于观察比较,本报告指数结果均保留三位小数。

(二)头部集团已然形成,浙鲁两省领先明显

从区域的角度来看,入围 50 强榜单的城市主要集中在东部地区。2018年我国东部、中部、西部、东北四大区域分别入围了 32 个、10 个、5 个、3 个,2019 年为 35 个、8 个、4 个、3 个,2020 年为 34 个、8 个、5 个、3 个。东部、中部、西部、东北地区明显呈现出依次减少的特点,东部地区在乡村产业的发展上处于绝对优势地位。进一步来看,2018—2020 年分别有 18、19、19 个省份下辖的城市入围过前 50 强市,山西、内蒙古、海南、云南、西藏、甘肃、青海、新疆共 8 个省份未有下辖市进入 50 强市榜单。榜单的稳定性上,连续3 年进入榜单的城市达到了 46 个,占比达到了 92%。其中,南宁、南昌两市在 2019 年退出榜单后于 2020 年回归。整体上,我国乡村产业发展格局明晰,头部集团主要集中在东部地区,且结构相对稳定。

图 3-2 显示了我国各个省份入围 50 强榜单城市个数以及占所属省份城市总数的比重。从入围榜单城市的个数来看,浙江、山东两省处于相对领先地位。具体来看,浙江连续 3 年均有 8 市进入 50 强榜单,山东 2019 年共有 9 市入围,为 3 年来入围城市最多的省份,其余两年入围 7 市,同样处于领先地位。从入围比例来看,入围数量最多的浙江、山东在占比上同样表现出领先的姿态,其中浙江 3 年均以 72.73% 的占比高居第一,山东以 43.75%、56.25%、43.75% 的占比同样处于领先集团。福建尽管入围个数一般,但在占比上表现出色,2018 年以 55.56%,2020 年以 66.67% 的占比,紧随浙江

之后,位列全国第二。入围数量多且比例高可以在一定程度上说明该省份的乡村产业发展整体水平较高,城市间的发展较为均衡,差距相对较小。

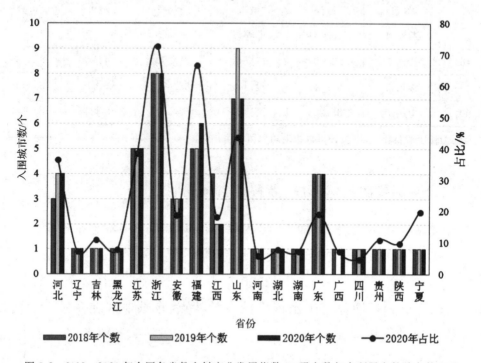

图 3-2　2018—2020 年全国各省份乡村产业发展指数 50 强市数与占所属省份总市数比重

(三)四大区域排名分化,省内竞争程度较低

从以上分析可以看到,乡村产业的发展存在区域不平衡的特点。事实上,各省份下辖地级市在乡村产业的发展上同样如此。图 3-3(a)至图 3-3(d)详细显示了每个省份下辖地级市的排名分布情况。

具体来看,东部地区整体排名较为靠前,多数省份如浙江、江苏、福建、山东四省份下辖地级市的排名主要分布在 100 名之前,其他省份如河北、广东两省均主要集中于前 200 名之内。东北三省排名主要在 100—300 名之间,其中辽宁多数城市集中于 250—300 名之间,吉林与黑龙江则分布在150—300 名之间。中部地区六省份的排名分布存有较大的差异,其中山西较为均匀地分布在 150—300 名之间;安徽、湖北两省主要分布在前 200 名内;河南、湖南两省主要集中在 50—250 名之间;江西则呈现出两极分化的特点,主要分布在前 100 名与 200—300 名两个区间之内。西部地区整体排名相对靠后,其中广西、云南集中于 150—300 名之间;四川、贵州、陕西三省主要分布在 100—250 名之间;相较川贵陕三省,甘肃整体后移 50 名左右,多数排在 150—300 名之间;西藏、青海、内蒙古、宁夏、新疆五省份排名都呈分散式排列,其中西藏、青海主要集中于 250 名之后,内蒙古、宁夏分布于 50—300 名之间,新疆则散落在 100—300 名内。

图中还展示了 2018—2020 年每个省份排行第一位的城市及其在全国城市的名次。可以看到,排名第一的城市为省会(首府)的省份多达 20 个。东部地区的浙江、福建、山东、广东四省,中部地区山西、江西两省以及西部地区的新疆,省(区、市)内头名位置存在非省会(首府)城市。其中仅福建、山东、山西、江西四省三年来,省内的头把交椅均被非省会(首府)城市占据。这一方面反映出了省会(首府)城市在乡村产业发展上的绝对实力;另一方面表明我国大多数省份内部竞争程度较低,其他城市无法与省会(首府)城市抗衡的现状。

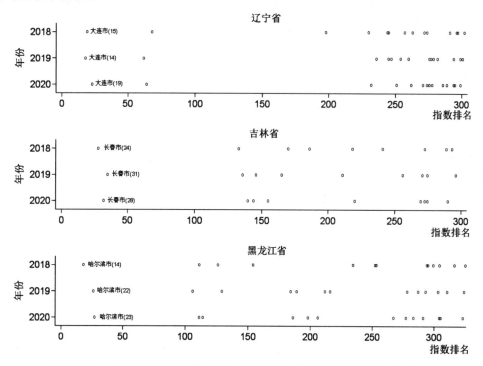

图 3-3(a)　东北地区各省份下辖地级市的乡村产业发展总指数排名分布情况

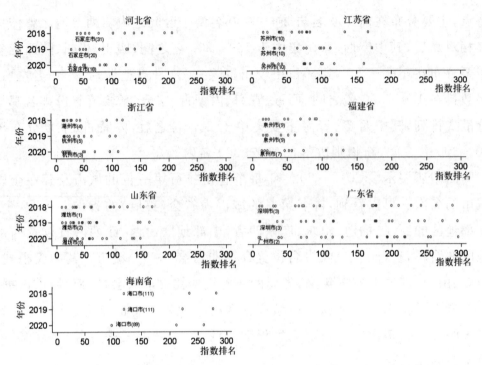

图 3-3(b) 东部地区各省份下辖地级市的乡村产业发展总指数排名分布情况

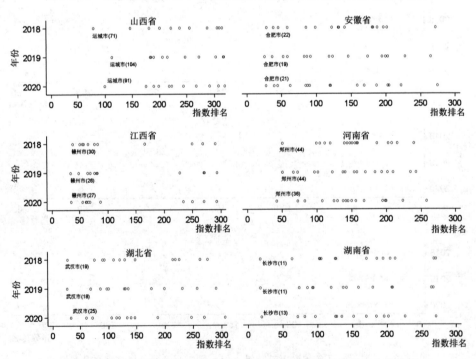

图 3-3(c) 中部地区各省份下辖地级市的乡村产业发展总指数排名分布情况

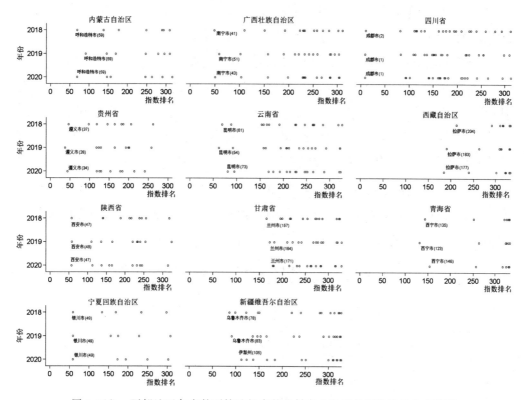

图 3-3(d)　西部地区各省份下辖地级市的乡村产业发展总指数排名分布情况

三、县域层面评价

(一)德清义乌石狮分列前三,西部市县级排名存差异

表 3-2 展示了我国县级层面上乡村产业发展指数排名前 100 的县(市)。德清县、石狮市、义乌市领衔该榜单,三县(市)在 2018—2020 年连续三年占据了总指数排名的前三名,指数得分均为 100 分,反映出三县(市)乡村产业发展处于较高水平。其中德清县作为浙江乡村振兴的排头兵,已经连续 13 年获评新农村建设或乡村振兴的优秀单位;义乌市作为世界"小商品"之都,发展电子商务已成为其解决农民就业、增加农民收入、促进乡村振兴的重要力量;石狮市作为一个高城镇化率的县级市,2020 年城镇化水平

已达到了 79.9%,基本接近发达国家水平,高度城镇化的乡村在乡村振兴战略的加持下,为乡村产业高质量发展提供了良机。

　　分析百强县(市)榜单,2018—2020 年分别有 21、20、21 个省份下辖县(市)入围过百强县榜单,仅山西、吉林、广西、西藏、陕西、青海六个省份未有县(市)进入百强县(市)榜单。与市级前 50 强相比,其所属省份略有差异,其中内蒙古、海南、云南、甘肃、新疆未出现在 50 强市榜单中但出现在了百强县(市)榜单上;吉林、广西、陕西在百强县(市)榜单中出现而未出现在 50强市的榜单中,在百强县(市)与 50 强市均未有下辖行政单位的有山西、青海、云南三省。可以看出,西部地区中,即使在同一个城市,市级层面与县域层面的乡村产业发展水平同样存在不平衡不充分的现象。

表 3-2　乡村产业发展指数县级排名 100 强(2018—2020 年)

排名	2018 年		2019 年		2020 年	
	县(市)①	得分	县(市)	得分	县(市)	得分
1	德清县	100.000	义乌市	100.000	义乌市	100.000
2	石狮市	100.000	石狮市	100.000	石狮市	100.000
3	义乌市	100.000	德清县	100.000	德清县	100.000
4	昆山市	100.000	昆山市	100.000	晋江市	99.999
5	晋江市	100.000	晋江市	99.999	安吉县	99.996
6	诸城市	99.996	慈溪市	99.998	昆山市	99.995
7	安吉县	99.995	安吉县	99.998	慈溪市	99.990
8	慈溪市	99.995	诸城市	99.997	诸城市	99.978
9	五常市	99.981	海宁市	99.924	胶州市	99.959
10	荣成市	99.968	荣成市	99.910	海宁市	99.935
11	海宁市	99.956	石河子市	99.898	五常市	99.909
12	余姚市	99.950	胶州市	99.863	石河子市	99.800
13	海门市	99.936	余姚市	99.861	荣成市	99.784

---

　　①　本报告所表述的县(市)为排除区级行政单位后的县及县级市。

续表

排名	2018 年		2019 年		2020 年	
	县（市）	得分	县（市）	得分	县（市）	得分
14	胶州市	99.923	福清市	99.848	桐乡市	99.771
15	潜江市	99.917	桐乡市	99.822	瑞安市	99.738
16	石河子市	99.897	宁国市	99.724	土默特左旗	99.728
17	惠安县	99.881	安溪县	99.696	惠安县	99.675
18	福清市	99.861	嘉善县	99.677	安溪县	99.668
19	温岭市	99.853	惠安县	99.671	余姚市	99.608
20	嘉善县	99.836	长兴县	99.650	宁国市	99.604
21	昌吉市	99.791	海盐县	99.643	嘉善县	99.603
22	桐乡市	99.788	瑞安市	99.575	海盐县	99.575
23	安丘市	99.714	温岭市	99.544	福清市	99.547
24	崇州市	99.654	江阴市	99.429	曹县	99.509
25	张家港市	99.645	潜江市	99.413	崇州市	99.451
26	海盐县	99.604	寿光市	99.399	宜兴市	99.393
27	和林格尔县	99.592	五常市	99.399	海门市	99.297
28	句容市	99.541	安丘市	99.326	常熟市	99.283
29	长兴县	99.522	崇州市	99.309	昌吉市	99.277
30	莱西市	99.515	昌吉市	99.269	和林格尔县	99.192
31	瑞安市	99.420	句容市	99.195	乐清市	99.134
32	如皋市	99.361	中宁县	99.145	寿光市	99.110
33	常熟市	99.336	张家港市	99.135	潜江市	99.097
34	霍山县	99.303	贺兰县	99.114	宁乡市	99.052
35	曹县	99.233	常熟市	99.104	龙海市	99.032
36	瓦房店市	99.208	曹县	99.077	江阴市	98.992
37	江阴市	99.200	海门市	99.019	贺兰县	98.942
38	广饶县	99.198	太仓市	98.991	莱西市	98.935

续表

排名	2018 年		2019 年		2020 年	
	县(市)	得分	县(市)	得分	县(市)	得分
39	宁国市	99.150	龙海市	98.965	长兴县	98.934
40	平湖市	99.105	长沙县	98.920	广饶县	98.908
41	寿光市	99.101	广饶县	98.888	温岭市	98.704
42	泗阳县	99.046	乐清市	98.864	句容市	98.703
43	沭阳县	98.966	广汉市	98.763	长沙县	98.579
44	澄迈县	98.945	泗阳县	98.698	武义县	98.560
45	诸暨市	98.908	平度市	98.606	张家港市	98.472
46	平度市	98.883	平湖市	98.576	永康市	98.317
47	安溪县	98.865	土默特左旗	98.555	如皋市	98.179
48	宜兴市	98.807	永康市	98.523	泗阳县	98.167
49	长沙县	98.755	宁乡市	98.487	南县	98.164
50	宁乡市	98.536	宜兴市	98.462	平湖市	98.142
51	淳安县	98.432	和林格尔县	98.440	湄潭县	98.035
52	龙海市	98.417	象山县	98.372	睢宁县	97.924
53	阿拉尔市	98.351	武夷山市	98.311	新郑市	97.791
54	湄潭县	98.341	东台市	98.250	武夷山市	97.730
55	新津县	98.312	新泰市	98.164	象山县	97.705
56	福鼎市	98.247	沭阳县	97.966	泰兴市	97.653
57	青州市	98.232	湄潭县	97.944	瓦房店市	97.638
58	新郑市	98.224	诸暨市	97.881	太仓市	97.574
59	乐清市	98.151	瓦房店市	97.843	宝应县	97.567
60	中宁县	98.046	新津县	97.832	平度市	97.529
61	贺兰县	97.992	澄迈县	97.796	长丰县	97.424
62	永康市	97.981	如皋市	97.765	中宁县	97.401
63	武夷山市	97.883	莱西市	97.699	澄迈县	97.380

续表

排名	2018 年		2019 年		2020 年	
	县（市）	得分	县（市）	得分	县（市）	得分
64	太仓市	97.778	丹阳市	97.443	南昌县	97.344
65	土默特左旗	97.663	新郑市	97.343	新津县	97.244
66	太湖县	97.615	宝应县	97.220	福鼎市	97.241
67	丹阳市	97.594	长丰县	97.166	东台市	97.216
68	长丰县	97.560	福鼎市	97.029	滕州市	97.070
69	宝应县	97.428	青州市	96.901	沭阳县	97.019
70	南丰县	96.862	庄河市	96.860	灵武市	96.999
71	天台县	96.722	霍山县	96.786	石柱县	96.990
72	金寨县	96.564	淳安县	96.706	诸暨市	96.968
73	新昌县	96.430	东阳市	96.665	丹阳市	96.726
74	南安市	96.271	睢宁县	96.589	浏阳市	96.706
75	苍溪县	96.010	滕州市	96.543	广汉市	96.631
76	海安市	95.835	桐庐县	96.503	东阳市	96.595
77	南昌县	95.677	南昌县	96.463	平阳县	96.587
78	广汉市	95.516	砀山县	96.210	霍山县	96.457
79	江山市	95.354	浏阳市	96.151	临颍县	96.435
80	文昌市	95.350	固始县	96.059	嵊州市	96.331
81	沛县	95.324	晋州市	96.025	蓬莱市	96.153
82	武义县	95.066	芜湖县	96.015	海安市	95.858
83	彭州市	94.979	天台县	95.925	淳安县	95.793
84	桐庐县	94.854	涡阳县	95.728	青州市	95.709
85	天门市	94.805	连江县	95.595	文昌市	95.558
86	博罗县	94.737	新兴县	95.459	樟树市	95.546
87	腾冲市	94.713	东阿县	95.418	芜湖县	95.475
88	睢宁县	94.628	文昌市	95.198	南安市	95.280
89	玉田县	94.622	武陟县	95.156	安丘市	95.278
90	邛崃市	94.515	新昌县	94.934	济源市	95.277

续表

排名	2018 年		2019 年		2020 年	
	县(市)	得分	县(市)	得分	县(市)	得分
91	砀山县	94.484	南安市	94.853	天台县	95.219
92	东港市	94.408	宁晋县	94.699	新兴县	95.058
93	象山县	94.382	建瓯市	94.591	砀山县	95.019
94	仙桃市	94.377	灵武市	94.548	腾冲市	94.914
95	响水县	94.371	腾冲市	94.435	新泰市	94.847
96	琼海市	94.227	临颍县	94.379	宁晋县	94.827
97	新兴县	93.851	龙口市	94.183	桐城市	94.529
98	苍南县	93.785	什邡市	94.179	奉节县	94.406
99	浏阳市	93.750	邵东市	94.155	正定县	94.169
100	榆中县	93.749	武义县	94.133	桐庐县	94.161

(二)东部入围榜单既多且稳,浙苏两省成全国标杆

从区域的角度来看,入围百强榜单的县(市)主要集中在东部地区。2018 年,我国东部、中部、西部、东北四大区域分别入围了 66 个、15 个、16 个、3 个,2019 年为 68 个、16 个、13 个、3 个,2020 年为 68 个、16 个、14 个、2 个。显然,东部、中部、西部以及东北地区仍然呈现出明显的结构性分布,且东部、中部近年来入围百强县(市)的个数略有增加,西部以及东北地区入围百强县(市)的个数有所减少。在百强县(市)榜单中,有 80 个县(市)连续三年上榜,占比达到了 80%;具体地,东部、中部、西部、东北分别有 57 个、10 个、11 个、2 个县(市)连续三年进入榜单,占比依次为 71.25%,12.50%,13.75%,2.50%。

从各省份入围百强榜单县(市)的个数来看,浙江、江苏处于绝对领先的地位。图 3-4 显示了我国各个省份入围百强榜单县(市)个数以及占所属省份县(市)总数的比重。其中,浙江 2018—2020 年分别有 24 个、23 个、24 个县(市)入围,江苏则分别有 17 个、15 个、17 个县(市)入围。从省份入围的

比例来看,在百强县(市)中浙江、江苏、山东占据最大比例,三省百强县(市)占比超 50%,2018—2020 年分别为 51%、52%、54%,其乡村产业发展水平处于绝对领先地位;从其入围县(市)占本省份所有县(市)比例来看,浙江是唯一一个 3 年占比均超过 40% 的省份,分别达到了 46.15%,44.23%,46.15%;排名第二的江苏仅在 2019 年略有下滑,为 36.59%,其余两年都为 41.46%,仅次于浙江。入围个数呈增加趋势的有河北、湖南、贵州、宁夏,入围个数呈减少趋势的有湖北、广东、海南、四川、新疆。

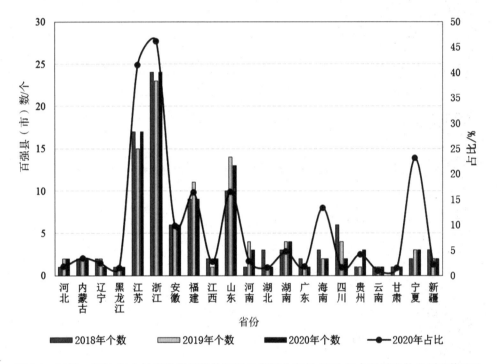

图 3-4　2018—2020 年乡村产业发展指数百强县省际分布与 2020 年占所属省份县(市)数比重

(三)县域不平衡不充分突出,但整体仍呈进步态势

图 3-5(a)至 3-5(d)显示了 2018—2020 年我国各省份所辖县(市)的排名分布情况。图中框型将排名的四分位进行标注,从左向右的竖线分别代表第一四分位、中位数、第三四分位,框型的横向长度即四分差反映了排名的集中程度,3 个年份的框型位置反映了排名的变动情况。

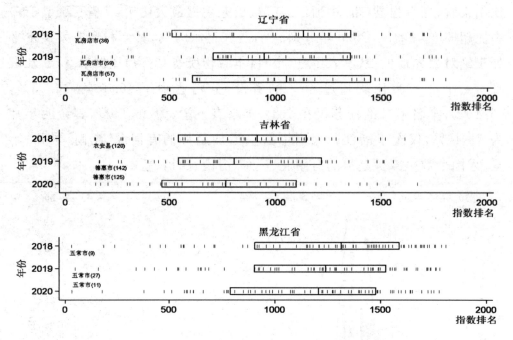

图 3-5(a)　东北地区各省份下辖县(市)的乡村产业发展总指数排名分布情况

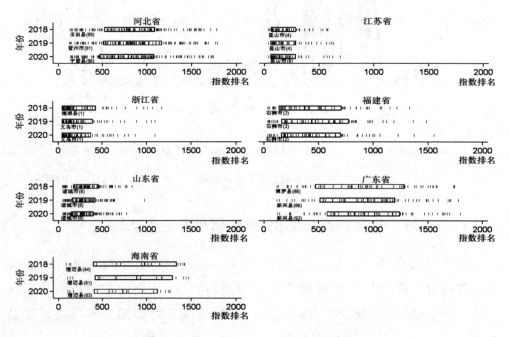

图 3-5(b)　东部地区各省份下辖县(市)的乡村产业发展总指数排名分布情况

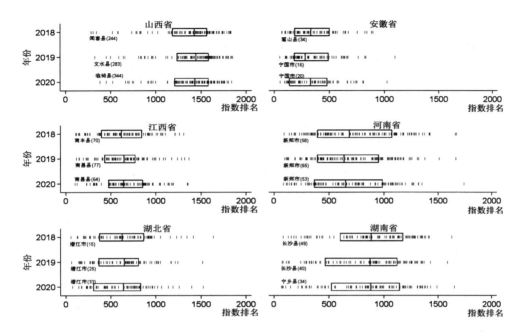

图 3-5(c)　中部地区各省份下辖县(市)的乡村产业发展总指数排名分布情况

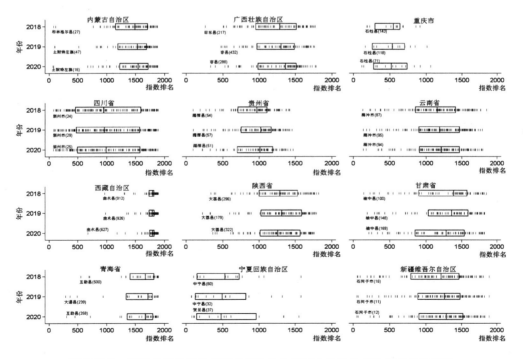

图 3-5(d)　西部地区各省份下辖县(市)的乡村产业发展总指数排名分布情况

从图中我们得出以下两个现象。

第一,从2020年的排名来看,若将排名中位数位于500名左侧视为整体高名次,位于500名右侧视为整体低名次;将四分差名次少于500名的视为集中度高,大于500名的视为集中度低,可以将图中省份分成以下四类(见表3-3)。其中排名集中度高且整体高名次反映了这四省份乡村产业的发展较为充分,且差距不大,具体包括江苏、浙江、安徽、山东四省份;排名集中度低但整体高名次表示各县(市)乡村产业的发展已经形成较好的示范地,但存在一定的差距,主要为福建与宁夏两省份;排名集中度高但整体低名次表示乡村产业发展水平虽然差距不大,但整体处于较低水平,包括的省份有山西、江西、青海、西藏、内蒙古、重庆、贵州;排名集中度低且整体低名次反映了各县(市)乡村产业发展兼具发展不平衡与不充分的问题,涵盖了河北、吉林、辽宁、黑龙江、四川、新疆、河南、湖北、湖南、广东、海南、广西、云南、陕西、甘肃15个省份,占据了近半个中国。

表3-3   各省份下辖县(市)排名分布分类情况

类别	排名集中度高	排名集中度低
整体高名次	江苏、浙江、安徽、山东	福建、宁夏
整体低名次	山西、江西、青海、西藏、内蒙古、重庆、贵州	河北、吉林、辽宁、黑龙江、四川、新疆、河南、湖北、湖南、广东、海南、广西、云南、陕西、甘肃

第二,从2018—2020年排名的变动情况来看,排名呈现出上升趋势的省份有吉林、黑龙江、江苏、江西、山东、海南、重庆、陕西、甘肃、宁夏;排名呈现出下降趋势的省份仅有广西;排名呈现出相对稳定趋势的省份有河北、山西、内蒙古、浙江、河南、湖北、湖南、广东、四川、云南、西藏、新疆;排名呈起伏不定的态势(含先进后退或先退后进)的省份有辽宁、安徽、福建、贵州、青海。

第二篇　产业体系高质量发展评价

　　现代乡村产业体系是一个突破传统乡村产业限制,各产业相互衔接、充分融合、高效竞争的综合产业系统。

　　本书中,我们在乡村产业体系发展的衡量上设置了融合化与多样化两个指标。

第四章　产业体系高质量发展省域评价

一、省域产业体系发展指数解读

在产业体系发展指数上,各省份排名层次鲜明,排名总体波动不大。浙江、山东、福建三省在 2018—2020 年全国产业体系的评价中始终排名全国前三,三年得分均超过 90 分,领先全国其他省份,为第一集团。广东、河北、安徽三省得分处在 80～90 分之间,处于第二集团,其中广东在 2019 年之后,得分迈进 90 分大关,有向第一集团跃进的趋势。在其之后的江苏、湖北两省,得分在 70～80 分之间,领衔第三集团。得分在 60～70 分之间的省份最多,分别为江西、湖南、新疆、四川、广西、贵州、河南共 7 个省份。值得一提的是新疆,其在西北整体落后的局面上脱颖而出,乡村产业体系指标得分处于全国中游水平,更是领先四川、河南等传统乡村产业大省。北京、上海、天津三个直辖市在乡村产业体系指标得分处于相对靠后的位置,主要是因为这三个直辖市并不以乡村产业为核心发展产业,这既体现在融合化上——其农产品加工业、乡村休闲旅游业数量处于全国较落后的位置,也体现在多样化上——三个直辖市乡村行业多样性相对不足。

此外,从图 4-1 还可以看出,指数在 2018—2020 年呈增长趋势的是广东、河北、江苏、广西、河南、辽宁、山西、吉林、内蒙古、黑龙江共 10 个省份;指数呈下降趋势的是浙江、福建、湖北、贵州、上海、甘肃、海南、北京、天津共 9 个省份。

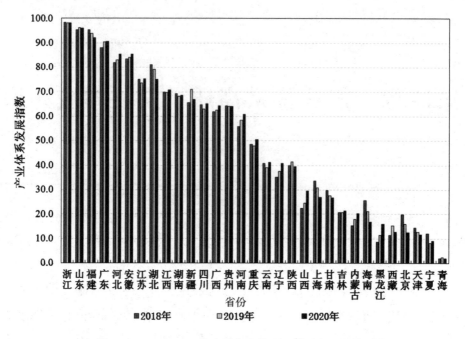

图 4-1 2018—2020 年全国各省份产业体系发展指数

从排名上看,浙江位居全国第一,山东、福建、广东分列第二到四位。得益于自身的乡村产业链条较为完备,产业融合程度较高,乡村休闲旅游得到政府的大力支持,这些省份乡村产业的产业体系得到较大发展,排名因此处于全国领先地位。以浙江为例,浙江省委、省政府在 2020 年 3 月发布了《中共浙江省委、浙江省人民政府关于高质量推进乡村振兴确保农村同步高水平全面建成小康社会的意见》,其中提出要大力发展以农民经营为主的农家乐、民宿、认种认养认购等乡村休闲旅游业,在新冠肺炎疫情得到有效缓解与遏制的前提下,积极推进乡村休闲旅游的规范化发展。

从图 4-2 还可以看到,图中各省份的排名总体上较为稳定,2018—2020年,浙江、山东、福建、广东、河南、重庆、青海七省份排名没有变化,河北、安徽、江苏、湖北、江西、湖南、四川、广西、云南、辽宁、上海、甘肃、吉林等省份排名仅上下浮动一个名次;排名上升最多的为黑龙江,从 2018 年的第 30 位上升至 2020 年的第 26 位,而排名下滑最多的为海南、北京,两者排名均下降三位。

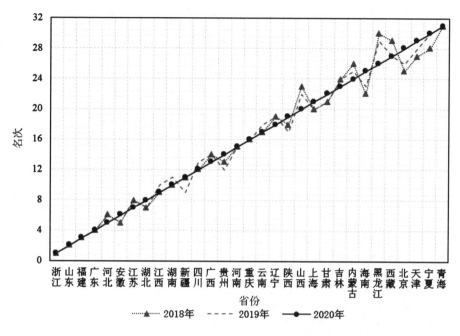

图 4-2　2018—2020 年全国各省份产业体系发展指数排名

二、省域融合化发展指数解读

（一）省域融合化指标构成分析

（1）农产品加工业发展现状

现代乡村产业是一二三产业高度融合、相互促进的产业。农产品加工业作为乡村产业和工业的桥梁，是乡村产业现代化的重要标志之一，对实现乡村振兴伟大目标起着举足轻重的作用。一方面，农产品加工业是我国经济发展的战略性支柱产业。近年来，无论是国家层面还是地区层面，都发布了众多政策来促进农产品加工业的高效发展。农产品加工业的发展不仅能促进乡村产业生产的专业化、标准化、规模化、集约化，还能促进乡村产业发展方式的转变，提升农产品科技含量、质量等级和品牌优势，促进农产品市场竞争力的提升。另一方面，农产品加工业有助于延长乡村产业链、供应链、价值链,有助于资金、技术、人才等要素留在乡村,在乡村形成以城带乡、城乡一体的良性循环,对于推进城乡一体化和实现乡村振兴意义重大。

图 4-3 表示的是全国各省份(不含港澳台)的农产品加工业企业数。可以看到,我国农产品加工产业发展呈现较强的地域性特点。东部沿海地区较中西部地区更为密集,主要的集聚区是山东、浙江、广东、河北等省份。具体来看,山东 2020 年末全省已突破 14 万家,呈现出一骑绝尘的态势;浙江紧随其后,2019 年突破 10 万家。山东、浙江也是全国农产品加工业仅有的两个破 10 万家的省份。

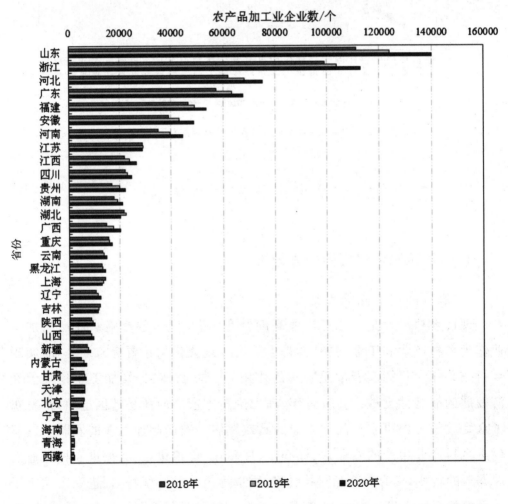

图 4-3　2018—2020 年全国各省份(不含港澳台)农产品加工业企业数

（2）乡村休闲旅游业发展现状

乡村休闲旅游业是乡村产业融合的典型产业，其根植于乡村，发展于乡村，与乡村产业息息相关，对于乡村产业的提质增效具有重要作用。第一，乡村休闲旅游业正成为现代乡村产业的强大推力。如前文所述，现代乡村产业是一个功能多元、一二三产业深度融合的产业体系，发展乡村休闲旅游业不仅能够将乡村产业从单一的生产功能向休闲观光、生态保护等多功能拓展，满足城乡居民走进乡村产业、体验农趣、休闲娱乐的需要，而且能够借助其较高的经济效益，充分调动各类经营主体加大投入改善乡村产业基础设施、转变经营方式、运用新技术、保护产地环境的积极性。第二，当前我国众多乡村产业结构单一，滞留乡村的农民就业相对不充分，长期处于"隐性失业"状态，乡村休闲旅游业的发展不仅能有效吸收乡村剩余劳动力，解决就业问题，还能促使城市务农人群、资金、技术等要素的有效回流。此外，乡村休闲旅游还直接增加了农产品的需求量，提高了乡村产业附加值，为乡村进一步调整产业结构、实现现代化经营提供契机。

图4-4显示，安徽、湖南两省的乡村休闲旅游业在我国各省份中发展最佳，其企业数位居全国前两位，2020年两省均达到了6000家以上。紧随其后的山东、广东两省份自身经济较为发达，贵州、湖北两省份自然资源、民俗文化丰富，作为乡村产业融合的典型产业，四省份的乡村休闲旅游业自然也得到了较为充分的发展。在其之后的浙江、四川两省份，同样存在有利于乡村休闲旅游业发展的沃土，两省份的乡村休闲旅游企业数量均在3000家以上。

京津沪渝四个直辖市以及西北、东北的省份在乡村休闲旅游业的发展上处于相对落后位置。对于直辖市，尤其对于北京、上海来说，乡村产业本身就不是发展的核心产业，更不必说以此为基础的乡村休闲旅游；对于西北地区的内蒙古、宁夏、西藏、青海以及东北地区的黑吉辽三省，由于经济水平、营商环境等因素受限，其乡村休闲旅游业的发展同样受阻。除此之外，其他省份表现中规中矩，如经济发达的江苏的乡村休闲旅游企业也仅有1000余家。

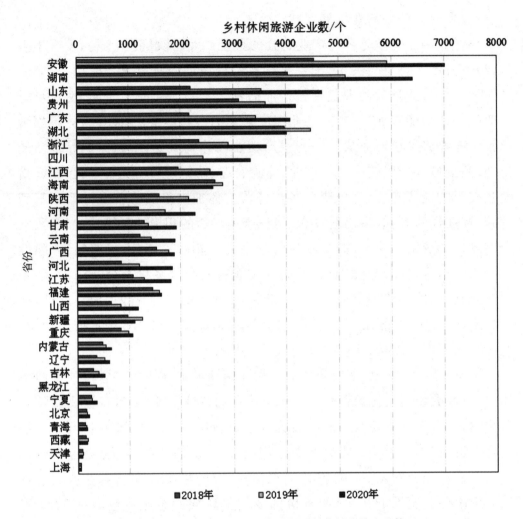

图 4-4　2018—2020 年全国各省份乡村休闲旅游企业数

(3)美丽休闲乡村发展现状

从美丽休闲乡村①数(见图 4-5)来看,浙江、新疆、福建、山东的数量要明显多于其他省份。随着时间的推移,各个省份 2020 年的美丽休闲乡村数相较 2018 年都有稳步的增长,相比 2018 年,2020 年的美丽休闲乡村数增长了 71.33%。从省份来看,除了宁夏,其余 30 个省份的增长率均在 50%

_____

① 美丽休闲乡村是由农业农村部公开评选、公开发布的名单,自 2010 年开始评选,每年评选一次。

以上,重庆市的美丽休闲乡村数相比 2018 年更是翻番,安徽、黑龙江、广东 3 个省份的增长率均在 90% 以上。可以看到,我国各个省份对建设美丽休闲乡村已经越发重视。

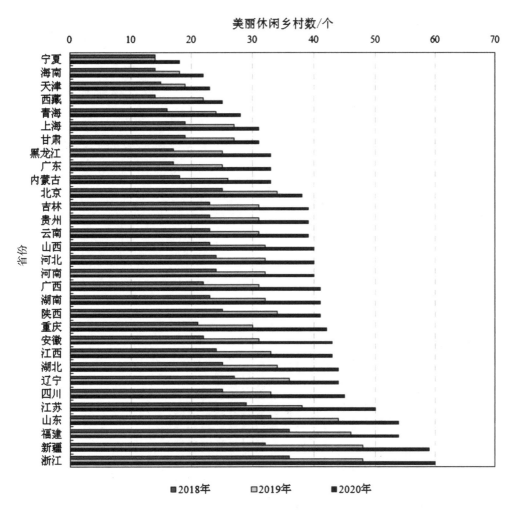

图 4-5　2018—2020 年全国各省份美丽休闲乡村数

(二)省域融合化指数分析——东中部总体融合化程度较高

乡村产业融合化发展指数(见图 4-6)由农产品加工业企业数、乡村休闲旅游企业数、美丽休闲乡村数加权而来。从得分来看,山东、浙江两省份排名领先全国其他省份,得分在90分以上,与前文所述浙江、山东农产品加工业企业、美丽休闲乡村数量领先全国相互呼应。得益于乡村休闲旅游业的快速发展,安徽省融合化指数得分超80分,位列全国第三。绝大多数省份基本上在70～80分这个水平上,包括了河北、江苏、江西、河南、湖南、四川、贵州等七个省份,这些省份无论是农产品加工业还是乡村休闲旅游,都还存在着较大的发展空间。以经济传统强省江苏为例,尽管其工业总产值连续多年位居全国第二,仅次于广东,农产品加工业企业数量仅排在全国第八位,与榜首的山东相差达五倍之多,乡村休闲旅游也仅排在全国第十七位,这也直接导致了江苏的乡村产业融合相比其他省份更为薄弱。天津、西藏、青海、宁夏四省份乡村产业融合化程度相对较低,排名相对靠后。

　　总体来看,得分在70分以上的省份共有13个,且主要集中于东部及中部地区,西部地区仅有四川、贵州两省乡村产业融合化水平尚可。

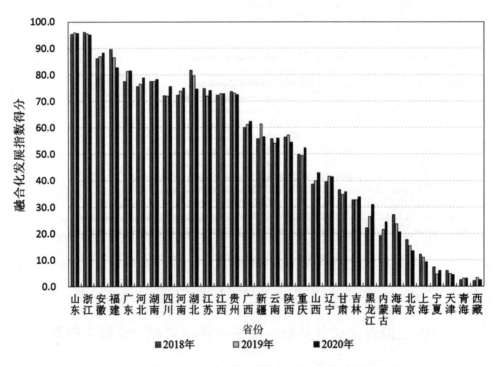

图 4-6　2018—2020 年全国各省份乡村产业融合化发展指数

三、省域多样化发展指数解读

(一)省域多样化指标构成分析

乡村产业的多样化能够提高农户应对风险的能力。乡村产业的多样化不仅体现在大力发展食品加工业、纺织服装业、休闲旅游业、餐饮服务业等以农业为基础的多元化行业上,还可以体现在国有、集体、民营、股份、合伙、混合等不同企业性质上,尤其在新型农村经营主体大放异彩的今天,乡村产业的多样化发展还扩展到各类组织机构、各种产业形态、各个商业模式等内容中。

图 4-7 即为各个地区的涉农行业的多样化指标值。可以看到,上海、浙江、福建、广东、西藏五个省份的涉农行业多样化处于全国第一梯队,行业的多样化指标值均在 0.8 以上;在 0.7~0.8 之间的省份共有 12 个;在 0.6~0.7 之间的省份为 14 个,且多数集中在中西部地区。

再看各省份的涉农行业多样化的变化趋势。共有 15 个省份的涉农行业多样化指标在 2018—2020 年间呈上升趋势,包括河北、山西、内蒙古、辽宁、吉林、黑龙江、江苏、浙江、河南、湖北、广西、重庆、贵州、云南、陕西;涉农行业多样化指标 2018—2020 年呈下降趋势的省份为北京、上海、海南、四川、甘肃、宁夏;呈“V”形变化的为福建、江西、湖南三个省份;呈倒“V”形变化的为天津、安徽、山东、广东、西藏、青海、新疆七个省份。综合以上可以反映出,我国多数省份都在积极拓展涉农行业的多样性,在拓链、延链、强链、补链上了取得了成效。

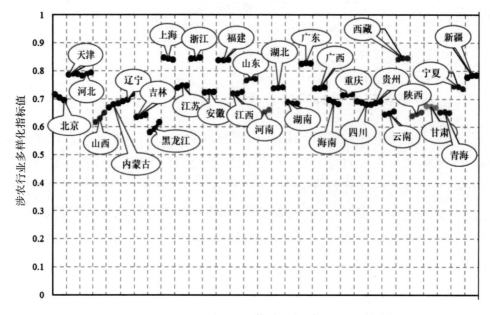

图 4-7　2018—2020 年全国各省份涉农行业多样化指标

(二)省域多样化指数分析——浙江强势依旧,西藏表现抢眼

从图 4-8 可以看出,多样化发展指数得分呈现出明显的分层现象。其中,浙江表现出稳定的姿态,排名第一,领先全国各个省份。地处西北的西藏在该指标的排行中名列全国第二,领先一众经济发达省份。具体来看,涉农行业多样化充分的有浙江、西藏、福建、上海、广东五个省份;涉农行业多样化比较充分的省份有河北、天津、新疆、山东四个省份;涉农行业多样化一般充分的有江苏、湖北、广西、宁夏四个省份;涉农行业多样化一般的有江西、安徽、辽宁、重庆、北京五个省份;贵州、内蒙古、湖南、海南、四川、甘肃六个省份的涉农行业多样化比较不足;最后,河南、云南、陕西、山西、青海、吉林、黑龙江七个省份涉农行业多样化明显不足,说明这些省份的涉农产业比较单一。

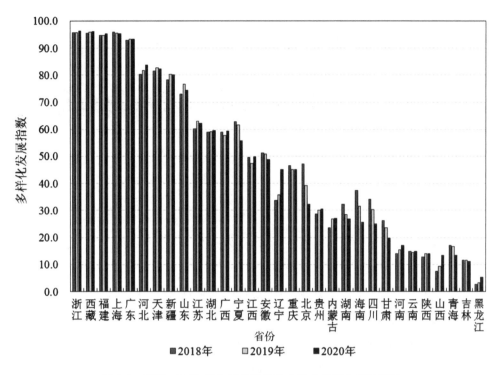

图 4-8　2018—2020 年全国各省份涉农行业多样化发展指数

四、小结

通过前文省级产业体系的分析,可以得到以下结论。

第一,总体来看,全国各省份排名相对稳定。尤其是排名靠前的东部沿海地区与靠后的西部地区,三年来排名波动很小。第二,无论是乡村产业融合化还是多样化发展程度上,东南沿海地区都处于全国领先地位。如浙江涉农行业多样化的发展水平、山东的融合化发展水平。第三,中部地区的安徽得益于乡村旅游产业的充分发展,融合化指数位列全国第三。第四,西部地区尽管整体发展上处于落后位置,但仍然有亮眼之处,如西藏涉农行业多样化水平位居全国第二,新疆美丽休闲乡村数量位列全国第二。

第五章 产业体系高质量发展地市评价

一、地市产业体系发展指数解读

省会(首府)城市优势明显,各地产业格局渐成。表 5-1 为全国产业体系发展指数 50 强市名单。泉州、青岛、宁波三市产业体系的表现最佳,对应到省份上,其所在的福建、山东、浙江三省也是产业体系前三强。

2018—2019 年全国共有 16 个省份的下辖市进入了前 50 强。2020 年,新疆的伊犁哈萨克自治州退出前 50 强,使得 2020 年的前 50 强只包含了 15 个省份。山西、内蒙古、吉林、黑龙江、海南、云南、西藏、陕西、甘肃、青海、宁夏等 11 个省份在 2018—2020 年从未有地级市进入 50 强市的榜单。

进一步地,在排名前 50 强市中,2018—2020 年省会(首府)城市及副省级城市分别有 15 个、16 个、16 个。其中济南市自 2019 年首次进入榜单,并在 2020 年稳定在榜单中。在有下辖市进入前 50 强的省份的省会(首府)中,只有新疆的首府乌鲁木齐市未进入 50 强榜单。从城市发展角度来看,无论在城市文化、价值观念、社会制度等影响自身发展潜力和感召力等诸多软性因素上,还是资金、政策、人才、城市基础设施等硬实力上,这些省会(首府)城市及副省级城市相对其他城市都具有明显的优势,因此其在产业的发展上具有明显的先天优势。

表 5-1　2018—2020 年全国产业体系发展指数 50 强城市

排名	2018 年		2019 年		2020 年	
	城市	得分	城市	得分	城市	得分
1	泉州市	99.796	青岛市	99.798	泉州市	99.693
2	宁波市	99.541	泉州市	99.715	青岛市	99.686
3	青岛市	99.521	宁波市	99.616	宁波市	99.616
4	杭州市	99.413	广州市	99.406	杭州市	99.538
5	厦门市	99.125	杭州市	99.375	广州市	99.530
6	成都市	98.829	临沂市	99.244	临沂市	99.471
7	临沂市	98.801	厦门市	99.090	厦门市	98.945
8	广州市	98.664	成都市	98.458	湖州市	98.505
9	湖州市	98.336	湖州市	98.363	成都市	98.348
10	深圳市	97.551	温州市	97.625	温州市	98.292
11	温州市	97.530	深圳市	97.251	宣城市	97.651
12	苏州市	97.080	宣城市	97.098	金华市	97.241
13	石家庄市	97.050	石家庄市	96.794	合肥市	96.950
14	合肥市	96.788	合肥市	96.681	石家庄市	96.496
15	金华市	96.414	金华市	96.341	苏州市	95.711
16	宣城市	96.335	苏州市	95.636	长沙市	95.179
17	台州市	94.636	长沙市	95.134	保定市	94.592
18	福州市	94.575	赣州市	95.098	深圳市	94.269
19	赣州市	94.537	福州市	94.327	台州市	94.267
20	长沙市	94.441	济宁市	93.468	赣州市	94.196
21	漳州市	94.426	烟台市	92.887	安庆市	94.066
22	烟台市	93.008	漳州市	92.687	福州市	93.728
23	大连市	92.668	安庆市	92.636	烟台市	93.448
24	安庆市	92.509	台州市	92.500	南宁市	92.605
25	南宁市	92.343	保定市	92.397	邢台市	92.201
26	黄冈市	92.343	南宁市	92.294	邯郸市	92.088
27	邯郸市	91.950	武汉市	92.247	济宁市	91.894

续表

排名	2018 年		2019 年		2020 年	
	城市	得分	城市	得分	城市	得分
28	济宁市	91.867	吉安市	92.000	漳州市	91.758
29	保定市	91.425	大连市	91.944	佛山市	91.280
30	恩施州	90.999	恩施州	91.483	黄山市	90.958
31	黔南州	90.788	遵义市	91.218	遵义市	90.814
32	嘉兴市	90.431	邢台市	90.268	吉安市	90.741
33	邢台市	90.339	佛山市	90.244	廊坊市	90.320
34	黄山市	90.270	邯郸市	90.123	武汉市	90.180
35	莆田市	90.180	黄山市	89.973	大连市	89.696
36	遵义市	89.938	嘉兴市	89.960	嘉兴市	89.270
37	武汉市	89.782	黄冈市	89.508	恩施州	89.075
38	南平市	89.353	黔南州	89.301	六安市	88.335
39	黔东南州	88.388	西安市	88.584	潍坊市	88.233
40	吉安市	88.313	廊坊市	88.311	黔南州	87.900
41	阜阳市	86.973	潍坊市	88.207	阜阳市	86.971
42	潍坊市	86.766	南平市	87.598	南平市	86.659
43	佛山市	86.697	阜阳市	87.215	盐城市	86.481
44	三明市	86.401	黔东南州	87.066	济南市	86.348
45	廊坊市	86.122	六安市	87.042	芜湖市	86.148
46	伊犁州	85.825	莆田市	86.538	黔东南州	86.097
47	九江市	85.358	益阳市	84.767	西安市	86.011
48	益阳市	85.169	三明市	84.739	黄冈市	85.493
49	西安市	84.680	济南市	84.212	九江市	85.060
50	绍兴市	84.623	伊犁州	83.921	衡水市	84.779

　　从绝对数量(见图 5-1)上看,浙江下辖市连续三年入围前 50 强市的个数最多,其中 2018 年以 8 个市排名第一,2019 年和 2020 年均以 7 个市分别与福建、安徽并列排名第一。从占比来看,河北、浙江、山东、安徽、福建五省份占据最大比例,2018—2020 年均超过 5 个下辖市,占各自省份下辖市总

数的比重均在 50％ 以上，其中，浙江 2018—2020 年分别以 72.73％、63.64％、63.64％的市占比遥遥领先其他各省份，这也印证了浙江产业体系的发展要优于全国其他地区。

50 强市中，有 44 个市连续三年进入榜单，占比达到了 88％。具体来看，绍兴市 2018 年进入 50 强榜单，随后两年均未进入榜单，是浙江 8 个进入榜单地级市中首个退出榜单的城市；九江市在 2019 年短暂退出 50 强榜单后，于 2020 年重新回归。而六安市、济南市则是 2019 年新进入榜单的城市。莆田市、三明市、伊犁哈萨克自治州、益阳市在 2018、2019 年连续两年进入 50 强后于 2020 年退出榜单，取而代之的为盐城市、芜湖市、九江市、衡水市。榜单城市总体稳定，反映出我国乡村产业体系已在区域上形成相对固定的格局；同时，这也表明，一个城市想要在乡村现代产业的发展中取得优势地位需要做全方位的努力。

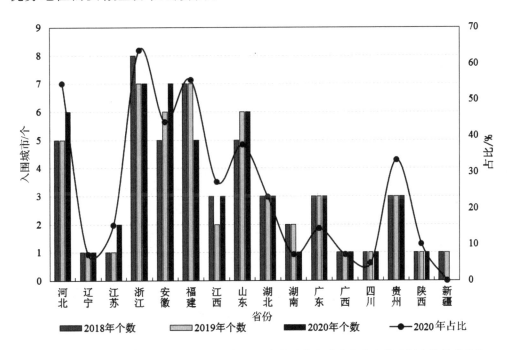

图 5-1　2018—2020 年产业体系发展指数 50 强市省际分布及占各自省份地级市数量的比重

二、地市融合化发展指数解读

(一)超半数省份入围榜单,东、中部入围城市最多

表 5-2 显示的是 2018—2020 年全国融合化指数的前 50 强城市。四川成都市与山东青岛市、临沂市表现出色,分别位列 2018 年、2019 年、2020 年的第一位。

分析进入榜单的城市,2018—2020 年每年入选 50 强榜单的城市所在省份都为 16 个。其中,吉林仅在 2018 年有一个长春市入围,随后在 2019 年与 2020 年退出榜单;与吉林相反的是河南,其在 2018 年未有城市入选,在 2019 年与 2020 年,信阳市作为河南的"唯一火种"入围前 50 强榜单。

从各省份进入 50 强榜单的数量看,浙江下辖市连续三年入选融合化前 50 强市的个数最多,三年分别为 9 个、9 个、8 个;山东以 6 个、6 个、7 个紧随其后。值得一提的是,中部地区省份安徽、江西以及西南的贵州这三省在融合化上表现同样出色,每年都有 4—5 个城市入选前 50 强。从占比来看,浙江、安徽、福建、江西、山东、贵州六省份在 50 强榜单中占据了大多数,三年分别达到了 68%、66%、64%。

表 5-2　2018—2020 年融合化发展指数 50 强市榜单

排名	2018 年		2019 年		2020 年	
	城市	得分	城市	得分	城市	得分
1	成都市	99.631	青岛市	99.734	临沂市	99.729
2	泉州市	99.527	临沂市	99.608	青岛市	99.603
3	青岛市	99.295	成都市	99.566	成都市	99.590
4	临沂市	99.261	泉州市	99.323	泉州市	99.139
5	宁波市	99.058	宁波市	99.204	广州市	99.104
6	杭州市	98.934	广州市	98.967	杭州市	99.092
7	恩施州	97.979	杭州市	98.864	宁波市	99.083
8	广州市	97.553	恩施州	98.292	恩施州	97.408

续表

排名	2018 年		2019 年		2020 年	
	城市	得分	城市	得分	城市	得分
9	长沙市	97.237	长沙市	97.658	长沙市	97.365
10	湖州市	96.737	赣州市	97.009	温州市	97.341
11	赣州市	96.717	湖州市	96.885	湖州市	96.971
12	温州市	96.690	温州市	96.766	合肥市	96.575
13	厦门市	96.637	厦门市	96.528	赣州市	96.379
14	合肥市	96.322	合肥市	96.442	安庆市	95.985
15	绍兴市	95.827	绍兴市	95.686	绍兴市	95.672
16	苏州市	95.499	安庆市	95.247	厦门市	95.570
17	石家庄市	95.291	石家庄市	94.998	宣城市	94.720
18	安庆市	95.072	宣城市	94.267	石家庄市	94.110
19	黔南州	95.066	黔南州	93.802	金华市	93.345
20	宣城市	93.750	烟台市	93.697	烟台市	93.315
21	深圳市	93.404	苏州市	93.381	苏州市	93.144
22	大连市	93.120	济宁市	92.953	邯郸市	92.770
23	阜阳市	93.016	西安市	92.859	黔南州	92.769
24	黔东南州	92.891	深圳市	92.726	济宁市	91.855
25	漳州市	92.623	阜阳市	92.692	阜阳市	91.658
26	烟台市	92.060	大连市	92.404	潍坊市	90.831
27	金华市	91.887	黔东南州	91.849	黔东南州	90.826
28	济宁市	91.814	金华市	91.615	西安市	90.725
29	邯郸市	91.711	南宁市	90.677	六安市	90.591
30	黄冈市	91.519	漳州市	90.668	南宁市	90.201
31	南宁市	91.048	遵义市	90.349	遵义市	89.225
32	台州市	90.531	吉安市	90.263	毕节市	89.116
33	西安市	90.317	邯郸市	90.029	大连市	89.043
34	遵义市	89.856	武汉市	89.975	漳州市	88.816
35	潍坊市	89.597	潍坊市	89.537	台州市	88.722
36	福州市	89.517	福州市	89.484	吉安市	88.572
37	六安市	88.058	六安市	89.336	福州市	88.223

续表

排名	2018 年		2019 年		2020 年	
	城市	得分	城市	得分	城市	得分
38	上饶市	87.841	毕节市	88.713	济南市	87.850
39	嘉兴市	87.206	黄冈市	88.136	信阳市	87.437
40	武汉市	86.920	嘉兴市	87.181	保定市	86.966
41	吉安市	86.624	台州市	86.396	嘉兴市	86.762
42	毕节市	86.309	信阳市	84.929	九江市	86.475
43	菏泽市	85.910	上饶市	84.630	盐城市	86.296
44	丽水市	85.827	济南市	84.583	武汉市	86.199
45	南平市	85.643	徐州市	84.457	邢台市	85.982
46	九江市	85.525	南平市	84.289	衡水市	85.758
47	徐州市	84.831	九江市	84.217	菏泽市	85.751
48	黔西南州	84.538	丽水市	83.697	邵阳市	85.600
49	长春市	83.828	衡水市	83.423	上饶市	84.127
50	邢台市	83.781	邵阳市	83.368	深圳市	84.037

(二)浙闽贵领衔产融发展,鲁冀两省占比增加

在市级融合化指标的评价上,浙江下辖市表现出强大的整体实力。从在各自省份内的占比来看,浙江仍旧领先全国,三年入围 50 强市在其所有下辖市的占比分别达到了 81.82%、81.82%、72.73%。排在浙江之后的是 2018 年、2019 年的福建与 2018 年的贵州,其省内城市入围 50 强的城市比例均达到了 55.56%。再从进入 50 强城市的稳定性来看,经统计,50 强市中共有 42 个市连续三年进入榜单,占比达到了 84%。其中浙江入围的 9 个城市仅丽水市在 2019 年、2020 年退出了榜单,杭州、宁波、温州、湖州、绍兴、金华、台州、嘉兴 8 市则始终位列 50 强榜单之上。福建的泉州市、厦门市、漳州市、福州市与贵州的黔南布依族苗族自治州、黔东南苗族侗族自治州、遵义市、毕节市也同样稳定在 50 强榜单上。可以看到,以上浙江、福建、贵州三省乡村产业融合化的发展走在了全国前列。

从图 5-2 还可以看出,山东入围 50 强城市数量仅次于浙江,不过由于

省内下辖地级市数量较多(共有 16 个),导致省内整体融合化水平略低于浙江、福建、贵州 3 省。时序上,2020 年山东入围城市相比 2018 年与 2019 年增加 1 个,使其与河北成为我国省级层面上仅有的 2 个占比增加的省份,后者 2020 年比 2019 年与 2018 年多入围了 2 个城市。

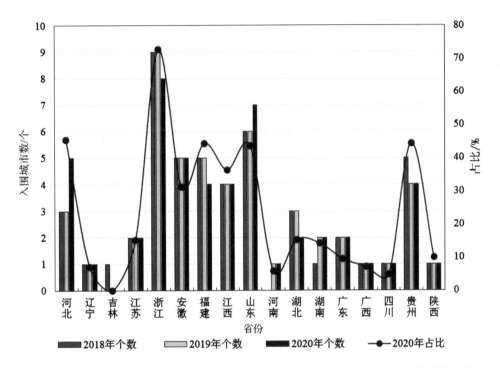

图 5-2　2018—2020 年融合化发展指数 50 强市省际分布及占各自省份地级市数量的比重

(三)东中部排名整体靠前,区域内部存在分化

图 5-3(a)至图 5-3(d)可以看出全国各省份下辖地级市的排名分布全貌。从图 5-3 可以观察到,下辖地级市的排名主要集中在前 100 名的省份为浙江、福建、贵州、河北、安徽、江西、山东、湖南;主要集中在 100—200 名的省份为湖北、陕西、河南、江苏、山西、云南;主要集中在 200—300 名之间省份为广东、广西、海南、四川、辽宁、吉林、黑龙江、甘肃、宁夏、内蒙古、新疆;主要集中在 300名之后的省份为青海、西藏。总体来看,东中部地区排名整体靠前,西北、东北等地排名相对落后。不过,区域内部存在一定的分化,排名靠前与靠后同存。

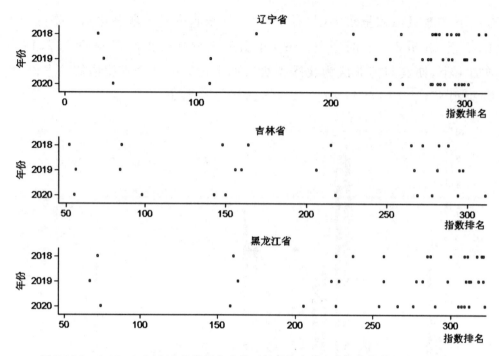

图 5-3(a)　2018—2020 年东北地区各省份下辖地级市融合化发展指数排名分布情况

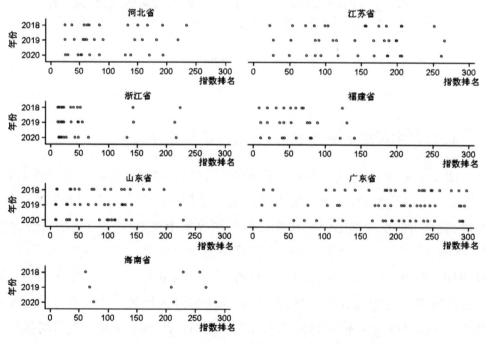

图 5-3(b)　2018—2020 年东部地区各省份下辖地级市融合化发展指数排名分布情况

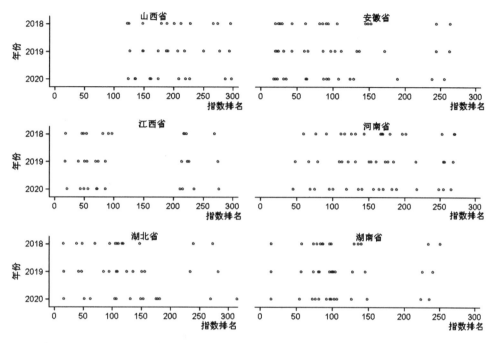

图 5-3(c)　2018—2020 年中部地区各省份下辖地级市融合化发展指数排名分布情况

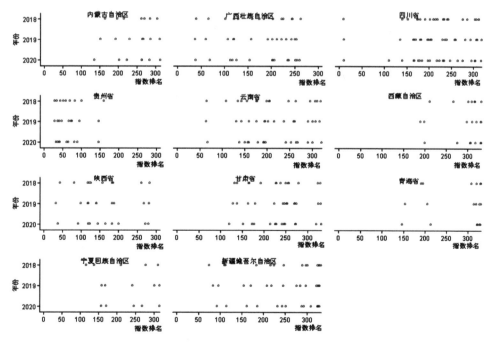

图 5-3(d)　2018—2020 年西部地区各省份下辖地级市融合化发展指数排名分布情况

三、地市多样化发展指数解读

(一)省会(首府)入围占比较低,中小城市迎来良机

表 5-3 为地市多样化发展指数 50 强榜单。厦门市涉农行业多样化在 2018—2020 年始终排名全国首位,中山市在 2018 年排名第二,随后两年拉萨市超越中山市,成为排行榜第二。

在 50 强市榜单中,省会(首府)及副省级城市的个数 3 年均为 10 个,占比为 20%。相比产业体系以及融合化市级排行榜,多样化中的省会(首府)及副省级城市占比明显偏低。原因一方面在于大中型城市在当前仍以发展工业、服务业为主,往往不会偏重很多涉农生产及制造产业;另一方面,部分大中型城市受限于自然资源禀赋强约束,无法发展业态较为丰富的涉农产业。因此,我国其他城市才能因地制宜、因时制宜地开展涉农生产活动,发展出高质量的现代乡村产业。

表 5-3　2018—2020 年多样化发展指数 50 强市榜单

排名	2018 年		2019 年		2020 年	
	城市	得分	城市	得分	城市	得分
1	厦门市	99.181	厦门市	99.196	厦门市	99.277
2	中山市	98.836	拉萨市	98.305	拉萨市	98.198
3	拉萨市	98.203	中山市	98.185	中山市	98.153
4	泉州市	97.787	泉州市	97.769	深圳市	98.103
5	深圳市	97.782	深圳市	97.741	泉州市	97.987
6	佛山市	97.439	江门市	97.461	山南市	97.393
7	江门市	97.345	山南市	96.984	江门市	97.220
8	山南市	96.899	佛山市	96.920	宁波市	97.108
9	珠海市	96.846	宁波市	96.892	保定市	96.784
10	日喀则市	96.702	保定市	96.661	珠海市	96.692
11	宁波市	96.687	日喀则市	96.595	金华市	96.623

排名	2018 年		2019 年		2020 年	
	城市	得分	城市	得分	城市	得分
12	保定市	96.662	金华市	96.575	佛山市	96.597
13	阿里地区	96.523	阿里地区	96.211	莆田市	96.188
14	东莞市	96.471	珠海市	96.190	宣城市	95.957
15	金华市	96.363	东莞市	95.932	东莞市	95.697
16	杭州市	95.588	莆田市	95.562	日喀则市	95.680
17	莆田市	95.410	杭州市	95.552	杭州市	95.664
18	湖州市	95.314	广州市	95.225	阿里地区	95.397
19	广州市	94.820	湖州市	95.069	广州市	95.396
20	福州市	94.274	宣城市	95.036	汕头市	95.329
21	芜湖市	94.151	青岛市	94.193	湖州市	95.079
22	青岛市	93.942	汕头市	94.056	乌鲁木齐市	95.013
23	汕头市	93.590	乌鲁木齐市	93.850	台州市	94.076
24	黄山市	93.345	福州市	93.690	北海市	93.897
25	威海市	93.067	芜湖市	93.537	芜湖市	93.892
26	北海市	92.893	北海市	93.376	廊坊市	93.671
27	乌鲁木齐市	92.858	廊坊市	93.304	黄山市	93.656
28	台州市	92.776	台州市	93.159	昌都市	93.352
29	宣城市	92.644	黄山市	93.128	福州市	93.250
30	钦州市	92.519	威海市	93.039	钦州市	92.825
31	喀什地区	92.401	喀什地区	92.726	南通市	92.660
32	廊坊市	92.136	钦州市	92.446	邢台市	92.343
33	昌都市	92.043	昌都市	92.173	舟山市	92.049
34	石家庄市	91.887	邢台市	91.801	石家庄市	91.647
35	苏州市	91.307	舟山市	91.528	青岛市	91.624
36	舟山市	91.275	石家庄市	91.381	喀什地区	91.562
37	邢台市	91.191	日照市	91.367	温州市	91.417
38	东营市	91.099	南通市	91.074	日照市	90.610

续表

排名	2018 年		2019 年		2020 年	
	城市	得分	城市	得分	城市	得分
39	咸宁市	90.034	东营市	90.380	苏州市	90.373
40	温州市	89.132	苏州市	90.220	防城港市	89.530
41	日照市	88.901	温州市	89.546	东营市	89.117
42	防城港市	88.626	防城港市	88.787	马鞍山市	89.050
43	马鞍山市	88.588	咸宁市	88.686	池州市	88.052
44	南通市	88.046	马鞍山市	88.219	威海市	87.966
45	三明市	87.290	池州市	87.385	三明市	87.815
46	潮州市	87.288	三明市	87.234	扬州市	87.419
47	池州市	87.017	伊犁州	86.657	咸宁市	87.122
48	伊犁州	86.302	潮州市	86.359	昌吉州	85.823
49	益阳市	86.296	扬州市	86.291	潮州市	85.606
50	漳州市	86.230	滨州市	85.699	滨州市	85.540

(二)广东入围个数最多,西藏入选比例最高

进一步地,从图 5-4 可以看出,全国下辖市入围多样化前 50 强榜单的省份共有 12 个,包括 2019 年与 2020 年退出榜单的湖南。可以看到,涉农行业多样化前 50 强的城市相比融合化榜单入围城市的分布要更为集中。其中广东入围 50 强市榜单的下辖市数量最多,近 3 年均入围了 9 个城市;浙江以 7 个城市排在第 2 位;安徽、福建、西藏、山东在 2020 年以 5 个城市紧随广东、浙江之后。需要重点指出的是,西藏不仅入围个数处于全国前列,并且其首府拉萨市的排名也相当之高,位列全国第 2 位。从各省份下辖市的入围比例来看,西藏 7 个市级行政单位中有 5 个入围了 50 强市排行榜,比例高达 71.43%,领先浙江的 63.64%,排行首位。

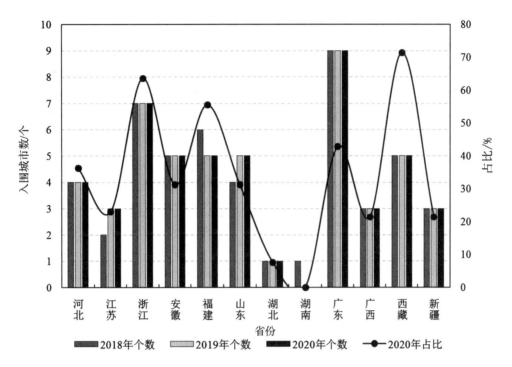

图 5-4　2018—2020 年多样化发展指数 50 强市省际分布及占各自省份地级市数量的比重

(三)地市排名密度不一,浙江向前甘肃后退

图 5-5(a)至图 5-5(d)为全国各地级市的多样化发展指数排名分布图,展示了全国各个地市的排名全貌。可以看到,浙江、安徽、福建、湖北、西藏、新疆呈现出"左密右疏"的特征,即其下辖的城市排名主要集中于前部;与之相对的是云南、甘肃等省份,呈现出"左疏右密"的特征,即其下辖的城市排名主要分布在后端;其余各省份则相对均匀分布。此外,通过图 5-5 还可以发现,内蒙古、辽宁、浙江、新疆的整体排名随时间的推移有聚集和前进的趋势,城市排名趋势整体后退分散的省份包括了山东、湖南、甘肃、宁夏。结合排名与趋势综合来看,浙江整体排名居前,仍有向前进的态势,而甘肃整体排名落后且仍向后退。

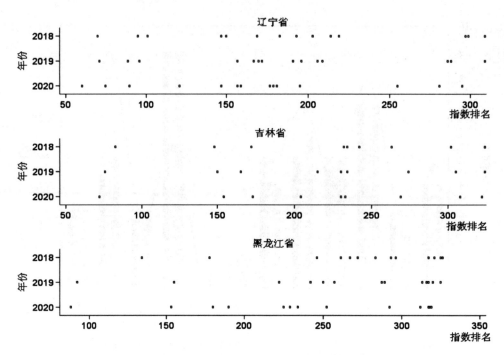

图 5-5(a)   2018—2020 年东北地区各省份下辖地级市多样化发展指数排名分布情况

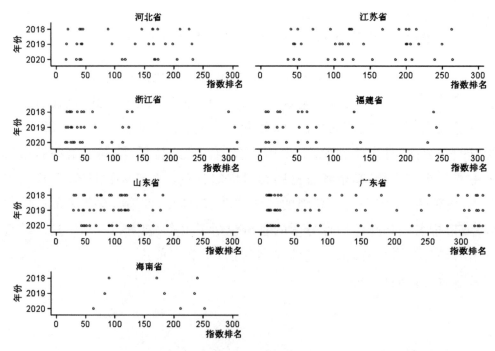

图 5-5(b)   2018—2020 年东部地区各省份下辖地级市多样化发展指数排名分布情况

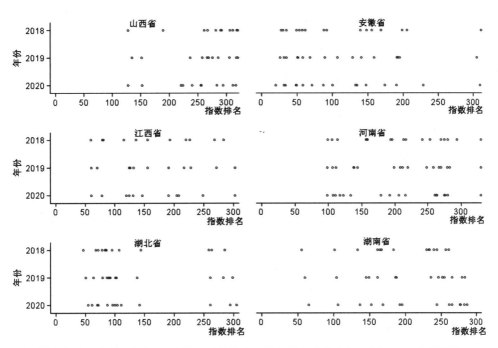

图 5-5(c) 2018—2020 年中部地区各省份下辖地级市多样化发展指数排名分布情况

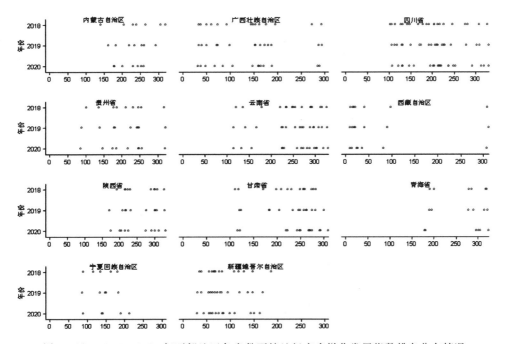

图 5-5(d) 2018—2020 年西部地区各省份下辖地级市多样化发展指数排名分布情况

四、小结

通过前文市级产业体系及其两个分项指标的分析,可以发现两个区域优势明显。

一是省会(首府)及副省级城市优势明显。在一级指标产业体系发展指数以及分项指标融合化发展指数 50 强市榜单中,2018—2020 年省会(首府)及副省级城市入围数量均达到了 15 个以上。相比产业体系以及融合化的市级排行榜,尽管多样化中的省会(首府)及副省级城市占比略低,但仍然达到了 10 个,且无论是一级指标还是分项指标,省会(首府)及副省级城市主要集中在榜单前列。

二是东部沿海地区优势明显。产业体系指标中,泉州、青岛、宁波 3 市位列全国前 3;融合化发展指数上,浙江、山东下辖市入围榜单个数最多,浙江、福建、山东在 50 强市榜单中占比较高;多样化指数上,广东、浙江下辖市入围 50 强市榜单数量最多。

第六章　产业体系高质量发展县域评价

一、县域产业体系发展指数解读

浙皖闽鲁发展最优，强者恒强局面凸显。从表 6-1 可以看到，全国产业体系发展指数百强县的得分均在 90 分以上。其中，浙江余姚市在 2018—2020 年连续 3 年排在全国县级产业体系的首位，琼海与胶州两市互有升降，排在第 2、3 位。

表 6-1　2018—2020 年全国产业体系发展指数百强县

排名	2018 年		2019 年		2020 年	
	县（市）	得分	县（市）	得分	县（市）	得分
1	余姚市	99.980	余姚市	99.983	余姚市	99.959
2	胶州市	99.680	琼海市	99.877	琼海市	99.695
3	琼海市	99.668	胶州市	99.602	胶州市	99.565
4	德清县	99.531	德清县	99.361	安吉县	99.533
5	惠安县	99.446	安吉县	99.170	兴义市	99.428
6	南安市	99.150	兴义市	99.154	德清县	99.043
7	宁国市	99.017	惠安县	99.111	惠安县	98.810
8	兴义市	98.791	南安市	98.932	金寨县	98.797
9	东阳市	98.611	荣成市	98.887	天台县	98.713
10	荣成市	98.606	宁国市	98.823	南安市	98.697
11	灵山县	98.514	安溪县	98.812	安溪县	98.591

续表

排名	2018 年		2019 年		2020 年	
	县(市)	得分	县(市)	得分	县(市)	得分
12	桐庐县	98.395	如皋市	98.665	东阳市	98.568
13	安吉县	98.183	慈溪市	98.367	泾县	98.425
14	天台县	98.183	东阳市	98.326	宁国市	98.417
15	泾县	98.140	桐庐县	98.040	荣成市	98.373
16	嘉善县	97.971	嘉善县	97.791	如皋市	98.106
17	福清市	97.846	平邑县	97.659	慈溪市	98.076
18	晋江市	97.692	长兴县	97.637	桐城市	97.952
19	长兴县	97.673	天台县	97.537	宜兴市	97.751
20	曲阜市	97.201	金寨县	97.513	平邑县	97.601
21	玉环市	97.142	泾县	97.294	桐庐县	97.510
22	闽侯县	96.992	宜兴市	97.247	嘉善县	97.302
23	安溪县	96.824	晋江市	97.217	巢湖市	97.290
24	黟县	96.768	黟县	97.130	长兴县	97.244
25	如皋市	96.745	象山县	97.031	垫江县	96.840
26	宜兴市	96.636	崇州市	96.898	玉环市	96.835
27	苍南县	96.628	苍南县	96.822	苍南县	96.744
28	崇州市	96.626	灵山县	96.760	广德市	96.535
29	巢湖市	96.617	玉环市	96.695	象山县	96.394
30	漳浦县	96.541	福清市	96.590	崇州市	96.361
31	大余县	96.345	南陵县	96.363	晋江市	96.347
32	垫江县	96.259	闽侯县	96.350	永嘉县	96.118
33	平邑县	96.211	利川市	96.257	乐清市	96.108
34	慈溪市	96.138	垫江县	96.123	义乌市	95.784
35	桃江县	96.075	义乌市	96.105	伊金霍洛旗	95.605
36	福鼎市	96.061	巢湖市	95.685	曲阜市	95.539
37	义乌市	95.979	济源市	95.663	文昌市	95.472
38	永嘉县	95.918	永嘉县	95.529	博罗县	95.377
39	宁乡市	95.668	曲阜市	95.491	昆山市	95.359

排名	2018 年		2019 年		2020 年	
	县（市）	得分	县（市）	得分	县（市）	得分
40	尤溪县	95.492	滕州市	95.246	南陵县	95.318
41	仙桃市	95.401	庄河市	95.216	福清市	95.311
42	瑞安市	95.173	盘州市	95.197	闽侯县	95.273
43	贺兰县	95.146	桃江县	95.082	黟县	95.131
44	永春县	95.094	仙桃市	94.983	灵山县	95.077
45	郓城县	95.071	漳浦县	94.937	东至县	94.880
46	金寨县	94.962	宁乡市	94.891	瑞安市	94.788
47	昆山市	94.913	瑞安市	94.759	休宁县	94.762
48	新源县	94.783	无极县	94.741	海宁市	94.713
49	泰和县	94.689	博罗县	94.675	无极县	94.694
50	广饶县	94.666	新昌县	94.572	平阳县	94.644
51	文昌市	94.544	桐城市	94.497	滕州市	94.627
52	江山市	94.505	肥东县	94.382	利川市	94.616
53	潜山市	94.490	南靖县	94.296	宁乡市	94.579
54	济源市	94.420	蓝田县	94.291	新源县	94.360
55	伊金霍洛旗	94.415	尤溪县	94.237	南昌县	94.259
56	新化县	94.237	肥西县	94.172	新化县	94.244
57	正定县	94.143	平阳县	94.066	郯城县	94.156
58	桐乡市	94.109	永春县	93.611	莒县	94.127
59	肥东县	94.064	大余县	93.577	仙桃市	94.107
60	无极县	94.003	福鼎市	93.459	肥西县	93.945
61	肥西县	93.975	绩溪县	93.457	沂南县	93.818
62	桐城市	93.867	桐乡市	93.449	蓝田县	93.812
63	南陵县	93.858	泰和县	93.448	桃江县	93.801
64	庄河市	93.845	莒县	93.408	肥东县	93.736
65	新沂市	93.784	龙海市	93.407	兰陵县	93.713
66	凤阳县	93.616	平湖市	93.331	盘州市	93.662
67	延吉市	93.605	和田市	93.299	潜山市	93.404

续表

排名	2018 年		2019 年		2020 年	
	县(市)	得分	县(市)	得分	县(市)	得分
68	孟州市	93.564	江山市	93.187	北流市	93.355
69	仙游县	93.554	潜山市	93.141	腾冲市	93.286
70	龙海市	93.503	兰陵县	93.110	济源市	93.220
71	新郑市	93.429	新沂市	93.063	无为市	93.216
72	平湖市	93.348	昆山市	93.026	永康市	93.198
73	乐清市	93.193	澄迈县	93.001	漳浦县	93.186
74	曹县	93.176	新源县	92.985	泰宁县	93.125
75	和田市	93.169	广德市	92.985	江山市	93.014
76	象山县	93.141	文昌市	92.969	庄河市	92.930
77	平阳县	93.100	新郑市	92.931	曹县	92.919
78	平江县	93.031	广饶县	92.911	沂水县	92.898
79	莱州市	92.907	曹县	92.900	新昌县	92.863
80	大田县	92.859	凤阳县	92.726	正定县	92.835
81	江阴市	92.780	额敏县	92.581	凤台县	92.814
82	武陟县	92.769	凤台县	92.550	福鼎市	92.796
83	兰陵县	92.754	正定县	92.468	新郑市	92.755
84	钟祥市	92.648	贺兰县	92.464	尤溪县	92.560
85	长泰县	92.636	仙游县	92.457	凤阳县	92.426
86	武宁县	92.509	长丰县	92.387	歙县	92.256
87	利川市	92.436	诸城市	92.353	龙海市	92.207
88	歙县	92.341	延吉市	92.324	大冶市	92.122
89	博罗县	92.260	沂南县	92.252	平湖市	92.085
90	阳新县	92.183	伊金霍洛旗	92.190	高密市	91.893
91	广德市	92.129	乐清市	92.177	长丰县	91.833
92	隆德县	92.070	郯城县	92.169	广饶县	91.828
93	凤台县	92.058	歙县	92.160	绩溪县	91.789
94	永康市	92.054	永康市	92.088	桐乡市	91.760

续表

排名	2018 年		2019 年		2020 年	
	县(市)	得分	县(市)	得分	县(市)	得分
95	婺源县	91.986	兰溪市	92.035	大余县	91.751
96	天门市	91.763	武陟县	91.987	永春县	91.740
97	建德市	91.710	黄梅县	91.980	兰溪市	91.693
98	南靖县	91.696	临朐县	91.959	建德市	91.650
99	莒县	91.687	梁山县	91.957	浦江县	91.647
100	微山县	91.647	建德市	91.930	南靖县	91.564

从百强县的地域分布来看,浙江、安徽、福建、山东 4 省份下辖的县(市)占比最高,4 个省份的百强县总数在 2018—2020 年的占比均超 50%,分别达到了 62 个、67 个、71 个。2018—2020 年进入百强县榜单中的县(市)覆盖了全国 23 个省份,3 年分别为 21 个、22 个、21 个,仅山西、吉林、广西、西藏、青海 5 个省份未有县(市)进入百强县榜单,反映出我国多数省份在乡村产业体系的建设上卓有成效,已在各自省份树立起产业体系发展的典型。

从 2018—2020 年产业体系百强县名单的统计情况来看,百强县同样表现出较强的稳定性。具体来看,有 78 个县(市)连续 3 年进入百强县榜单,占比达到了 78%。以 2020 年的排名为基准,排在前 50 名的县(市)仅有 3 个县(市)存在变更的情况,后 50 名的波动性则相对更大,相比 2018 年和 2019 年 19 个县(市)有变更的情况。进一步地,在 78 个连续进入榜单中的县(市),浙江、安徽、福建分别以 22 个、14 个、12 个排名前 3,强者恒强的特点表现得较为明显。

从百强县在其各自省份的占比(见图 6-1)来看,浙江、安徽、福建、山东 4 个省份同样表现出色。其中浙江 2018—2020 年分别以占比 42.31%、46.15%、50.00%排名第一,乡村产业体系的建设领先全国。安徽、福建、山东 3 省紧随其后,其中安徽 3 年占比分别为 22.95%、26.23%、31.15%,福建为 27.27%、23.64%、23.64%,山东为 13.92%、17.72%、16.46%。可见乡村产业体系的发展在长三角地区及福建、山东两省得到了充分的发展。

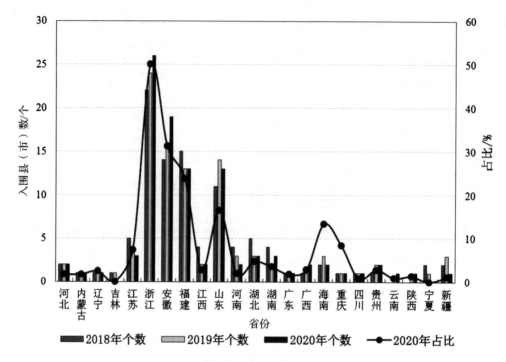

图 6-1　2018—2020 年产业体系发展指数百强县省际分布及 2020 年在各自省份的占比

二、县域融合化发展指数解读

(一)百强县渐趋集中化,浙江省最具竞争力

表 6-2 显示的是 2018—2020 年全国融合化发展指数排名前 100 的县(市)。可以看到,得分在 90 分以上是进入百强县的门槛条件。具体来看,浙江下辖的余姚市连续 3 年排名榜首,与一级指标产业体系的排名一致。

表 6-2　2018—2020 年融合化发展指数百强县榜单

排名	2018 年县(市)	2018 年得分	2019 年县(市)	2019 年得分	2020 年县(市)	2020 年得分
1	余姚市	99.968	余姚市	99.971	余姚市	99.903
2	琼海市	99.792	琼海市	99.943	琼海市	99.751

排名	2018 年县（市）	2018 年得分	2019 年县（市）	2019 年得分	2020 年县（市）	2020 年得分
3	宜兴市	99.360	兴义市	99.545	兴义市	99.689
4	兴义市	99.310	宜兴市	99.538	金寨县	99.679
5	胶州市	99.299	金寨县	99.346	宜兴市	99.627
6	惠安县	99.056	胶州市	99.027	安吉县	99.528
7	德清县	98.916	利川市	99.017	胶州市	98.907
8	晋江市	98.898	安吉县	99.003	天台县	98.754
9	天台县	98.534	晋江市	98.614	利川市	98.263
10	金寨县	98.431	德清县	98.545	费县	98.245
11	灵山县	98.303	费县	98.511	晋江市	97.905
12	桐庐县	98.237	惠安县	98.454	德清县	97.547
13	宁国市	98.090	荣成市	98.247	惠安县	97.533
14	福鼎市	97.997	诸暨市	97.896	泾县	97.501
15	南安市	97.877	安溪县	97.893	长兴县	97.430
16	费县	97.800	桐庐县	97.817	荣成市	97.377
17	荣成市	97.667	天台县	97.707	诸暨市	97.346
18	长兴县	97.565	黟县	97.691	安溪县	97.295
19	诸暨市	97.551	长兴县	97.646	东阳市	96.967
20	安吉县	97.406	如皋市	97.496	海宁市	96.878
21	礼泉县	97.356	南安市	97.401	桐庐县	96.875
22	东阳市	97.334	盘州市	97.344	南安市	96.676
23	利川市	97.157	平邑县	97.239	新化县	96.667
24	黟县	97.105	宁国市	97.149	平邑县	96.586
25	泾县	96.734	东阳市	96.744	盘州市	96.245
26	永春县	96.717	慈溪市	96.690	伊金霍洛旗	96.160
27	永嘉县	96.607	澄迈县	96.345	永嘉县	96.152
28	平邑县	96.575	庄河市	96.318	武夷山市	96.131
29	郓城县	96.495	福鼎市	96.246	乐清市	96.091

续表

排名	2018年县(市)	2018年得分	2019年县(市)	2019年得分	2020年县(市)	2020年得分
30	福清市	96.415	济源市	96.174	如皋市	96.069
31	曲阜市	96.396	新昌县	96.022	慈溪市	95.818
32	婺源县	96.347	灵山县	96.010	桐城市	95.797
33	平江县	96.177	崇州市	95.943	宁国市	95.728
34	崇州市	96.019	永嘉县	95.897	黟县	95.638
35	新化县	95.964	桐乡市	95.830	沂南县	95.602
36	浏阳市	95.959	泾县	95.792	巢湖市	95.543
37	桐乡市	95.903	南靖县	95.767	浦江县	95.467
38	闽侯县	95.727	浏阳市	95.757	浏阳市	95.441
39	武夷山市	95.672	象山县	95.685	福鼎市	95.379
40	钟祥市	95.435	长沙县	95.643	垫江县	95.289
41	漳浦县	95.408	沂南县	95.607	腾冲市	95.169
42	义乌市	95.352	义乌市	95.541	长沙县	95.115
43	伊金霍洛旗	95.278	恩施市	95.246	崇州市	95.114
44	嘉善县	94.982	南陵县	95.070	义乌市	94.990
45	庄河市	94.842	绩溪县	95.035	广德市	94.683
46	潜山市	94.822	永春县	94.965	兰陵县	94.614
47	枣强县	94.718	肥东县	94.956	肥东县	94.587
48	太湖县	94.483	平江县	94.829	桐乡市	94.489
49	常熟市	94.409	曲阜市	94.787	新昌县	94.443
50	盘州市	94.353	太湖县	94.753	太湖县	94.366
51	如皋市	94.343	额敏县	94.674	曲阜市	94.303
52	从江县	94.336	闽侯县	94.585	象山县	94.219
53	济源市	94.161	兰陵县	94.558	澄迈县	93.767
54	肥东县	94.152	嘉善县	94.532	临沭县	93.704
55	武宁县	94.143	新化县	94.399	平江县	93.625
56	巢湖市	94.143	福清市	94.364	济源市	93.607

续表

排名	2018 年县（市）	2018 年得分	2019 年县（市）	2019 年得分	2020 年县（市）	2020 年得分
57	新沂市	94.116	三江县	94.268	郓城县	93.588
58	宁乡市	94.049	岳西县	94.263	苍南县	93.588
59	沂南县	93.877	郓城县	94.234	沂水县	93.583
60	贺兰县	93.858	苍南县	94.214	南陵县	93.557
61	苍南县	93.811	蓝田县	94.124	庄河市	93.554
62	安溪县	93.690	新沂市	93.985	南靖县	93.490
63	乐清市	93.674	武夷山市	93.907	恩施市	93.483
64	淳安县	93.631	海城市	93.903	瑞安市	93.464
65	宣恩县	93.534	礼泉县	93.788	灵山县	93.443
66	桃江县	93.516	潜山市	93.736	潜山市	93.337
67	阳新县	93.481	漳浦县	93.690	互助县	93.161
68	曹县	93.425	婺源县	93.687	肥西县	93.056
69	瓦房店市	93.406	南宫市	93.600	郯城县	92.996
70	临朐县	93.390	长丰县	93.443	仁怀市	92.975
71	南宫市	93.374	肥西县	93.436	巫溪县	92.794
72	兰陵县	93.341	海宁市	93.332	岳西县	92.755
73	腾冲市	93.270	陵水县	93.314	永春县	92.714
74	瑞安市	93.125	垫江县	93.233	绩溪县	92.703
75	贵定县	93.120	钟祥市	93.186	嘉善县	92.696
76	正定县	93.043	滕州市	93.185	长丰县	92.618
77	无极县	93.042	无极县	93.169	无极县	92.401
78	垫江县	92.957	临朐县	93.005	闽侯县	92.295
79	大余县	92.829	瑞安市	92.948	曹县	92.292
80	澄迈县	92.687	巢湖市	92.918	文昌市	92.289
81	井冈山市	92.667	曹县	92.885	凤台县	92.135
82	南靖县	92.458	阳新县	92.866	福清市	92.130
83	江阴市	92.406	宁乡市	92.824	三江县	92.082

续表

排名	2018年县(市)	2018年得分	2019年县(市)	2019年得分	2020年县(市)	2020年得分
84	凤阳县	92.397	枣强县	92.730	宁乡市	92.042
85	肥西县	92.383	临沭县	92.704	南宫市	91.822
86	新昌县	92.344	仁怀市	92.694	蓝田县	91.805
87	石柱县	92.328	伊金霍洛旗	92.633	海城市	91.739
88	陵水县	92.286	乐清市	92.607	滕州市	91.525
89	温岭市	92.212	宣恩县	92.440	婺源县	91.375
90	绩溪县	92.141	景泰县	92.404	临朐县	91.365
91	大田县	92.116	梁山县	92.383	石柱县	91.274
92	五常市	92.018	常熟市	92.023	漳浦县	91.162
93	慈溪市	92.000	凤台县	91.968	昆山市	91.009
94	长丰县	91.909	淳安县	91.912	蒙城县	91.009
95	隆德县	91.831	桃江县	91.804	正定县	91.007
96	玉环市	91.729	平定县	91.313	博罗县	90.857
97	仙游县	91.398	临泉县	91.119	汝州市	90.855
98	独山县	91.397	井冈山市	91.104	新泰市	90.789
99	彭州市	91.327	正定县	91.080	景泰县	90.760
100	麻城市	91.309	温岭市	91.040	松桃县	90.755

从百强县的地域分布来看(见图 6-2),浙江进入百强县榜单的县(市)数量最多,3 年分别达到了 20 个、21 个、20 个。在浙江之后为安徽、山东、福建,3 省进入百强县榜单的县(市)均超过 10 个,其中安徽、山东两省的百强县数量呈现出随时间推移而增加的趋势。浙江、安徽、山东、福建 4 省在 2018—2020 年间的百强县占比分别达到了 55%、60%、62%,百强县明显集中化,并且越来越集中于几个省份。

从百强县在其各自省份的占比来看,浙江在 2018—2020 年的占比分别为 38.46%、40.38%、38.46%,牢牢地占据着全国排行榜第 1 的位置,极具竞争力。排在第 2 位的是安徽,其 2018—2020 年的百强县占比逐年升高,于 2020 年达到了最高值 27.87%。排名第 3 的为重庆,12 个县里面有 3 个县进入了百强县榜单,自 2016 年被选为全国农村一二三产业融合发展试点省份之后,重庆已在多个区县进行试点,加快对农产品加工业产业集群的培育,目前已成功打造出了一批休闲农业度假区、现代农业示范区。

从百强县名单的稳定性来看,百强县中有 70 个县(市)连续 3 年进入榜单,占比达到了 70%。进一步观察可知,2020 年的百强县榜单中有 14 个新进县(市),即这 14 个县(市)未出现在 2018 年及 2019 年的百强县榜单之中。此外,我们还可以发现,2020 年的榜单相对于 2019 年榜单存在 16 个不同的县(市),而 2019 年榜单相对于 2018 年榜单存在 18 个不同的县(市),这也在一定程度上表明融合化的区域集中化结构正逐渐形成。

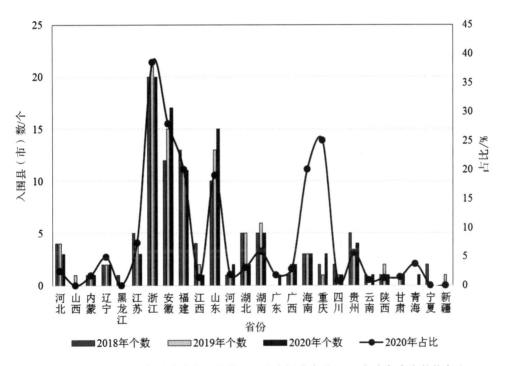

图 6-2　2018—2020 年融合化发展指数百强县省际分布及 2020 年在各自省份的占比

(二)各省份排名分布迥异,多数省份趋势不变

从图 6-3(a)至图 6-3(d)可以看出全国各省份下辖县(市)融合化的排名分布情况。图中框型将排名的四分位进行标注,从左向右的竖线分别代表第一四分位、中位数、第三四分位,框型的横向长度即四分差反映了排名的集中程度,3 个年份的框型位置反映了排名的变动情况。

以 2020 年排名为观察对象,下辖县(市)排名主要集中在前 500 名的省份:浙江、安徽、福建、山东、重庆、贵州;主要集中在 500—1000 名的省份:河北、吉林、江苏、江西、河南、湖北、湖南、海南、宁夏;主要集中在 1000—1500 名的省份:山西、内蒙古、辽宁、黑龙江、广东、广西、四川、云南、陕西、甘肃、新疆;排名主要集中在 1500 名以后:西藏、青海。

以 2018—2020 年排名为观察对象,通过框型位置变化对比时序差异可知,排名趋势前进的省份有河北、吉林、安徽、重庆、湖南;排名趋势总体后退的省份有辽宁、福建、湖北、广西、海南、西藏;其余省份排名趋势总体不变。

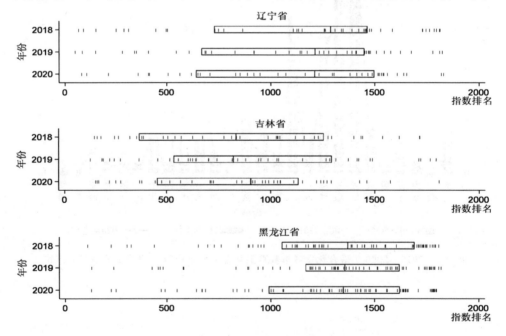

图 6-3(a)　2018—2020 年东北地区各省份下辖县(市)融合化发展指数排名分布情况

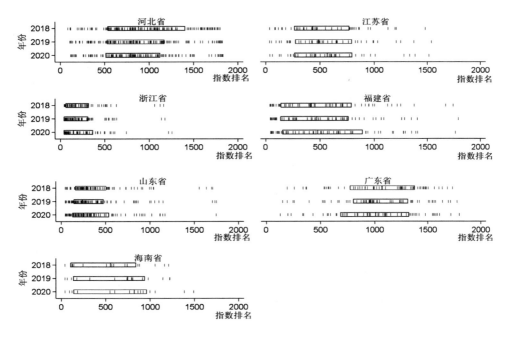

图 6-3(b)　2018—2020 年东部地区各省份下辖县(市)融合化发展指数排名分布情况

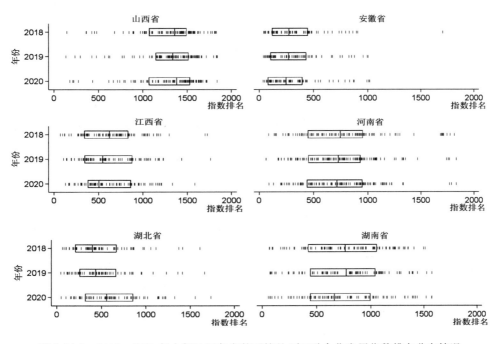

图 6-3(c)　2018—2020 年中部地区各省份下辖县(市)融合化发展指数排名分布情况

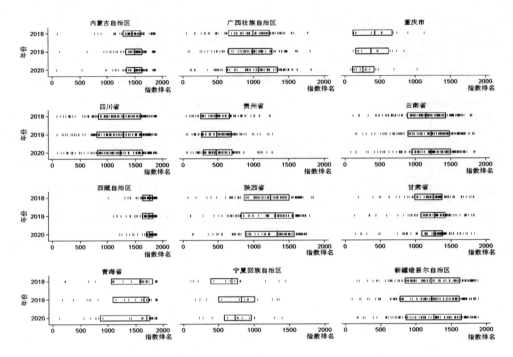

图 6-3(d)　2018—2020 年西部地区各省份下辖县(市)融合化发展指数排名分布情况

三、县域多样化发展指数解读

(一)西藏新疆入榜数量领衔全国,乡村产业更趋多样化

表 6-3 为多样化发展指数百强县榜单。西藏日喀则市下辖的谢通门县在 2018 年与拉萨市下辖的尼木县在 2019—2020 年分别位列全国 1844 个县(市)涉农行业多样化之首。从多样化百强县地域分布来看,西藏力压浙江排名榜首,2018—2020 年入围百强县榜单的县(市)分别达到了 22 个、24 个、23 个。浙江 2018—2020 年以 14 个、15 个、14 个入围县(市)排名次席。同处西北地区的新疆同样入围数量达到两位数,为 11 个、11 个、12 个。西藏、浙江、新疆也成为全国仅有的 3 个入围县(市)数达到两位数的省份。相比融合化,排在前列的省份多为经济发达省份、传统农业大省,由于多样化的核心关注点并非在规模与体量上,其强调的是涉农行业的种类,因而为新

疆、西藏等地区涉农行业相对更为齐备的省份带来发展机会。根据榜单,西藏和新疆两省份入围多样化发展百强县的县(市)总和在30%以上。

表6-3　2018—2020年多样化发展指数百强县

排名	2018年县(市)	2018年得分	2019年县(市)	2019年得分	2020年县(市)	2020年得分
1	谢通门县	98.539	尼木县	98.350	尼木县	98.425
2	昂仁县	98.334	谢通门县	98.336	谢通门县	98.379
3	尼木县	98.161	仁布县	98.137	鹤山市	97.824
4	鹤山市	97.745	鹤山市	97.766	扎囊县	97.693
5	仁布县	97.661	南木林县	97.560	贡嘎县	97.608
6	玉环市	97.556	扎囊县	97.510	玉环市	97.595
7	错那县	97.375	玉环市	97.502	南木林县	97.584
8	云梦县	97.355	错那县	97.477	余姚市	97.551
9	余姚市	97.167	余姚市	97.468	永康市	97.359
10	南木林县	97.062	云梦县	97.271	郎溪县	97.305
11	扎囊县	97.055	胶州市	97.205	汉川市	97.047
12	涿州市	97.029	郎溪县	97.148	嘉善县	96.898
13	南安市	96.857	永康市	97.102	宁国市	96.867
14	拉孜县	96.755	贡嘎县	97.085	措美县	96.852
15	德清县	96.703	涿州市	96.818	胶州市	96.772
16	胶州市	96.657	墨竹工卡县	96.719	云梦县	96.614
17	措美县	96.643	南安市	96.691	墨竹工卡县	96.613
18	聂拉木县	96.627	宁国市	96.608	德清县	96.605
19	贡嘎县	96.552	嘉善县	96.534	浪卡子县	96.564
20	永康市	96.535	德清县	96.526	南安市	96.481
21	雄县	96.477	措美县	96.523	望都县	96.469
22	嘉善县	96.431	浪卡子县	96.403	隆子县	96.467
23	墨竹工卡县	96.370	望都县	96.374	错那县	96.362
24	浪卡子县	96.338	曲水县	96.295	繁昌县	96.249

续表

排名	2018年县(市)	2018年得分	2019年县(市)	2019年得分	2020年县(市)	2020年得分
25	满洲里市	96.277	雄县	96.229	涿州市	96.245
26	临夏市	96.219	尤溪县	96.093	雄县	96.231
27	隆子县	96.167	休宁县	96.053	横县	96.216
28	休宁县	96.050	长葛市	95.966	皮山县	96.181
29	尤溪县	96.025	隆子县	95.905	休宁县	96.127
30	江孜县	96.022	邹平市	95.766	尤溪县	96.088
31	大箐山县	95.942	平阳县	95.686	平阳县	95.925
32	曲水县	95.918	平湖市	95.526	来安县	95.823
33	伊宁市	95.899	泰和县	95.525	平湖市	95.709
34	繁昌县	95.654	临夏市	95.491	疏附县	95.658
35	望都县	95.579	疏勒县	95.473	赤水市	95.624
36	唐县	95.502	来安县	95.447	长葛市	95.469
37	泰和县	95.476	横县	95.417	夏津县	95.421
38	定日县	95.436	赤水市	95.354	疏勒县	95.159
39	长葛市	95.390	繁昌县	95.340	仁布县	95.051
40	平阳县	95.304	日土县	95.288	普兰县	94.961
41	当雄县	95.226	大箐山县	95.252	慈溪市	94.866
42	来安县	95.207	三河市	95.108	曲水县	94.855
43	三河市	95.169	白朗县	95.032	伊宁市	94.833
44	新乐市	95.087	伊宁市	94.977	临湘市	94.829
45	临海市	95.084	疏附县	94.949	喀什市	94.804
46	平湖市	95.037	慈溪市	94.882	东阳市	94.767
47	宁国市	94.823	英吉沙县	94.871	泰和县	94.753
48	隆昌市	94.795	满洲里市	94.693	噶尔县	94.744
49	噶尔县	94.725	喀什市	94.640	英吉沙县	94.741
50	疏勒县	94.564	噶尔县	94.590	溪湖区	94.723
51	高唐县	94.496	微山县	94.590	临夏市	94.721

续表

排名	2018年县(市)	2018年得分	2019年县(市)	2019年得分	2020年县(市)	2020年得分
52	邹平市	94.421	岳普湖县	94.448	惠安县	94.687
53	赤水市	94.363	江孜县	94.445	当雄县	94.646
54	东阳市	94.340	高唐县	94.439	阿图什市	94.568
55	慈溪市	94.323	拉孜县	94.430	三河市	94.512
56	横县	94.319	东阳市	94.427	白朗县	94.446
57	惠安县	94.304	当雄县	94.352	如皋市	94.361
58	喀什市	94.245	东至县	94.322	博野县	94.349
59	汉川市	94.099	如皋市	94.285	大余县	94.194
60	青阳县	94.077	溪湖区	94.066	青阳县	94.186
61	微山县	94.061	惠安县	94.000	桐城市	94.179
62	东至县	93.974	阿图什市	93.987	东至县	94.109
63	岳普湖县	93.966	汉川市	93.967	岱山县	93.961
64	安溪县	93.920	安溪县	93.820	龙游县	93.947
65	海盐县	93.881	高邮市	93.697	泽普县	93.914
66	赞皇县	93.848	青阳县	93.647	大箐山县	93.762
67	溪湖区	93.818	巴楚县	93.627	江孜县	93.740
68	大余县	93.636	新源县	93.600	安溪县	93.693
69	阿图什市	93.591	临湘市	93.581	伽师县	93.652
70	郎溪县	93.547	海盐县	93.569	二连浩特市	93.521
71	共青城市	93.508	朗县	93.534	合浦县	93.468
72	当涂县	93.504	岱山县	93.424	巴楚县	93.464
73	吉水县	93.436	夏津县	93.340	比如县	93.464
74	白朗县	93.417	大余县	93.273	博兴县	93.412
75	新源县	93.231	贡觉县	93.214	建德市	93.357
76	巴楚县	93.231	博兴县	93.191	苍南县	93.317
77	疏附县	93.205	建德市	93.166	札达县	93.218
78	井研县	93.195	康马县	93.143	博罗县	93.199

续表

排名	2018 年县(市)	2018 年得分	2019 年县(市)	2019 年得分	2020 年县(市)	2020 年得分
79	朗县	93.184	馆陶县	93.096	高唐县	93.195
80	垫江县	93.026	龙游县	93.087	海安市	93.112
81	仙桃市	93.011	札达县	93.046	定州市	93.107
82	泾县	92.942	隆昌市	93.014	墨玉县	93.043
83	昆山市	92.921	合浦县	92.975	高邮市	93.031
84	临湘市	92.921	林周县	92.969	阳信县	92.993
85	赤壁市	92.900	皮山县	92.942	亚东县	92.977
86	馆陶县	92.873	临海市	92.926	洛扎县	92.971
87	石狮市	92.803	二连浩特市	92.911	安新县	92.946
88	荣成市	92.784	苍南县	92.876	昆山市	92.857
89	苍南县	92.758	赤壁市	92.823	新乡县	92.847
90	涉县	92.672	共青城市	92.818	当涂县	92.813
91	安新县	92.667	昆山市	92.791	微山县	92.790
92	二连浩特市	92.637	涉县	92.774	凭祥市	92.759
93	石河子市	92.625	凭祥市	92.772	拉孜县	92.741
94	博兴县	92.576	洛扎县	92.754	海盐县	92.696
95	英吉沙县	92.576	昌吉市	92.721	馆陶县	92.657
96	贡觉县	92.446	南和县	92.701	昌吉市	92.586
97	建德市	92.444	赞皇县	92.612	芒康县	92.569
98	岱山县	92.441	安新县	92.593	石狮市	92.505
99	五家渠市	92.438	荣成市	92.550	上高县	92.492
100	临清市	92.437	临清市	92.522	沙县	92.477

西藏和新疆多样化领先程度还体现在百强县在省份内部的县(市)占比(见图 6-4),具体来看,西藏 2020 年占比达到了 34.85%,新疆则为 13.04%。而从百强县名单的稳定性来看,西藏与新疆近 2018—2020 入围的县(市)个数都相对稳定,前者保持 22 个县进入百强县榜单,后者则为 11 个县(市)。

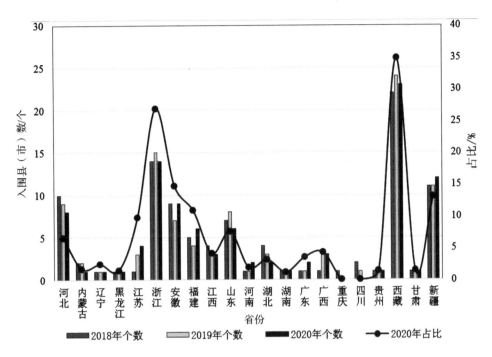

图 6-4　2018—2020 年多样化发展指数百强县省际分布及 2020 年在各自省份的占比

(二)东中西部均有省份排名前列,中西部名次变动较大

图 6-5(a)至图 6-5(d)为全国县域多样化发展指数的排名全貌。图中框型标注的是排名的四分位,从左向右竖线分别代表第一四分位、中位数、第三四分位,框型的横向长度即四分差反映了排名的集中程度,3 个年份的框型位置反映了排名的变动情况。

以 2020 年排名为观察对象,下辖县(市)排名主要集中在 0—500 名之内的共有浙江、安徽、福建、江西、山东、湖北、西藏、新疆 8 个省份;排名集中在 1500 名之后的为黑龙江、青海;其他省份则主要集中于 500—1500 名之间。综合来看,东中西部均有省份处于多样化领先地位。

从中位数的移动方向来看,中西部地区的排名更多地向前或向后变化,其中中位数排名上升的省份主要包括辽宁、山西、河南、内蒙古、陕西等,后退的省份主要包括湖北、湖南、广西、四川、甘肃、宁夏等,其余省份则是小幅波动。从框型的长度来看,东北以及西部地区的排名变动幅度较大,其中排名趋于集中的省份主要包括吉林、西藏、新疆等,排名趋于分散的省份主要为黑龙江,其余省份的总体分布变化程度不大。

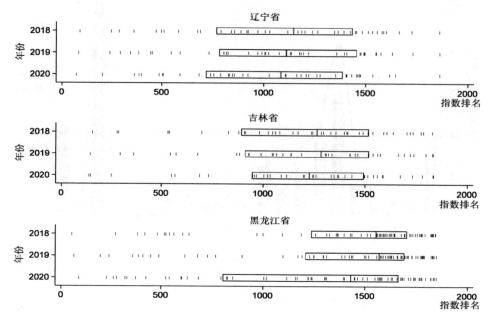

图 6-5(a)　2018—2020 年东北地区各省份下辖县(市)的多样化发展指数排名分布情况

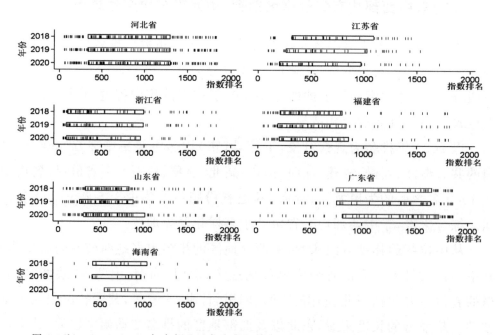

图 6-5(b)　2018—2020 年东部地区各省份下辖县(市)的多样化发展指数排名分布情况

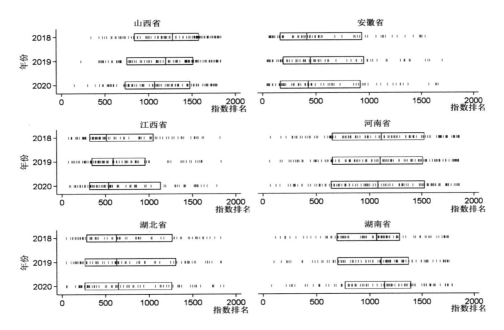

图 6-5(c) 2018—2020 年中部地区各省份下辖县(市)的多样化发展指数排名分布情况

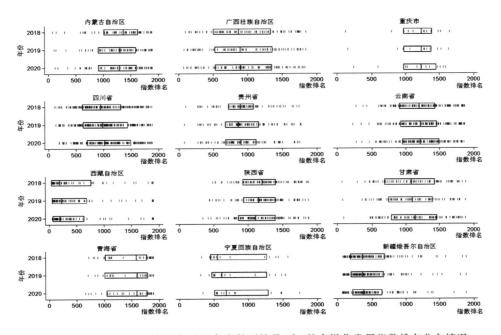

图 6-5(d) 2018—2020 年西部地区各省份下辖县(市)的多样化发展指数排名分布情况

四、小结

通过前文对县级产业体系及其两个分项指标的分析,可以得到以下结论。

第一,东部沿海地区发展最优。产业体系发展指数中,浙江、福建、山东的百强县 2018—2020 年个数最多,入围榜单的县(市)在其各自省份的占比同样表现出色,其中浙江省更是 3 年排名第一。融合化发展指数中,浙江下辖的余姚市 2018—2020 年均位列全国榜首;在 78 个连续进入榜单中的县(市)中,浙江、福建分别以 22 个、12 个排名前列;浙江、山东两省所有下辖县的排名主要分布在前 500 名,强者恒强的特点表现得较为明显。多样化发展指数中,浙江仅次于西藏,位居全国第 2。

第二,中部地区尤其是安徽优势渐显。县级产业体系中,安徽百强县在本省下辖县占比超过 30%,在 78 个连续进入榜单中的县(市)中,安徽以 14 个排名全国第 2。融合化发展指数方面,安徽百强县数量逐年增加,且在省内下辖县的占比位居全国第 2,仅次于浙江。

第三,西部地区,多样化发展成亮点。西藏日喀则市下辖的谢通门县 2018 年与拉萨市下辖的尼木县 2019—2020 年分别位列全国涉农行业多样化发展指数之首。西藏 2018—2020 年入围百强县榜单的县(市)分别达到了 22 个、24 个、23 个,居于全国首位,新疆排第 3。从百强县在省份内部的县(市)占比来看,西藏 2018—2020 年占比分别为 33.33%、36.36%、34.85%,新疆则为 11.96%、11.96%、13.04%。从百强县名单的稳定性来看,西藏与新疆 2018—2020 年入围的县(市)个数都相对稳定,前者保持 22 个县(市)进入百强县榜单,后者则为 11 个县(市)。从多样化发展指数排名看,西部地区如西藏、新疆位居全国前列。西部地区如重庆、贵州下辖县(市)融合化程度排名靠前,且重庆市百强县占比居全国第 3。

专栏一

改革蝶变 大美云集
——嘉善大云全面推进乡村振兴的生动实践①

2020年6月，之江以北，嘉善大云吸引了全世界目光。首届长三角"V30"村书记论坛拉开帷幕，来自江浙沪皖的30位兴村治社"领头雁"齐聚大云，以一场"华山论剑"深入探讨乡村振兴发展路径，踏寻农村综合性改革的足迹。

2018年，嘉善县被列入国家级农村综合性改革试点试验单位，大云成为改革核心区。坚持问题导向，以改革创新破解乡村发展难题，着眼示范推广，全力探寻改革有益经验和模式，不断引领推动改革持续纵深发展。

生态洁美，人文秀美，经济富美，三美递进唱响绿色山水之歌。通过更加高效的服务、更加智慧的医疗、更加有效的管理机制，嘉善大云绘就了乡村善治新画卷。

强产业 现代农业新高地

乡村要振兴，产业是关键。在农业产业现代化路上，大云踏出铿锵足音。

大云镇东云村拖鞋浜"云端花事"鲜花大棚，棚外寒风凛冽，棚内却春意满园：各色中高端花卉竞相开放、生机勃勃。地处中国鲜切花之乡——嘉善大云，依托临近上海中高端消费市场的优势，以网络销售鲜花为核心，打造了集赏花游、鲜花售卖、花艺搭配、花卉知识普及等为一体的深度体验。

"70后""植物猎人""新乡贤"方腾的花卉引种驯化项目在这里落地生根，目前这里拥有龙沙宝石、莫奈、瑞典女王、夏洛特夫人、蓝色风暴等超过300个品种的欧洲月季。这不但带富了一方百姓，培育了一批高技能花农，还让村里有了美丽的花园。未来，"云端花事"可不只有花艺欣赏，还会有以

---

① 本专栏由浙江大学中国农村发展研究院李成飞供稿。

鲜花、园艺为核心的综合型生态旅游产品。

与"云端花事"相距不远,碧云花园这个省级现代农业龙头企业正迎来黄金发展期。它是嘉善县花——杜鹃花的主要生产基地,每年举办的"杜鹃花展"为全省十大农事节庆活动之一,充分展现了花乡的独特魅力。如今碧云花园遍地鲜花,有花草观光、水果采摘、垂钓、烧烤、溜索、水上步行球、游船等休闲项目,被评为国家4A级旅游景区。

碧云花园不断探索基地联结、农户参与的运作机制,建立了"公司+基地+农户"的运作模式,通过统一供种、统一标准、统一品牌、统一销售,加强产前、产中、产后服务。

凡是农民能干的积极支持,凡是农民干不了的公司主动承担,向农户提供种子、种苗、种球,进行技术培训。在杭州、上海等多个城市设立营销窗口,打开花卉产品销路,与农户签订种苗供应和产品回收协议,主动帮助农户解决销售难问题。

大云加快推进农业现代化进程,农业产业由一枝独秀走向百花齐放,推动农业农村走向高质量发展。向规模要市场,向特色要效益,向质量要声誉。从"吃农业饭"到品牌农业持续做强,大云镇不断向农产品品牌强镇迈进。摘得第十一届中国优质稻米博览会金奖、浙江省农博会优质产品等荣誉后,大云镇"缪家大米"品牌蜚声海内外。

大云成功背后的秘诀是全域土地综合整治。通过土地流转,缪家村把农民分散的土地承包经营权流转给大户或农业企业发展规模经营,打开乡村发展的最大空间,实现了耕地增量增值、农业增产增收。

优环境 三美递进换新颜

乡村振兴,生态宜居是基础,良好生态环境是农村最大优势和宝贵财富。从长远考虑、从细处入手,点亮乡村之美。大云通过三美递进,擦亮生态底色,凸显地域个性,迎来美丽经济,实现了从"洁美""秀美"到"富美"的美丽嬗变。

曾经东云村拖鞋浜因生猪养殖成为"黑臭沟",一度是当地脏、乱、差的典型代表。如今,完成整治的拖鞋浜,绿水绕村宅,白墙黑瓦整齐如画,游客纷至沓来。

在小城镇环境综合整治中,大云以全域旅游的思路引领全域整治,从规划引领、建设管理、定位到品质品位,按景区标准进行整治提升,与度假区充分融合。实施环境卫生、城镇秩序、乡容镇貌等三大类工程建设,共实施65个工程项目,累计完成总投资2.94亿元,城镇面貌发生了翻天覆地的变化。

小城镇三分靠建设、七分靠管理。大云镇始终坚持长效常态管理,在全县率先建立了涵盖集镇、道路、河道、村庄、园区"五位一体"的城乡环境卫生市场化保洁机制,并引入第三方专业监管机构,实现卫生保洁市场化、专业化、全域化运作和过程监管的全程全覆盖。

片片向日葵、粉黛乱子草、柳叶马鞭草构成一片片缤纷花海,一年两季推出的甜蜜花海正成为游客的新期待,让更多人感受到农旅融合的无穷魅力。以美丽乡村建设为基础,大云建设13.6公里甜蜜花海风景线,以线带面,结合生态风貌、地域特色和文化底蕴,形成了别具一格的甜蜜风格和"秀美"特色。

以创建国家级旅游度假区为契机,对标"镇域景区化、景区全域化",以5A、4A、3A级景区标准打造度假区、小城镇、工业园。全镇旅游项目总投资145.5亿元,目前年均接待国内外游客300万人以上,拉动旅游收入7亿元以上,展现了一幅独特的江南"富美"画卷。

规划融合引领,锁定"甜蜜小镇·浪漫大云"的形象定位,嫁接"温泉、田园、水系、巧克力"四大资源,打造集温泉养生、田园游憩、甜蜜休闲、水乡度假等功能为一体的中国甜蜜度假目的地。

板块融合建设,按景区标准进行功能配套和环境提升,全面融入花瓣元素、巧克力色系以及云宝IP形象,集镇全域蝶变。

产业融合转型,以巧克力甜蜜小镇创建为抓手,把旅游作为一根红线和产业的融合剂,重点培育与甜蜜主题相关的特色旅游产业,以旅游+"工业、文创、休闲、农业"发展模式集聚产业。

大云不大,但大云"大"在大格局、"大"在大作为。改革蝶变中的大云,今美于昨,明日复胜于今。

第七章　典型案例解析

一、浙江省:产业门类丰富,夯实共同富裕基础

2018 年 8 月 20 日,农业农村部和浙江省共同签署了部省共建乡村振兴示范省合作协议,浙江省成为全国唯一的部省共建乡村振兴示范省。浙江不负众望,不断在乡村振兴领域探索形成卓有成效的经验模式。从资源禀赋角度看,浙江并不占优势,"七山一水二分田"的地理特征更是在过去阻碍了一部分地区的发展。如何突破资源困境成为全国农业现代化进程最快、乡村经济发展最活、乡村环境最美、农民生活最优、城乡融合度最高、区域协调发展最好的省份之一,浙江的答卷值得借鉴。

(一)多元发展,建设美丽休闲乡村

浙江的乡村产业门类丰富,最为人称道的是乡村休闲旅游业。2019年,全省乡村休闲农业总产值 442.7 亿元,接待游客 2.5 亿人次。农家乐经营户总数 2.12 万户,累计创建高星级(四、五星级)农家乐经营户(点)944家[①]。围绕乡村精神文化内核,浙江深入挖掘乡村特色产业。自 2018 年"诗画浙江·百县千碗"活动开展以来,各地市积极响应,推出各自最具代

---

① 浙江省农业和农村工作办公室、省农业农村厅、省发展和改革委员会、省统计局.浙江乡村振兴报告(2019).(2020-10-29). http://nyncj. zjtz. gov. cn/art/2020/10/29/art_1229051581_58926214.html.

表性的旅游美食,市场认可度不断提高,将乡愁、产品、旅游相融合,让受众在舌尖上回归乡村生活。浙江省委、省政府在《中共浙江省委 浙江省人民政府　全面实施乡村振兴战略高水平推进农业农村现代化行动计划(2018—2022年)》中提出:实施农家小吃振兴计划,深入挖掘推广农村传统特色乡土美食,重拾乡愁记忆。在全国打造"浙江样板",连续3年开展"浙江十大农家特色小吃"推选活动,以大寻找、大比武、大宣传、大展销的形式,将全省最具代表性的农家特色小吃进行品牌打造与提升。农家特色小吃、乡村非遗产品、文创等具有地方特色、蕴含乡愁记忆的新产业新业态蓬勃发展。浙江扎实推进"千村示范、万村整治"工程,造就了万千美丽乡村,打造农村产业发展新引擎,形成了"全国首个环境优美乡"和"中国美丽乡村精品乡"之称的山川乡,建设了多种"美丽乡村"模式,如"生态＋文化"的安吉模式、"古村落保护＋生态旅游"的永嘉模式、"公共艺术＋创意农业"的龙溪模式、"乡村节庆＋民宿产业"的萧山模式,推动美丽乡村建设向标准化、特质化、数字化提升转变,促进乡村产业体系加快向城乡衔接、三产融合转变。

(二)深化加工,提升农产品附加值

除了农旅融合,在一二产业融合上,浙江也打造了众多"金名片"。浙江立足本地特色农产品,深耕加工业,突破冷链、仓储瓶颈,一大批企业针对农产品产后初加工、精深加工中"卡脖子"技术难题,成功突破农产品"保鲜"瓶颈,开辟农产品加工新路径,促进农产品产后优质优价与产业提质增效。通过大力发展现代农产品加工、流通业,建设农产品加工园、产地冷藏保鲜设施、产地冷链物流基地、电商专业村,形成国家、省、市、县现代农业产业园联动发展格局,基本实现农业产业强镇涉农县全覆盖,培育打造10条百亿级农业产业链。当前,浙江乡村产业正进入加快融合发展阶段,农产品加工业正朝着全产业链一体化方向发展,着重发展农产品(初)精深加工,不断提升农产品附加值,提高整体效益,增强乡村产业综合竞争力。

(三)多样融合,助推涉农行业发展

2021 年 3 月 11 日,《中华人民共和国国民经济和社会发展第十四个五年规划和 2035 年远景目标纲要》公布,明确赋予浙江高质量发展建设共同富裕示范区的重大使命。同年 8 月,农业农村部与浙江省人民政府印发《高质量创建乡村振兴示范省推进共同富裕示范区建设行动方案(2021—2025 年)》,将延伸乡村产业链、拓展农业多种功能、发展绿色生态农业、强化农业科技创新等作为重点任务,在农产品加工流通、产业集聚发展、培育农业经营主体等方面都作了详细的要求。实现共同富裕,短板弱项在农业农村,优化空间和发展潜力也在农业农村。推动乡村产业体系融合化、多样化对于扎实推进共同富裕示范区建设意义重大。因此,浙江通过跨界培育农业与现代产业要素相结合,推动传统农业与加工、文旅、康养等产业交叉融合,形成"农业＋"多业态发展态势。一方面,做强现代种养、做精乡土特色产业、提升农产品加工流通业、优化乡村休闲旅游业、培育乡村新型服务业、发展乡村信息产业,构建"现代农业＋"全产业链的乡村产业新体系;另一方面,完善一二三产业融合体系,推进农产品精深加工、农业休闲旅游等特质化发展。

二、泉州市:鼓励创新创业,把握资源优势

泉州立足拥山揽海、地形多样的生态优势,走出了一条保生态和促增收的双赢道路。在乡村产业体系现代化道路上,泉州多措并举,重点实施特色现代农业高质量发展"4222"工程,持续推进 4 个特色产业集群、20 个现代农业产业园、20 个农业产业强镇、200 个"一村一品"专业村建设。泉州拥有"中国龙眼之乡""中国乌龙茶之乡""中国芦柑之乡""中国早熟梨之乡"等称号。

(一)培养人才,打造"双创"新局面

泉州聚焦乡村创新创业,有效整合利用资源,积极引导大学毕业生等高

端人才参与农村创业创新,积极打造农村"双创"载体,以园区、功能区、产业带为平台,推动优势特色产业向适宜发展区域集聚,引导返乡下乡人员到园区投资兴业,为农业农村各类人才创业创新提供空间,助力乡村振兴战略有效实施。在人才培育上,泉州各高校科研机构参与到农村建设中来,配套出台优秀人才认定标准、加快引进优秀创业团队和项目等优惠政策,落实优秀人才生活保障。每年选派百名大学生服务农村建设,反哺农村。在开展农村创业创新竞赛过程中与海峡两岸高校联合征集海峡两岸农产品生产环节和农业生产方式的创意创新作品并推进后续创意落地,通过开展各类活动,进一步吸引大学生等人员到农村践行创意灵感,激发干事创业热情。①

(二)产业兴旺,助推三产融合发展

2017年9月22日《泉州市人民政府办公室关于推进农村一二三产业融合发展的实施意见》指出,要推进多类型农村产业融合方式发展,建立"旅游+""生态+"等发展模式,促进农业与旅游、康养等产业深度融合。泉州积极发展休闲农业和乡村旅游业,2018年,全市拥有各类休闲农业点301个,从业人员1.44万人,年接待游客数1068万人次,营业收入19.1亿元,带动农户6.1万户。惠安作为泉州下辖县,在产业体系县域评价中排名领先。不少乡镇例如紫山镇、黄塘镇挖掘绿色生态和美丽乡村内涵,配套建设乡村旅游生态体验项目,打造乡村旅游点10余个,建设生态农场,充分发挥区域优质资源条件,打造集旅游、休闲、娱乐、商业、康养等于一体的复合型"旅游+养老"特色小镇及集温泉、运动、康养、住宿于一体的生态休闲度项目。农业结合旅游观光,与各类中小学教育实践基地合作,打通农旅融合的道路,推动农业与旅游、教育、文化等产业深度融合。②

(三)延长链条,推动农产品精深加工

福建省人民政府办公厅于2018年3月9日下发《福建省人民政府办公

---

① 许雅玲.泉州打造乡村全面振兴样板.泉州晚报,2021-07-14(2).
② 蔡紫旻.惠安:文旅融合,诗意交响.泉州晚报,2019-08-29(4).

厅关于促进农产品加工业发展的实施意见》,提出推动农产品向初加工和精深加工方向发展,推进农产品加工园建设,培育农产品加工品牌企业。泉州遵循绿色发展理念,立足本土优势,深度推动农产品加工,提高农产品附加值,促进农业标准化、生态化和品牌化发展。开发营养健康、适销对路的休闲食品、功能性食品,延伸农业产业链、价值链、供应链,形成安溪茶叶加工、晋江惠安烘焙休闲食品、泉港粮油、南安米面主食制品、石狮水产品等农产品加工集中区。通过利用农产品精深加工发展,延长产业链条,培育优质安全的农产品品牌,建设一批高产、优质、高效、安全的农产品生产基地。目前,泉州农产品品牌创建居福建省前列。

三、兴义市:蔬果菌特色产业带动全域发展

兴义是贵州省黔西南布依族苗族自治州首府,位于贵州、云南、广西三省份交界处,气候条件适合发展蔬菜、林下菌药、精品水果等特色优势产业。兴义在"贵州省蔬菜产业十大生产基地"和"黔西南州粤港澳大湾区蔬菜配送中心项目建设"中抓住机遇,推进农村三产融合发展,综合考虑区域发展、产业规模与品牌效应,逐步形成了独具特色的山地高效农业体系。①

(一)因地制宜,助推产业特色化发展

兴义在省委、州委关于大力发展林下经济的决策部署下,按照"树上育果、枝干培药、林下种菌"的模式,大力发展林下菌药产业,推行订单种植模式,形成了以食用菌种植、管理、销售等为主的产业链,推动了林下菌药种植向标准化、产业化、规模化方向发展。兴义在如何用好土地资源、因地制宜种植适合的食用菌、提高林下菌药的产量和品质方面给出了高效的答卷。林下菌药产业已逐渐成为兴义乡村有奔头、值得干的好产业。截至 2020 年底,通过发展林下菌药产业,酒金街道林下菌药种植基地累计务工人数达 4.39 万人次,其中易地扶贫搬迁农户 3.95 万人次,带动务工农户增收 400

---

① 宋洁.黔西南"菜篮子"端上粤港澳"饭桌子".贵州日报,2021-06-24(11).

余万元。

立足自身资源禀赋,兴义把精品水果产业作为乡村产业发展的重要组成部分,扩规模、提质量、拓市场、增效益,推动了精品水果产业标准化、规模化、市场化、品牌化发展。通过土地流转,兴义将一块块曾经的"碎土地"通过土地碎片化治理整合起来,打造沃柑种植基地,不少原本在外打工的村民听说村里要建精品水果产业示范带纷纷返乡,将家中闲置的土地流转给公司,收益十分可观,每月近 2000 元,虽然可能与外出打工的收入仍有差距,但能够在当地工作,成为农民务工的首选。当地充分利用低热河谷地带的特殊环境优势,通过龙头企业引领、科研机构助力、村合作社带动,将水果产业做得有声有色,除了沃柑,基地还种植芒果、枇杷、芭蕉等精品水果,多维度提升优质精品水果的核心竞争力,为后续兴义的产业体系现代化进程奠定了坚实基础。[①]

(二)深度融合,促进产业多样化发展

兴义大力推动一三产融合发展,每到传统佳节,都会举办例如乡愁集市的各种庆祝活动,在传承少数民族传统文化的同时,也吸引了大批省内外游客到兴义旅游体验,提升了兴义的知名度。连续举办三届的蛋炒饭节和羊汤锅节已经成为游客的固定打卡节日,通过舌尖上的乡愁,让当地人感受到浓浓的乡情,让游客们沉浸在少数民族的热情好客中。兴义市不断培育特色旅游产业发展,在南龙古寨、田寨等少数民族聚居地区发展演艺文化,在纳具、上纳灰、下纳灰等核心区培育"旅游＋文化"融合发展,在双生、十里坪村等种植基地培育"旅游＋农业"产业融合发展。兴义市依托独有的山地旅游资源,构建"旅游＋"业态发展模式,实现多元化旅游圈,促进美丽休闲乡村建设。2020 年,兴义市累计接待游客 1.59 亿人次,实现旅游综合收入 1547.7 亿元。

---

① 韦欢.兴义:特色优势产业跑出现代农业"加速度".中国黔西南,2021-06-08.

(三)"互联网+"助力农产品多元化发展

作为粤港澳大湾区"菜篮子"生产基地,近年来,兴义众多农业企业把握自身优势,提质保量,以电商模式精准对接市场,与广州、深圳、上海等地建立合作关系,实现产销对接一体化,不但能保证供应兴义蔬菜市场需求,还可以供应外省的菜篮子。酒香还怕巷子深,通过这些农业企业让更多人能够体验贵州的农产品。此外,"兴义中农城"作为黔西南的重点建设项目,以服务农产品专业化商贸流通为本,辐射贵州黔西南及周边省市县区域,结合生产、加工和服务环节,打造黔滇桂"米袋子""菜篮子""油瓶子"等规模庞大、服务功能完善的商贸大市场。随着互联网的普及和发展,"兴义中农城"利用现代信息技术,建立智慧管理系统,提高整个市场综合管理运营水平。借助电商平台,建立"互联网+农产品"市场,构建批发商、供应商、采购商和消费者一体化的互通互享交易平台,发展智慧农业,推动农产品多元化发展。

第三篇　生产体系高质量
发展评价

　　品牌化、特色化、数字化、科技化,是乡村产业高质量发展的必要条件。只有抓住乡村产业的原生驱动力,才能打造乡村产业的核心竞争力。

第八章　生产体系高质量发展省域评价

一、省域生产体系发展指数解读

东部省份优势明显,总体排名情况稳定。浙江、山东、广东3省在2018—2020年生产体系的评价中始终排名全国前3名,3年得分均超过95分,领先其他省份,为第一集团。江苏、四川、福建3省得分处在80~95分之间,属第二集团,其中江苏2018年、2020年的得分均超过90分,与第一集团较为接近。属于第三集团的河北、安徽、湖北、河南、湖南的得分在60~75分之间,虽与第一、第二集团的差距较大,但这5省在2018—2020年的发展势头较好。上述指数分析中,60%以上的粮食生产大省排名较为靠前,说明以粮食生产作为主导产业的省份农业生产现代化水平较高。但作为产粮大省的吉林表现并不理想。究其原因,吉林绿色有机商品认证数量、淘宝村数量、专利数量等指标拉低了品牌化、数字化、科技化得分。从地域分布来看,生产体系指数呈现明显的东高西低特征,且东西部的差距较大,西部省份除四川外大多排名靠后。另外,新疆生产体系发展指数在2018—2020年间有较为明显的下降,这主要是新疆在科技化中专利授权情况不理想以及其生产体系总体发展较缓所致。

此外,从图8-1可以看出,指数得分在2018—2020年保持增长的是河北、安徽、湖北、河南、上海、内蒙古、陕西、海南、吉林共9个省份;指数3年间下降的共有浙江、山东、广东、北京、云南、重庆、天津、辽宁、新疆、贵州、宁夏、青海12个省份。

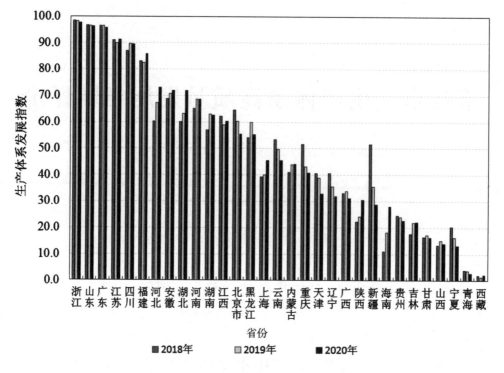

图 8-1　2018—2020 年全国各省份生产体系发展指数

从排名上看,浙江位居全国第 1,山东、广东、江苏、四川、福建分列第 2
至第 6 位。这些省份排名领先与其生产体系较为完备,注重乡村产业的品
牌特色经营与高质量发展,并得到政府较为有力的政策支持有关。

从省级排名图 8-2 还可以看到,图中各省份的排名总体上较为稳定,浙
江、山东、广东、江苏、四川、福建、青海、西藏 8 省份在 2018—2020 年排名没
有变化,内蒙古、安徽、广西、重庆、云南、山西、吉林、黑龙江等省份排名仅上
下浮动 1 个位次;排名上升最多的为上海,从 2018 年的第 21 位上升至 2020
年的第 15 位,而排名下滑最多的为新疆,下跌 7 个位次。

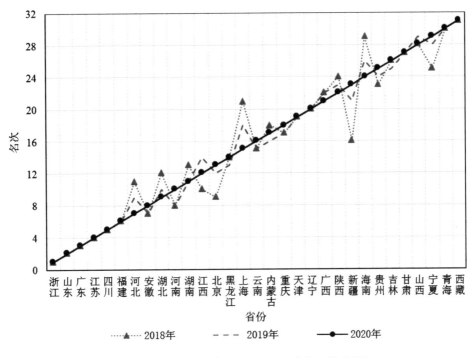

图 8-2　2018—2020 年全国各省份生产体系指数排名

二、省域品牌化发展指数解读

(一)省域品牌化指标构成分析

(1)涉农经营主体的品牌运营能力

发展农产品商标和品牌有助于经营者的产品溢价,是彰显农产品品质、提升产品附加值、实现生产利润最大化的有效手段。我们采用单位涉农经营主体拥有的有效商标数和拥有有效注册商标的涉农经营主体数占比来衡量涉农经营主体的品牌运营能力。

图 8-3 表示的是全国各省份单位涉农经营主体拥有的有效商标数。北京、上海、广东排名前 3,且北京以绝对优势遥遥领先,并在 2020 年超过 11个/家,东部地区在前 10 位中占据 70%,在 2020 年的数量均超过 5 个/家。

　　整体来看,所有省份该项指标在 2018—2020 年间均呈现上升态势,东部地区的增加速度较其他地区更快。

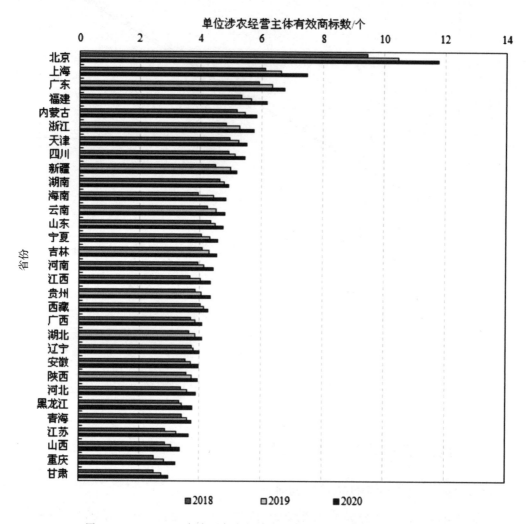

图 8-3　2018—2020 年全国各省份单位涉农经营主体拥有的有效商标数

　　图 8-4 表示的是全国各省份拥有有效注册商标的涉农经营主体数占比。总体看,东部地区优势明显,上海、海南、浙江排名前 3,且浙江在 2019 年、上海在 2020 年占比超过 20%。在平均增速上,湖北、海南、甘肃、内蒙古、吉林、黑龙江、广西、云南、贵州、山西排名前 10,多数西部省份发展速度处于全国中等偏上位置。

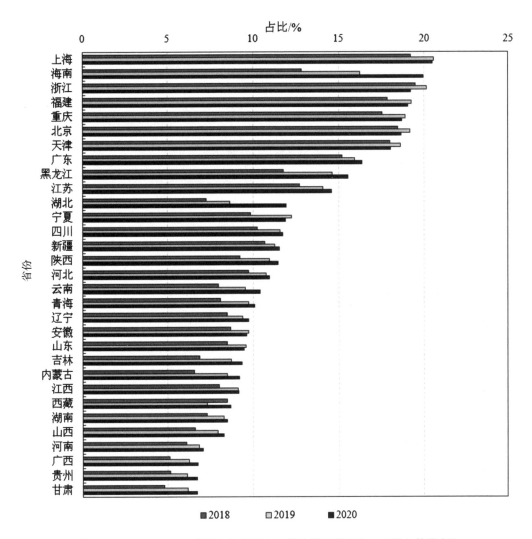

图 8-4　2018—2020 年全国各省份拥有有效注册商标的涉农经营主体数占比

（2）绿色有机食品认证情况

有机食品是指来自有机农业生产体系，根据有机农业生产的规范生产加工，并经独立的认证机构认证的农产品及其加工产品等。绿色食品是指产自优良生态环境、按照绿色食品标准生产、实行全程质量控制并获得绿色食品标志使用权的安全、优质食用农产品及相关产品。二者都关注环境保护和食品安全，都要实施全程质量控制，都必须由国家认可的认证机构认证，是彰显农产品质量安全的重要维度。

　　图 8-5 显示,黑龙江、安徽两省的绿色有机认证发展最佳,其认证数在 2020 年均达到了 5000 个以上,这与两省自身的农业发展优势密不可分。2020 年认证数超过 2000 个的省份中,75% 来自粮食主产区①,可见农业强省在绿色有机品牌建设中走在前列。从 2018—2020 年的平均增速上看,西藏增速最快,年均增长率达到 105.94%,上海以 100.69% 位列第 2。

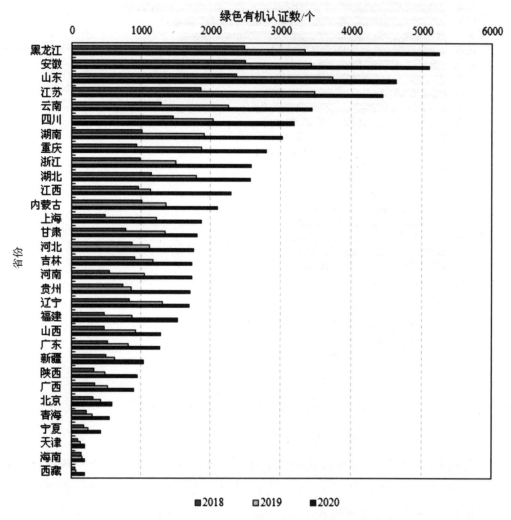

图 8-5　2018—2020 年全国各省份绿色有机认证数

---

　　① 我国粮食主产区包括辽宁、河北、山东、吉林、内蒙古、江西、湖南、四川、河南、湖北、江苏、安徽、黑龙江等 13 个省份。

（3）国家农产品质量安全县（市）情况

为进一步提高农产品质量安全水平，切实保障食用农产品安全和消费安全，2017 年农业农村部组织开展了国家农产品质量安全县创建活动。质量安全县（市）作为标准化生产的样板区、全程监管的样板区、监管体系建设的样板区和社会共治的样板区，在提升监管能力和水平、推动农产品质量安全工作上发挥示范带动作用。2018—2020 全国各省份（不含港澳台）国家农产品质量县（市）数如图 8-6 所示。

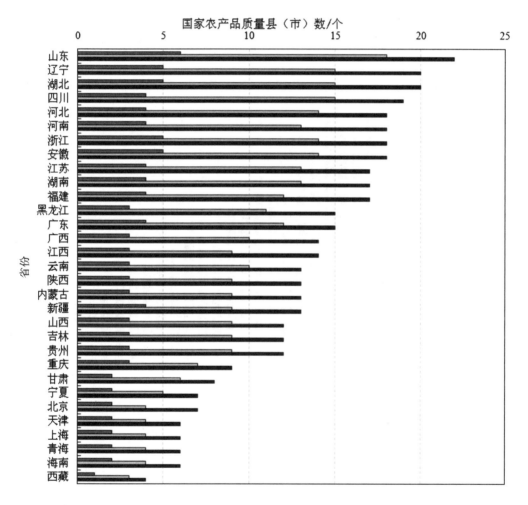

图 8-6　2018—2020 年全国各省份国家农产品质量县（市）数

从国家农产品质量县(市)数量来看,山东要明显多于其他省份,且排名前4位的山东、辽宁、湖北、四川均属粮食主产区。4个直辖市的排名均靠后,这与其城市定位与功能相关。从平均增速上看,黑龙江、四川、河北、广西、河南、云南、江苏、湖南、江西、陕西、内蒙古、福建的增速较快,均超过120%。

(二)省域品牌化发展指数分析——东部优势明显,黑川两省领衔东北与西部品牌发展

图8-7为2018—2020年全国各省份品牌化发展指数得分情况。

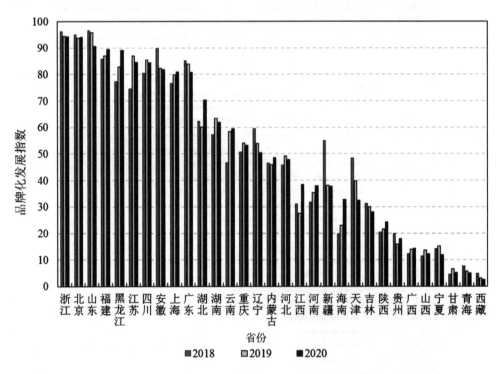

图8-7　2018—2020年全国各省份品牌化发展指数

浙江、北京、山东得分均在90分以上,排名领先全国其他省份。北京主要是在单位涉农经营主体拥有的有效商标数和拥有有效注册商标的涉农经营主体数占比上排名较为领先;山东主要是在绿色食品、有机农产品认证数和国家农产品质量安全县数上表现突出;浙江在4个指标上表现

较为均衡,均处于较为领先的水平。得益于涉农主体品牌运营能力的快速发展,福建、上海、广东3省份品牌化指数在2020年超过80分,位列全国前10以内;由于绿色食品、有机农产品认证工作成效显著,黑龙江、江苏、四川、安徽4省品牌化指数分别位列全国第5至第8名。福建、黑龙江、上海、云南、河南、海南、陕西、广西8个省份的品牌化指数在2018—2020年逐年上升,可见这些地区在乡村产业品牌化发展方面势头良好。总体来看,得分在60分以上的省份共有12个,且主要集中于东部省份,东北地区有黑龙江,中部地区有安徽、湖北,西部地区仅有四川的乡村品牌化水平较高。

三、省域特色化发展指数解读

依托资源禀赋优势,发展特色产业,是实现乡村产业高质量发展、促进农民增收的重要手段。本小节将从指标体系数据出发,逐个分析特色农产品优势区、国家现代农业产业园、农业产业强镇、农村产业融合发展示范园发展现状及区域特点,再分析以此为基础得到的特色化指标。

(一)省域特色化指标构成分析

(1)特色农产品优势区现状

特色农产品优势区是依托其自身资源禀赋的优势发展特色农产品的区域,具有优良的生态环境,生产相对集中连片。

图8-8表示的是全国各省份的特色农产品优势区数量,可以看到我国特优区数量排名前5位的省份与粮食主产区有较大的重合,可见特优区的发展与乡村产业底蕴密不可分。从数量上看,全国不同地域分布比较均衡,西部地区和东北地区总体偏少。具体来看,河北、广西2020年末已达到18个,处于全国领先地位,同时也是2018—2020年增加数量最多的省份;四川和山东紧随其后,达到17个。

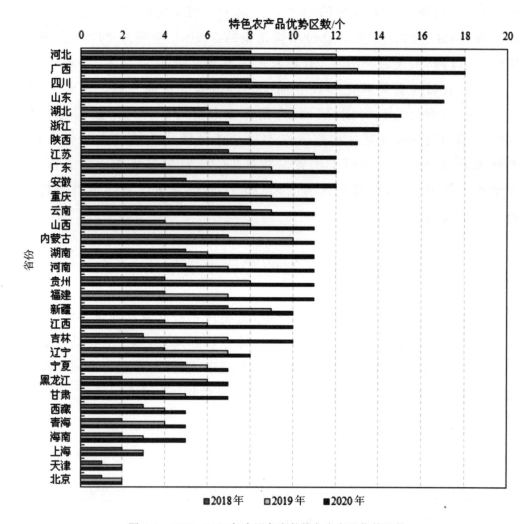

图 8-8　2018—2020 年全国各省份特色农产品优势区数

（2）"两园一镇"发展现状

"两园一镇"是现阶段我国乡村产业发展重要支撑平台,尤其是现代农业产业园和农业产业强镇,明确要求主导产业特色鲜明,是引导乡村产业特色化发展的重要抓手。

图 8-9 显示,山东的特色化发展水平在各省份中领先优势明显,其"两园一镇"总数位居全国第 1,2020 年达到了 80 个以上,从 2018 年到 2020 年的增长数量也最高。四川、河南在 2020 年的总数超过 70 个,位居全国前 3

以内。"两园一镇"数前 8 位均为农业强省,自身乡村产业较为发达,在特色化发展方面也处于全国领先位置。

4 个直辖市以及西部、南方部分省份在特色化发展方面相对落后。北京、上海、天津的城市定位中,乡村产业不是主要的发展方向,在特色化经营方面发力较少;西部的西藏、青海、宁夏由于经济水平、科技发展程度、创新创业扶持力度等因素受限,其乡村产业整体发展水平不高;海南虽然是传统农业强省,但其特色化经营并不理想,且在 2019—2020 年保持不变,发展缓慢。

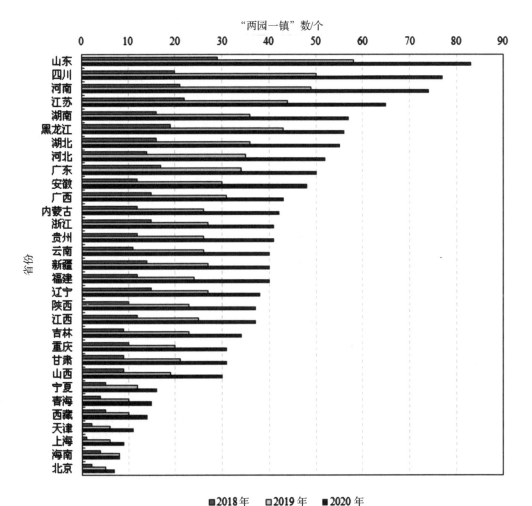

图 8-9　2018—2020 年全国各省份"两园一镇"总数

(二)省域特色化发展指数分析——鲁川两省特色突出,粮食主产区潜力巨大

从图 8-10 来看,山东、四川两省排名领先全国其他省份,2018—2020 年得分均在 90 分以上,这与山东、四川两省的"两园一镇"总数领先全国、特色农产品优势区数量排名靠前相呼应。由于在"两园一镇"总数上的快速增长,河南特色化指数得分超 80,位列全国第 3。河北位列第 4,这得益于其在特色农产品优势区的发展处于领先位置。另外,四川、河南、河北、湖北、安徽、陕西、贵州、吉林、山西、天津 10 个省份在 2018—2020 年的特色化指标得分逐年上升,势头良好,仍具有较大发展潜力。山东、江苏、浙江、内蒙古、云南、新疆、重庆、辽宁、宁夏、西藏、海南、北京 12 个省份的得分却逐年下降。2018—2020 年一直位列前 10 的省份包括了山东、四川、河南、河北、江苏、湖北、广西 7 个省份,这些省份无论是农产品优势区现状,还是"两园一镇"现状,都保持了比较稳定的发展,且都排名靠前。

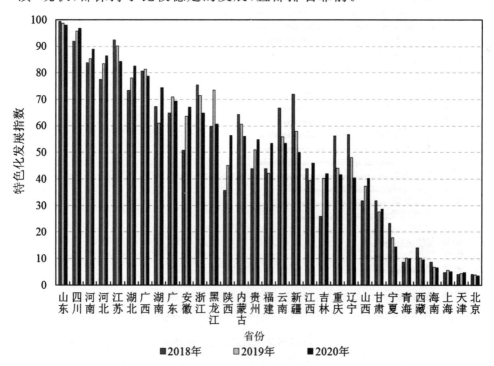

图 8-10　2018—2020 年全国各省份特色化发展指数

　　总体来看,得分在 60 分以上的省份共有 12 个,且与农业强省、粮食主产区高度重合。

四、省域数字化发展指数解读

(一)省域数字化指标构成分析

(1)淘宝村发展现状

　　"淘宝村"指的是大量网商聚集在农村,以淘宝为主要交易平台,是中国农村经济和电子商务深度结合的典型产物。从淘宝村数量入手,我们得以窥见数字经济中电子商务发挥的作用。

　　图 8-11 表示的是全国各省份的淘宝村数。从分布情况看,梯队层次明显,出现"长尾"分布,我国淘宝村发展呈现较强的地域性特点。东部沿海地区较中西部地区更为密集,主要的集聚区是浙江、广东、江苏、山东、河北、福建等。具体来看,浙江 2020 年末全省已突破 1600 个,在全国遥遥领先;广东排名第 2,在 2020 年,有将近 1000 个淘宝村,并与第 3 位的江苏拉开较大差距。发达省份的淘宝村更为密集,电商产业链完善、产品销售能力强,能更好地组织对接原产地,与电商基础设施薄弱、"尾部"梯队的省份逐渐拉开距离。相较于浙江、广东、江苏等淘宝村实力雄厚的地区,拥有丰厚特色农产品资源的新疆、宁夏等省份淘宝村数量少,如何提升这些省份的电商产业环境、打通乡村产业产品上行通道、完善产品供应链体系是拉动当地特色乡村产品发展迫切需要解决的问题。

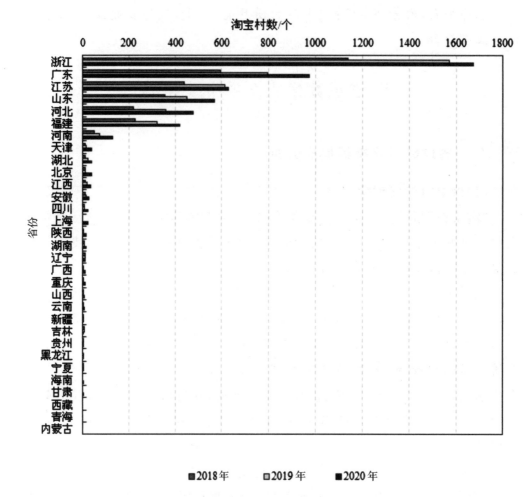

图 8-11   2018—2020 年全国各省份淘宝村情况

(2)新一代信息技术产业企业存续现状

新一代信息技术与乡村产业的深度融合是数字乡村、数字农业建设的
主要方向之一。以人工智能、云计算、5G 等为代表的新一代信息技术将改
变乡村产业组织形式和生产方式,通过数字技术赋能传统产业以及新产业
新业态的培育,从根本上转变乡村产业的发展模式。

图 8-12 显示,广东的新一代信息技术产业企业存续情况发展最佳,其
企业数位居全国第 1,2020 年达到了 70000 家以上,数量是第 2 名的 4.5
倍,呈现出一骑绝尘的态势。广东在扶持新一代信息技术产业方面有较大

力度的政策倾斜，惠及人才落户、固定资产补助等方面。山东、四川、江苏、浙江、福建、陕西 6 省处于第二梯队，2020 年的企业存续数超过 10000 家。

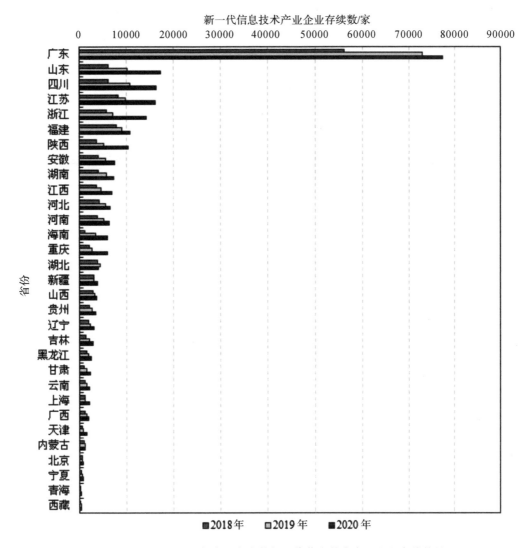

图 8-12　2018—2020 年全国各省份新一代信息技术产业企业存续数量

　　这些省份的经济发展势头较好，并且为新一代信息技术产业企业营造了良好氛围，出台了一些鼓励措施。例如，山东设立高质量发展奖励资金；四川鼓励支持返乡下乡人员利用新一代信息技术开展创业创新；上海市、江苏省、浙江省人民政府印发《关于支持长三角生态绿色一体化发展示范区高质量发展的若干政策措施》,提出加快新一代信息基础设施建设,加强对云计算、物联网、区块链等新一代信息技术的基础支撑和服务能力。

（3）数字农业企业发展现状

从数字农业企业存续数量(见图 8-13)来看,北京、广东的数量要明显多于其他省份。早在 2018 年,北京就已超过 21000 家;2018—2020 年,广东企业存续数一直以较快速度增长,2020 年也已突破 16000 家。

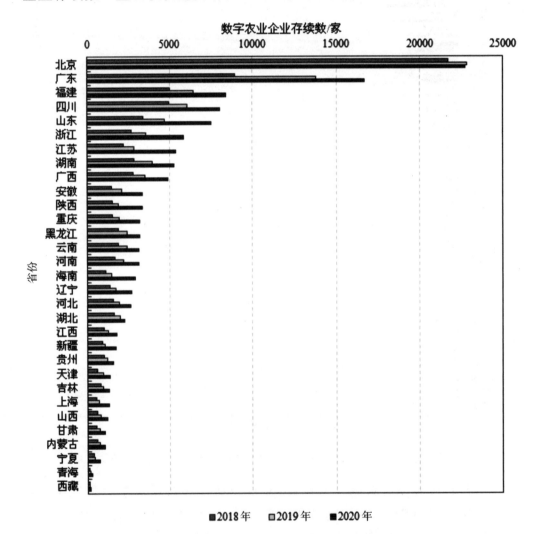

图 8-13　2018—2020 年全国各省份数字农业企业存续数

随着时间的推移,各个省份 2020 年的数字农业企业存续情况相较 2018 年都有稳步的提升。相比 2018 年,2020 年的数字农业企业存续数增长率达到了 65.85%。从省份来看,除了北京和湖北,其余 30 个省份的增长率均在 50% 以上,海南、上海、江苏、安徽、天津、青海、陕西、山东、山西、浙江、西藏、宁夏、重庆、甘肃 14 个省份的数字农业企业存续数是 2018 年的 2 倍以上,发展速度非常可观。海南的增长率领先全国,为 167.88%。可以看到,数字农业的浪潮已经席卷全国。

(二)省域数字化发展指数分析——区域实力分化持续,东部先行优势明显

从数字化发展指数得分(见图 8-14)来看,广东、浙江两省排名领先全国其他省份。广东 2018—2020 年得分在 99 分以上,这得益于广东在 3 个指标中排名均位列前 3。浙江由于淘宝村数量优势,以较小差距紧随其后。山东的 3 个指标均衡发展,排名均位列前 5,其数字化指数在 2020 年超过 90 分,位列全国第 3。

结合指数得分和年均增速两个维度,将各省份数字化发展情况分为 5 种类型:一是领跑型,指数总体水平较高,且发展比较稳定,主要集中分布于东部沿海地区,典型代表如广东、浙江、山东、江苏等。二是追赶型,指数总体水平处于中游,但发展速度快、后劲足,典型代表如重庆、海南等。如海南在 2018 年数字化指数排名中位列全国第 23 位,到 2020 年时跃居第 14 位。三是稳定型,区域人才等资源禀赋优势较为明显,指数整体得分较高,但近年来出现增长乏力的苗头,典型代表如福建、北京等。四是乏力型,指数总体水平不高,增长态势不容乐观,典型代表如广西、湖北、辽宁、黑龙江、云南、新疆、贵州、山西、内蒙古等地。五是落后型,指数总体水平较低,发展潜力有待挖掘,典型代表如吉林、甘肃、上海、天津、宁夏、青海、西藏等地。

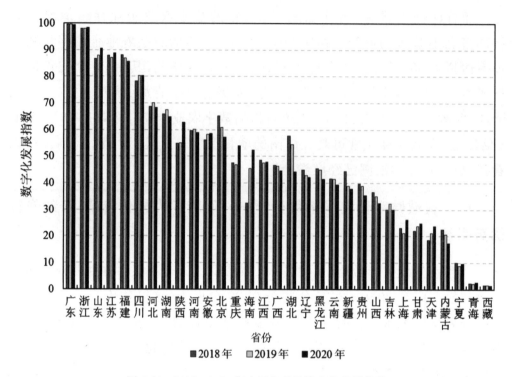

图 8-14　2018—2020 年全国各省份数字化发展指数

五、省域科技化发展指数解读

(一)省域科技化指标构成分析

(1)涉农经营主体的专利授权情况

涉农经营主体是将专利和实践应用连接起来的桥梁。利用单位涉农经营主体拥有的专利授权数和拥有专利授权的涉农经营主体数占比来分析专利技术转化运用成效,衡量生产体系中的科技化应用情况,可行性较高,也较为直观。

图 8-15 表示的是全国各省份的单位涉农经营主体拥有的专利授权数。可以发现,我国东中部地区领先优势明显,东北地区和西部省份排名整体处于中下水平。江西在 2020 年以 3.6 个/家领先全国,内蒙古以 3.1 个/家排

名第 2。东部地区排名中上位置,广东、福建、江苏、浙江位列第 3 至第 6 位。山西、黑龙江、辽宁、海南、河北、湖北 6 省在 2018—2020 年逐年增长,其中湖北、河北、海南在整体排名中处于中上位置,发展前景乐观。

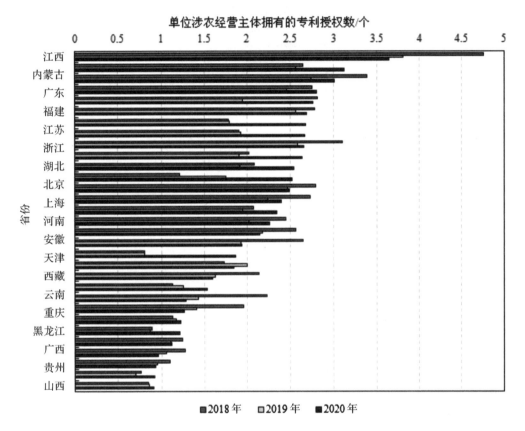

图 8-15 2018—2020 年全国各省份单位涉农经营主体拥有的专利授权数

图 8-16 表示的是全国各省份的拥有专利授权的涉农经营主体数占比。可以发现,东部沿海地区的优势非常明显,囊括排行榜前 5 位。值得一提的是,重庆、宁夏和云南是为数不多的冲进前 10 的 3 个西部省份。另外,除新疆、西藏外,其他省份拥有专利授权的涉农经营主体数占比情况均在 2018—2019 年逐步提升。

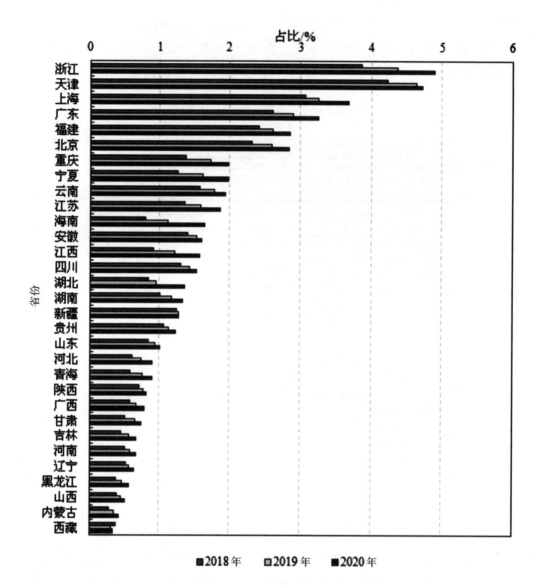

图 8-16　2018—2020 年全国各省份拥有专利授权的涉农经营主体数占比

(2)基本实现主要农作物生产全程机械化示范县(市、区)情况

图 8-17 显示,山东、黑龙江两省的基本实现主要农作物生产全程机械化示范县(市、区)数量最多,位居全国前 2 位,2020 年两省均达到了 80 个以上。排名前 10 位中,除浙江外,其他均为粮食主产区,由于本身农业较为发达,其主要农作物生产全程机械化得到了较为充分的发展。

　　4个直辖市以及南方省份在主要农作物机械化的发展上处于相对落后位置。直辖市在农业领域的发展与其城市定位息息相关;南方部分省份,由于其地形地貌多为丘陵山地,地形条件差、种植制度复杂、小田块农机投资效益低,不利于大面积开展机械化作业,仍是我国农业机械化发展最薄弱的区域。

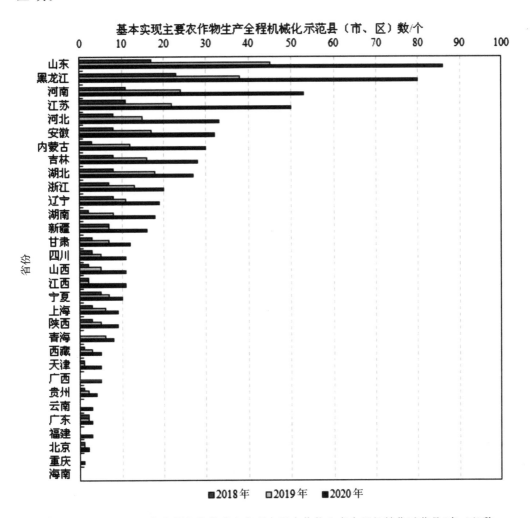

图 8-17　2018—2020 年全国各省份基本实现主要农作物生产全程机械化示范县(市、区)数

(二)省域科技化发展指数分析——东中部省份发展较快,东北三省表现平平

从科技化发展指数得分(见图8-18)来看,浙江、天津、广东排名领先全国其他省份,2018—2020年得分在90以上,其中天津和广东虽然在主要农作物机械化情况中表现平平,但在涉农主体的专利授权方面比较占优势;浙江则在专利授权和机械化方面均衡发展,并在拥有专利授权的涉农经营主体数占比上排名第1。

东北三省作为我国的农业大省,在科技化总体排名中情况不理想,虽然在主要农作物全程机械化示范县(市、区)数量上排名领先,但在专利授权方面却处于落后地位,在单位涉农经营主体拥有的专利授权数上仅是全国第1的省份的三分之一左右,在拥有专利授权的涉农经营主体数占比上更是与领先省份相差7倍。可见,吉林、辽宁、黑龙江3省在科技创新方面仍有待加强,潜力尚待挖掘。

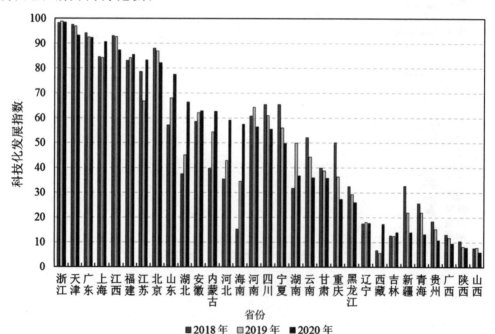

图8-18　2018—2020年全国各省份科技化发展指数

　　总体来看,2020 年科技化发展指数得分在 60 分以上的省份共有 12 个,主要集中于东部省份及中部地区,且一半席位均为粮食主产区,乡村产业实力强劲。

六、小结

　　通过前文分析,可以得到以下发现。

　　整体来看,东部省份生产体系现代化水平较高。不管是品牌化、数字化还是科技化发展指数,东部省份地区都占据领先地位。尤其是浙江,在"绿水青山就是金山银山"理念的助力下,其生产体系发展指数位列全国第 1,品牌化、数字化、科技化 3 个分项指数分别处于第 1 位、第 2 位、第 1 位。西部及东北地区发展有待提升,仅四川品牌化、特色化发展水平较高;东北地区总体发展同样不理想,科技化、数字化发展长期处于中下水平。此外,粮食主产区省份的生产体系总体发展较好。如中部地区安徽、湖北的品牌化发展,河南、湖北等省份的特色化发展,均与其农业大省的身份相吻合。

第九章　生产体系高质量发展地市评价

一、地市生产体系发展指数解读

苏杭引领全国发展,浙粤鲁整体表现领先。表 9-1 为 2018—2020 年全国生产体系发展指数 50 强城市榜单。杭州、苏州两市表现最佳,在 2018—2020 年一直稳定在前 5 位,并在 2020 年排名上升至前 2 位。

2018 年,全国共有 18 个省份下辖市进入前 50 强;2019 年,入榜省份减少到 17 个(吉林长春退出);2020 年,入榜省份恢复到 18 个,但省份和城市稍有变化,河南郑州进入前 50 强,同时新疆乌鲁木齐退出。云南、广西、陕西、海南、甘肃、山西、青海、西藏等 8 个省份在 2018—2020 年从未有地级市进入 50 强市的榜单。2018—2020 年,共有 37 个市连续 3 年均在榜上,其中浙江以 8 市、广东以 5 市、山东以 5 市位于各省份前列。

另外,在排名前 50 强城市中,2018—2020 年省会(首府)及副省级城市分别有 20 个、19 个、20 个。其中 17 个城市年年进榜,表现亮眼,包括 12 个省会(首府)城市。在有下辖市进入前 50 强的省份中,只有江西、贵州两个省份的省会(首府)城市未进入 50 强榜单中。

表 9-1 2018—2020 年全国生产体系发展指数 50 强市

排名	2018 年		2019 年		2020 年	
	城市	得分	城市	得分	城市	得分
1	湖州市	99.997	湖州市	99.933	杭州市	99.957
2	杭州市	99.960	苏州市	99.912	苏州市	99.802
3	哈尔滨市	99.891	杭州市	99.873	成都市	99.619
4	苏州市	99.845	广州市	99.607	泉州市	99.584
5	宁波市	99.831	宁波市	99.604	哈尔滨市	99.575
6	潍坊市	99.458	成都市	99.530	嘉兴市	99.565
7	泉州市	99.451	嘉兴市	99.530	广州市	99.561
8	嘉兴市	99.286	哈尔滨市	99.508	金华市	99.551
9	成都市	99.177	金华市	99.248	湖州市	99.548
10	东莞市	98.823	泉州市	99.233	宁波市	98.787
11	广州市	98.810	潍坊市	98.078	深圳市	98.695
12	长沙市	98.616	福州市	97.449	潍坊市	98.316
13	金华市	97.860	长沙市	97.232	南京市	98.251
14	佛山市	97.522	南京市	96.464	福州市	98.155
15	济南市	97.309	呼和浩特市	96.409	呼和浩特市	97.910
16	呼和浩特市	97.302	遵义市	95.653	温州市	96.898
17	台州市	96.632	武汉市	95.144	长沙市	96.533
18	福州市	96.196	合肥市	95.080	邢台市	95.833
19	深圳市	95.704	珠海市	94.781	合肥市	95.403
20	绍兴市	95.315	东莞市	94.446	武汉市	95.271
21	南通市	95.192	绍兴市	94.386	珠海市	95.028
22	青岛市	95.173	深圳市	94.257	盐城市	94.388
23	济宁市	94.318	温州市	93.420	青岛市	93.900
24	武汉市	93.861	青岛市	93.332	宁德市	93.269
25	珠海市	93.454	盐城市	92.941	石家庄市	93.166
26	南京市	93.156	济宁市	92.847	遵义市	92.926
27	合肥市	92.960	大连市	92.629	赣州市	92.725

续表

排名	2018 年		2019 年		2020 年	
	城市	得分	城市	得分	城市	得分
28	宿迁市	92.880	抚州市	92.604	宜昌市	92.655
29	厦门市	92.787	济南市	92.224	济南市	92.048
30	江门市	92.390	佛山市	92.221	绍兴市	91.688
31	中山市	91.590	台州市	92.046	烟台市	91.197
32	赣州市	91.148	七台河市	91.647	大连市	90.936
33	温州市	90.877	石家庄市	91.601	厦门市	90.561
34	遵义市	90.814	烟台市	91.584	银川市	90.363
35	抚州市	89.524	厦门市	91.243	徐州市	90.294
36	长春市	88.181	赣州市	90.880	佛山市	88.846
37	银川市	87.505	聊城市	89.854	济宁市	88.355
38	乌鲁木齐市	87.059	漳州市	89.712	菏泽市	88.270
39	吉安市	86.734	邢台市	89.076	东莞市	88.020
40	宣城市	86.416	湛江市	88.646	丽水市	87.817
41	六安市	85.227	宿迁市	88.603	宿迁市	87.765
42	邢台市	85.122	丽水市	88.060	郑州市	87.738
43	菏泽市	84.795	菏泽市	87.815	漳州市	86.875
44	盐城市	84.597	乌鲁木齐市	87.763	滨州市	85.845
45	湛江市	84.437	徐州市	87.478	长春市	85.841
46	大连市	84.130	滨州市	87.273	绥化市	85.807
47	沈阳市	83.185	银川市	87.267	临沂市	85.273
48	安庆市	83.049	宣城市	86.966	台州市	85.270
49	绥化市	82.991	承德市	86.438	中山市	84.380
50	漳州市	82.762	宁德市	86.355	安庆市	84.344

从 50 强市省际分布(见图 9-1)上看,浙江、山东、广东 3 省入围最多,2018—2020 年均超过 5 个下辖市。具体地,2018 年,广东和浙江两省进入榜单的城市数量最多,均有 8 个;2019 年和 2020 年,浙江与山东进入 50 强的城市数量领先且稳定,浙江有 9 个城市登榜,山东紧随其后,共有 8 个城

市。福建、山东、浙江 3 省 3 年均入榜的市所占下辖市总数比例在 2019 年之后均超过 50%；且浙江 3 年均入榜的市所占下辖市总数超过 70%，表明浙江各市生产体系发展较为均衡，且质量较高。

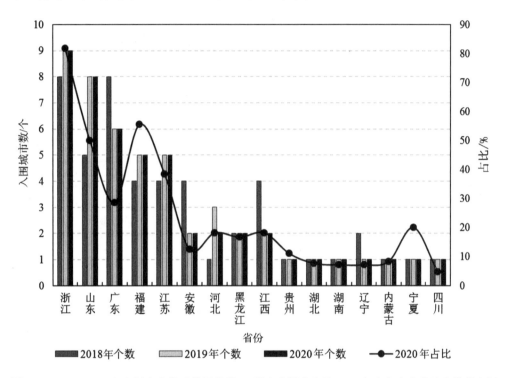

图 9-1　2018—2020 年全国生产体系发展指数 50 强市省际分布及 2020 年占各自省份地市数的比例

二、地市品牌化发展指数解读

（一）哈尔滨领衔全国品牌经营，浙粤闽表现整体领先

表 9-2 显示的是 2018—2020 年全国各地级市品牌化指数 50 强榜单。哈尔滨市表现出色，连续 3 年蝉联全国榜首。

分析进入榜单的城市，2018—2020 年每年入选 50 强榜单的省会（首府）为 14 个。湖南、宁夏、内蒙古 3 省份均只有省会（首府）入选，遵义市作为非省会（首府）城市成为贵州唯一入榜的城市，连续 3 年进入 50 强。此外,2018年,河南未有城市入选,2019年和2020年郑州市作为唯一入选榜单的河南城市,且排名在2年内保持稳定,均保持在第19位;2018—2019年,海南和陕西均无城市登榜,2020年只有各自的省会(首府)城市进入榜单,且排名较为靠后。广西、西藏、甘肃、青海3年均无城市入榜。

从各省份进入50强榜单的城市数量上看,浙江下辖市连续3年入选品牌化发展指数前50强市的个数最多,3年入榜城市数分别为6个、8个、7个。在浙江之后,广东以8个、6个、6个,福建以3年各5个城市分列2、3位,浙粤闽3省合计在50强榜单的占比达到了38%、38%、36%。

表9-2　2018—2020年全国品牌化发展指数50强市

排名	2018年		2019年		2020年	
	城市	得分	城市	得分	城市	得分
1	哈尔滨市	100.000	哈尔滨市	100.000	哈尔滨市	100.000
2	安庆市	99.898	苏州市	99.959	遵义市	99.927
3	呼和浩特市	99.794	武汉市	99.907	呼和浩特市	99.891
4	杭州市	99.520	呼和浩特市	99.807	武汉市	99.885
5	武汉市	99.413	沈阳市	99.767	杭州市	99.732
6	遵义市	99.308	聊城市	99.538	苏州市	99.552
7	成都市	99.127	遵义市	99.510	南京市	99.534
8	长沙市	99.099	杭州市	99.261	泉州市	99.470
9	苏州市	98.924	泉州市	99.064	深圳市	98.626
10	潮州市	98.918	乌鲁木齐市	98.851	聊城市	98.286
11	嘉兴市	98.397	南京市	98.152	成都市	98.281
12	佛山市	98.370	长沙市	97.988	长沙市	98.227
13	湖州市	98.308	嘉兴市	97.731	沈阳市	98.227
14	六安市	98.286	潮州市	97.575	乌鲁木齐市	97.936
15	沈阳市	97.996	安庆市	97.010	金华市	97.891
16	泉州市	97.894	成都市	96.997	大连市	97.621
17	汕头市	97.010	大连市	96.942	安庆市	97.390
18	乌鲁木齐市	96.604	盐城市	95.814	嘉兴市	96.970

排名	2018 年		2019 年		2020 年	
	城市	得分	城市	得分	城市	得分
19	福州市	96.085	郑州市	95.717	郑州市	96.610
20	潍坊市	95.990	金华市	95.394	宁德市	95.700
21	宁波市	95.875	宁波市	94.930	银川市	95.412
22	济南市	95.719	济南市	94.923	广州市	95.379
23	大连市	94.929	湖州市	94.380	潮州市	95.137
24	东莞市	94.572	揭阳市	94.290	厦门市	94.864
25	唐山市	94.199	广州市	93.871	盐城市	94.652
26	承德市	94.068	合肥市	92.991	六安市	93.389
27	齐齐哈尔市	93.003	汕头市	92.964	宜昌市	93.058
28	东营市	93.001	承德市	92.898	齐齐哈尔市	92.802
29	合肥市	92.623	厦门市	92.331	温州市	92.307
30	漳州市	92.623	银川市	92.249	福州市	91.824
31	金华市	92.463	齐齐哈尔市	92.205	合肥市	90.927
32	南昌市	92.169	漳州市	92.158	珠海市	90.111
33	银川市	91.275	潍坊市	91.831	湖州市	89.975
34	深圳市	91.157	福州市	90.775	宁波市	89.658
35	揭阳市	90.727	温州市	90.460	玉溪市	89.367
36	昌吉州	90.433	昆明市	90.046	揭阳市	89.365
37	聊城市	90.244	德阳市	89.470	承德市	89.033
38	临沂市	89.424	佛山市	89.397	辽源市	88.682
39	厦门市	88.824	深圳市	88.409	济南市	87.491
40	伊犁州	88.757	烟台市	88.335	德阳市	87.313
41	广州市	88.266	昌吉州	88.066	汕头市	87.271
42	玉溪市	88.219	宁德市	87.807	昆明市	87.194
43	中山市	87.950	玉溪市	87.518	漳州市	86.951
44	南京市	86.732	伊犁州	86.684	宜春市	86.898
45	长春市	86.518	无锡市	86.304	海口市	86.719

续表

排名	2018 年		2019 年		2020 年	
	城市	得分	城市	得分	城市	得分
46	青岛市	86.280	临沂市	85.883	潍坊市	85.995
47	德阳市	85.986	丽水市	85.665	西安市	85.568
48	绵阳市	85.841	宜昌市	85.440	丽水市	85.362
49	宁德市	85.807	台州市	84.786	芜湖市	84.576
50	温州市	84.901	六安市	84.722	恩施州	83.759

(二)浙粤品牌化整体实力强大,省内呈均衡发展态势

在市级品牌化指标的评价上,浙江表现出强大的整体实力。从入选数量在各自省份占比来看,浙江领先全国,其 3 年入围 50 强市在所有下辖市的占比分别达到了 54.55%、72.73%、63.64%;排在之后的是广东,其省内城市入围 50 强的城市比例 3 年分别为 66.67%、50.00%、50.00%。再从进入 50 强城市的稳定性来看,经统计,50 强市中共有 38 个市连续 3 年进入榜单,占比达到了 76%。另外,浙江入围的 8 个城市中,除丽水市在 2018 年未进入榜单,台州市仅在 2019 年进入榜单外,杭州、湖州、嘉兴、金华、宁波、温州 6 市则始终位列 50 强榜单之上。广东的潮州市、揭阳市、汕头市、深圳市、广州市 3 年均稳定在 50 强榜单中。不难看出,浙江、广东两省乡村产业品牌化发展走在全国前列。

从图 9-2 还可以看出,福建入围 50 强城市数量仅次于浙江和广东两省,福建的福州市、宁德市、泉州市、厦门市、漳州市也同样稳定在 50 强榜单上。但由于省内下辖地级市数量较多(共有 14 个),导致省内整体品牌化水平略低。安徽在 2020 年省内城市入围 50 强的比例超过福建。另外,安徽、湖北、云南、河南、海南、陕西 6 个省份在 2018—2020 年入围的城市数量呈上升趋势。

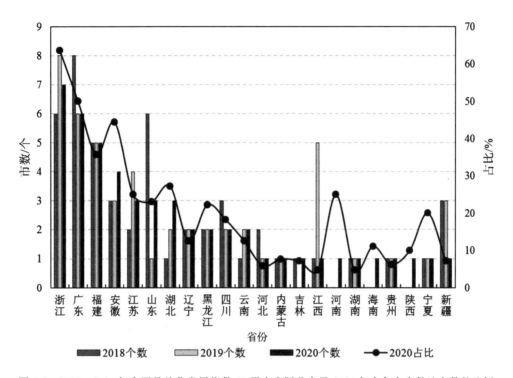

图 9-2　2018—2020 年全国品牌化发展指数 50 强市省际分布及 2020 年占各自省份地市数的比例

(三)东西部品牌经营两极分化,大多数省份格局稳定

图 9-3(a)至图 9-3(d)可以看出全国各省份下辖地级市的排名分布全貌。从图 9-3 可以观察到省份分布的以下特点。

(1)下辖地级市的排名主要集中在前 100 名的省份为浙江和福建;主要集中在 100—200 名的省份为内蒙古和吉林;山东、广东、江苏、黑龙江等 4 省各地市排名均匀分布在前 200 名;主要集中在 200—300 名的省份为河南、湖北、辽宁、山西和甘肃;主要集中在 300 名之后的省份为贵州、广西。其他省份各下辖地级市的排名情况分布从总体来看比较均匀。从中可以发现,东部沿海地区排名整体靠前,西部地区排名相对落后。

(2)对比 2018—2020 年 3 年的排名密度,可以看出多数省份的发展趋势总体不变,排名趋势总体前进的省份有湖南、海南两省,排名趋势总体后退的省份有河南、山西、甘肃 3 省。

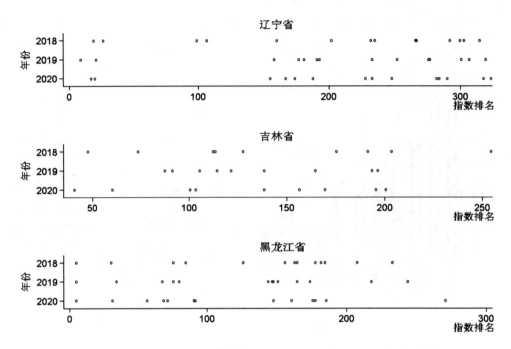

图 9-3(a)   2018—2020 年东北地区各省份下辖地级市品牌化发展指数排名分布

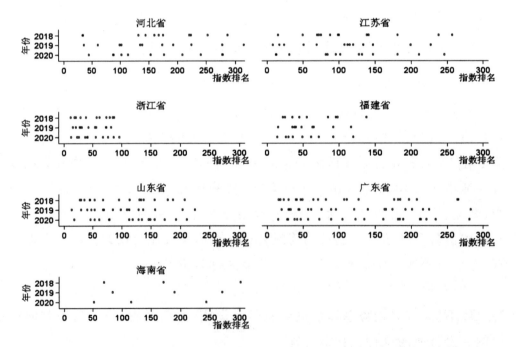

图 9-3(b)   2018—2020 年东部地区各省份下辖地级市品牌化发展指数排名分布

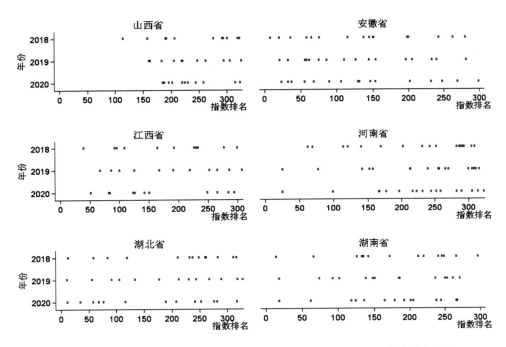

图 9-3(c)　2018—2020 年中部地区各省份下辖地级市品牌化发展指数排名分布

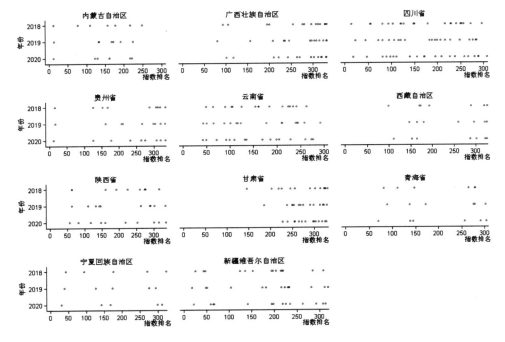

图 9-3(d)　2018—2020 年西部地区各省份下辖地级市品牌化发展指数排名分布

三、地市特色化发展指数解读

农业强省优势凸显,闽豫川稳步上升。图 9-4(a)至图 9-4(d)显示了 2018—2020 年全国各省份下辖地级市的特色化发展指数①排名分布全貌,可以观察到省份分布的以下特点。

下辖地级市的排名主要集中在前 100 名的省份为河北、江苏、山东;主要集中在 100—200 名的省份为内蒙古、河南、湖北、湖南、四川;主要集中在 200—300 名的省份为山西、辽宁、广东、云南、甘肃、新疆;其他省份下辖市排名分布比较均匀。从中可以发现,东部地区整体靠前,西部等地排名相对落后,且农业强省的优势较为突出。

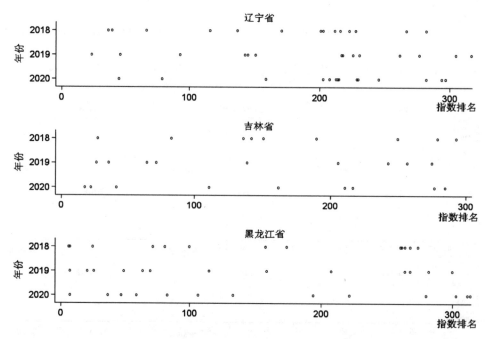

图 9-4(a)　2018—2020 年东北地区各省份下辖地级市特色化发展指数排名分布

---

①　由于特色化指标体系的构成包括特色农产品优势区数、"两园一镇数"两个指标,在经指数化处理后,会出现不少地区得分相同的现象,因此前文榜单排行的分析并不适合本小节。基于此,本部分仅从所有下辖市的排名视角进行分析,特色化发展指数具体排名详见本章附录。第十章县域特色化发展指数同此处理。

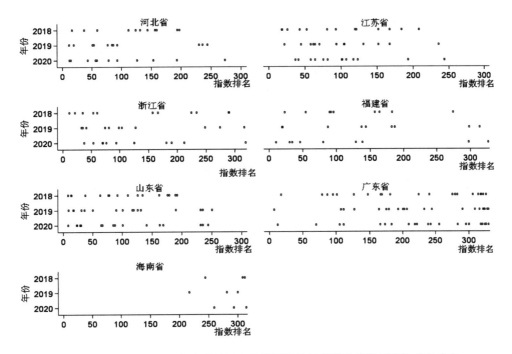

图 9-4(b)　2018—2020 年东部地区各省份下辖地级市特色化发展指数排名分布

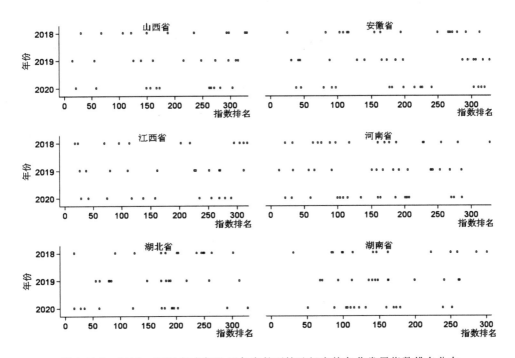

图 9-4(c)　2018—2020 年中部地区各省份下辖地级市特色化发展指数排名分布

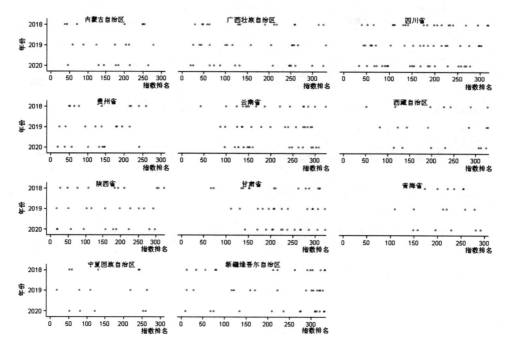

图 9-4(d) 2018—2020 年西部地区各省份下辖地级市特色化发展指数排名分布

对比 2018—2020 年 3 年的排名密度,可以看出各个省份近年来的发展趋势。排名总体呈上升趋势的省份有福建、河南、四川;排名总体呈下降趋势的省份有辽宁、江苏、云南、西藏、甘肃;其余省份排名趋势总体变化不大。

四、地市数字化发展指数解读

(一)广州三年蝉联第一,省会(首府)城市表现亮眼

表 9-3 显示的是 2018—2020 年全国数字化发展指数的前 50 强城市。广东广州市表现出色,2018—2020 年蝉联第 1 位。在数字化指数 50 强榜单中,省会(首府)城市及副省级城市表现亮眼。分析进入榜单的城市,2018—2020 年每年入选 50 强榜单的省会(首府)及副省级城市为 22 个,且所有这些省会(首府)及副省级城市在 3 年内都在榜单之上。山西、吉

林、黑龙江、安徽、河南、湖北、湖南、广西、贵州、云南、陕西、新疆12省份均只有省会(首府)入选榜单。内蒙古、西藏、甘肃、宁夏、青海5省份均无城市入选。

从各省份进入50强榜单的数量上看,江苏、山东、广东下辖市入选数字化前50强市的数量最多,3年共有7个城市入选,其中江苏的南京、无锡、徐州、苏州、扬州、宿迁6市,山东的济南、青岛、潍坊、菏泽4市,广东的广州、深圳、佛山、惠州、东莞、中山6市连续3年均上榜;浙江共有6个,分别为杭州、宁波、温州、嘉兴、金华、台州,值得一提的是,这6个市均连续3年冲进50强。

表 9-3　2018—2020 年全国数字化发展指数 50 强市

排名	2018 年		2019 年		2020 年	
	城市	得分	城市	得分	城市	得分
1	广州市	99.999	广州市	99.999	广州市	100.000
2	温州市	99.964	温州市	99.951	杭州市	99.972
3	金华市	99.902	金华市	99.919	温州市	99.923
4	杭州市	99.892	杭州市	99.906	金华市	99.915
5	泉州市	99.796	泉州市	99.846	菏泽市	99.798
6	深圳市	99.778	深圳市	99.696	泉州市	99.768
7	菏泽市	99.681	宁波市	99.529	宁波市	99.595
8	宁波市	99.511	菏泽市	99.441	成都市	99.460
9	厦门市	99.288	成都市	99.428	苏州市	99.262
10	成都市	99.271	厦门市	99.161	台州市	99.096
11	台州市	99.025	台州市	98.856	深圳市	98.862
12	苏州市	98.644	苏州市	98.777	厦门市	98.795
13	东莞市	98.596	东莞市	98.670	东莞市	98.633
14	佛山市	98.493	长沙市	98.166	西安市	98.543
15	长沙市	97.688	福州市	97.730	长沙市	97.838

续表

排名	2018 年		2019 年		2020 年	
	城市	得分	城市	得分	城市	得分
16	福州市	97.425	佛山市	97.644	徐州市	97.282
17	西安市	96.991	西安市	97.330	福州市	97.192
18	宿迁市	95.823	嘉兴市	96.613	嘉兴市	96.922
19	徐州市	95.560	青岛市	96.131	佛山市	96.810
20	武汉市	95.412	中山市	95.705	青岛市	96.508
21	中山市	95.403	宿迁市	95.524	济南市	95.918
22	嘉兴市	95.388	合肥市	95.450	海口市	95.792
23	青岛市	95.080	徐州市	95.311	合肥市	95.269
24	保定市	94.050	郑州市	95.196	南京市	95.259
25	郑州市	94.012	石家庄市	95.091	郑州市	94.564
26	合肥市	93.480	济南市	94.676	中山市	94.450
27	石家庄市	93.475	海口市	94.640	石家庄市	93.937
28	济南市	92.130	武汉市	94.354	保定市	93.345
29	南宁市	90.368	保定市	93.642	南宁市	91.004
30	昆明市	90.318	南宁市	91.255	潍坊市	90.751
31	南京市	90.260	南京市	91.242	昆明市	90.707
32	哈尔滨市	90.102	哈尔滨市	91.221	武汉市	89.960
33	惠州市	89.568	昆明市	91.002	哈尔滨市	89.609
34	海口市	89.160	潍坊市	90.052	宿迁市	88.827
35	乌鲁木齐市	88.150	贵阳市	89.142	绵阳市	88.452
36	潍坊市	88.062	绵阳市	89.108	邢台市	88.276
37	扬州市	87.732	长春市	88.333	贵阳市	87.982
38	贵阳市	87.356	惠州市	87.277	沈阳市	87.898
39	太原市	87.323	沈阳市	87.204	长春市	87.821

续表

排名	2018 年		2019 年		2020 年	
	城市	得分	城市	得分	城市	得分
40	沈阳市	87.131	乌鲁木齐市	86.949	乌鲁木齐市	86.979
41	长春市	85.944	太原市	86.570	临沂市	86.697
42	绵阳市	85.803	扬州市	86.466	惠州市	86.261
43	大连市	85.385	南昌市	85.257	扬州市	85.465
44	无锡市	84.616	大连市	84.277	太原市	85.408
45	常州市	84.045	邢台市	84.118	无锡市	85.335
46	南昌市	83.877	无锡市	83.510	南昌市	85.164
47	汕头市	81.745	唐山市	82.667	大连市	83.986
48	唐山市	81.354	临沂市	81.941	烟台市	83.707
49	邢台市	81.122	烟台市	81.278	三亚市	82.085
50	赣州市	80.055	济宁市	79.386	济宁市	81.751

(二)琼鲁实力持续增长,各梯队间差距较大

从入选城市数量占各自省份下辖市数量的比例来看(见图 9-5),海南领先全国,这与海南的下辖市数量较少有关,2020 年的入选城市数相比 2018 年和 2019 年增加了 1 个,但占比提升了 33.33%。浙江的占比情况为 3 年均是 54.55%,比较稳定。江苏在 2018 年的占比超过 50%,但由于常州的退出,在 2019—2020 年占比下滑。另外从图 9-5 中可以发现,数量和占比呈上升趋势的为山东、海南两省,呈下降趋势的有江苏、广东、河北、江西 4 省。

处于第一梯队的山东、浙江、江苏、广东与第二梯队的福建、河北、海南、辽宁、四川差距较大,不论是进入榜单的下辖市数量还是占各自省份下辖市的比例,第一梯队都是第二梯队的两倍左右。第二梯队与第三梯队的吉林、贵州、陕西、山西、江西、黑龙江、湖北、湖南、广西、新疆、安徽、云南、河南 13 个省份的差距也较大,且第三梯队内部情况较为相似,占比均在 10% 上下。

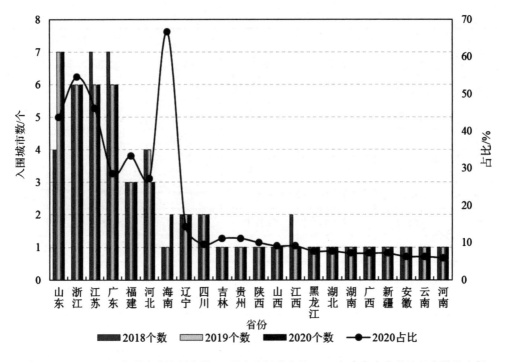

图 9-5   2018—2020 年数字化发展指数 50 强市省际分布及 2020 年占各自省份地级市数的比例

(三)江浙两地实力强劲,东西差距较为明显

图 9-6(a)至图 9-6(d)显示了 2018—2020 年全国各省份下辖地级市的排名分布全貌,可以观察到省份分布的以下特点。

(1)下辖地级市的排名主要集中在前 50 名的省份为江苏、浙江;主要集中在前 100 名的省份为河北、江苏、浙江、福建、山东;主要集中在 100—200 名的省份为河南、湖北、湖南、四川、贵州、陕西;主要集中在 200—300 名之间省份为广西、云南、甘肃、宁夏、新疆;主要集中在 300 名之后的省份为西藏、青海。从中可以发现,东部地区排名整体靠前,西部地区省份排名相对落后。

(2)对比 2018—2020 年 3 年的排名密度,可以看出各个省份近年来的发展趋势。排名趋势总体上升的省份有江苏、山东、河南、湖南、海南、陕西;排名趋势总体下降的省份有贵州、河北、吉林、新疆;其余省份排名趋势总体不变。

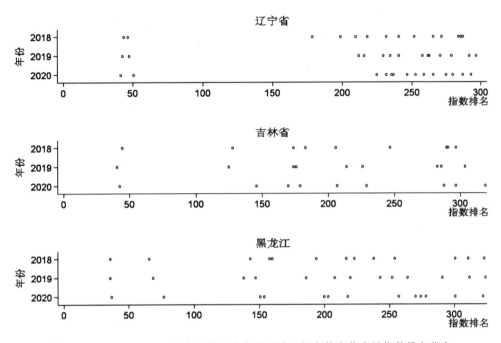

图 9-6(a)　2018—2020 年东北地区各省份下辖地级市数字化发展指数排名分布

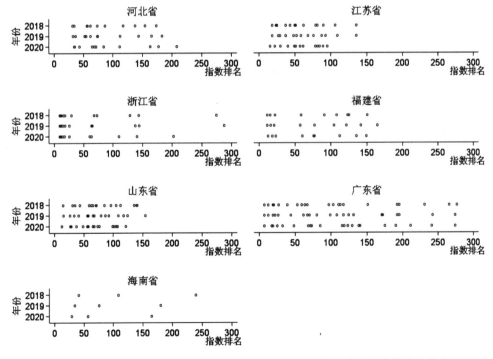

图 9-6(b)　2018—2020 年东部地区各省份下辖地级市数字化发展指数排名分布

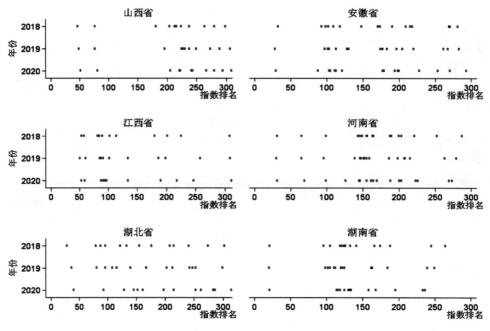

图 9-6(c) 2018—2020 年中部地区各省份下辖地级市数字化发展指数排名分布

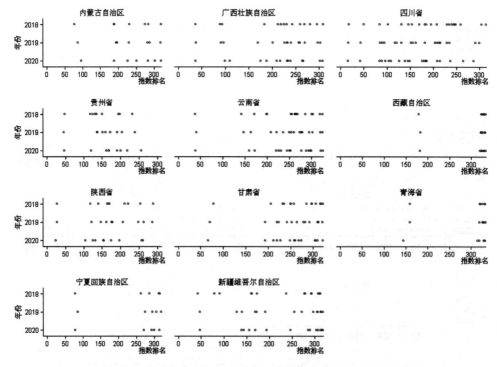

图 9-6(d) 2018—2020 年西部地区各省份下辖地级市数字化发展指数排名分布

五、地市科技化发展指数解读

(一)七台河湖州平分秋色,浙粤两省入榜数最多

表 9-4 显示的是 2018—2020 年全国科技化发展指数的前 50 强城市。浙江湖州与黑龙江七台河表现出色,在 2018—2019 年问鼎全国,在 2020 年位列全国前二。

分析进入榜单的城市,2018—2020 年每年入选 50 强榜单的省会(首府)为 8 个,分别是内蒙古呼和浩特、浙江杭州、福建福州、江西南昌、河南郑州、广东广州、四川成都、云南昆明。另外,山西、辽宁、吉林、广西、贵州、西藏、陕西、青海 8 省份 3 年均无下辖市进入榜单。浙江下辖市连续 3 年进入榜单的城市最多,分别是杭州、宁波、嘉兴、湖州、绍兴、金华、衢州、舟山、丽水 9 个下辖市;广东以 8 个下辖市次之,分别是广州、深圳、珠海、佛山、江门、惠州、东莞、中山。河北、黑龙江、湖南、海南、新疆均只有 1 个下辖市进入榜单,其中湖南邵阳、海南儋州两市在 2018—2020 年间只有 1 年进入榜单。

从各省份进入 50 强榜单的数量上看,浙江下辖市入选科技化发展指数前 50 强市的个数最多,3 年分别为 9 个、9 个、10 个;广东以每年 8 个紧随其后。另外,河北、内蒙古、湖北从 2019 年开始有下辖市进入榜单,其中内蒙古和湖北的入榜城市数逐年上升。

表 9-4　2018—2020 年全国科技化发展指数 50 强市

排名	2018 年		2019 年		2020 年	
	城市	得分	城市	得分	城市	得分
1	七台河市	100.000	七台河市	100.000	七台河市	100.000
2	湖州市	100.000	湖州市	100.000	湖州市	99.999
3	鹰潭市	100.000	嘉兴市	99.997	嘉兴市	99.997

续表

排名	2018 年		2019 年		2020 年	
	城市	得分	城市	得分	城市	得分
4	东莞市	99.986	珠海市	99.981	珠海市	99.994
5	嘉兴市	99.956	东莞市	99.713	深圳市	99.987
6	珠海市	99.863	抚州市	99.673	杭州市	99.757
7	苏州市	99.574	杭州市	99.397	呼和浩特市	99.672
8	杭州市	99.389	绍兴市	98.922	苏州市	99.546
9	佛山市	99.156	佛山市	98.903	佛山市	99.175
10	绍兴市	98.997	苏州市	98.797	舟山市	98.568
11	成都市	98.828	成都市	97.912	东莞市	98.495
12	中山市	98.441	舟山市	97.911	成都市	98.418
13	广州市	97.393	深圳市	97.908	中山市	98.134
14	江门市	97.369	广州市	97.839	惠州市	97.732
15	宁波市	96.499	中山市	97.487	武汉市	96.914
16	抚州市	96.451	呼和浩特市	96.904	广州市	96.884
17	深圳市	96.433	玉溪市	96.649	绍兴市	96.425
18	舟山市	96.029	衢州市	96.518	衢州市	96.146
19	泉州市	96.008	宁波市	96.360	金华市	95.690
20	玉溪市	95.677	福州市	95.317	漯河市	95.637
21	惠州市	94.936	邵阳市	94.950	泉州市	95.419
22	吉安市	94.892	漯河市	94.770	赣州市	95.373
23	福州市	94.822	泉州市	94.318	厦门市	95.141
24	厦门市	94.640	厦门市	94.034	福州市	95.037
25	呼和浩特市	93.835	金华市	93.961	玉溪市	93.410
26	金华市	93.385	乌鲁木齐市	93.082	南昌市	92.324
27	漯河市	93.254	惠州市	92.813	东营市	91.962

排名	2018 年		2019 年		2020 年	
	城市	得分	城市	得分	城市	得分
28	衢州市	92.386	青岛市	92.601	丽水市	90.509
29	青岛市	91.980	漳州市	91.101	青岛市	90.400
30	乌鲁木齐市	91.653	江门市	90.692	合肥市	89.517
31	昆明市	90.978	张掖市	90.438	宁波市	89.078
32	酒泉市	89.918	德阳市	90.101	张掖市	88.549
33	镇江市	89.703	中卫市	89.895	抚州市	88.489
34	淮安市	88.669	赣州市	89.170	鄂尔多斯市	88.264
35	嘉峪关市	88.646	昆明市	88.518	盐城市	87.984
36	盐城市	87.960	酒泉市	86.427	宿迁市	87.334
37	南通市	86.037	盐城市	85.872	昆明市	87.106
38	南昌市	85.986	武汉市	85.803	镇江市	86.600
39	池州市	85.009	亳州市	84.713	江门市	86.348
40	丽水市	84.118	合肥市	84.692	漳州市	85.977
41	赣州市	83.542	丽水市	84.272	石家庄市	85.901
42	许昌市	83.320	阜阳市	82.973	亳州市	85.600
43	宿迁市	83.300	信阳市	81.969	温州市	85.116
44	郑州市	82.981	宣城市	81.246	郑州市	83.079
45	银川市	82.642	镇江市	80.019	儋州市	82.742
46	宣城市	82.413	银川市	79.820	南京市	82.249
47	三明市	81.748	南昌市	78.835	宣城市	81.877
48	张掖市	81.695	石家庄市	78.515	宜昌市	81.846
49	无锡市	80.455	无锡市	77.132	吉安市	81.311
50	漳州市	80.328	郑州市	76.950	咸宁市	80.782

(二)浙江实力不容小觑,50强榜单变动较小

在市级科技化指数50强市省际分布(见图9-7)上看,浙江实力依然强劲。从各自省份内的占比来看,浙江仍旧领先全国,其3年入围50强市的数量占所有下辖市数量的比例分别达到了81.82%、81.82%、90.91%,占比稳步提升,且占比情况超过第2名广东的2倍。排在之后的江苏、福建、江西三省2020年的占比情况较2018年有所回落,其中江苏、福建两省2018年的占比超过50%。

再从进入50强城市的稳定性来看,经统计,50强市中共有37个市连续3年进入榜单。2019年较2018年新进入榜单城市数、2020年较2019年新进入榜单城市数均为9个。在2020年才加入榜单的有内蒙古鄂尔多斯、江苏南京、浙江温州、山东东营、湖北宜昌、湖北咸宁、海南儋州。另外,江苏宿迁、江西吉安均在2019年退出榜单,又在2020年冲进50强。从图中还可以看出,浙江、湖北、内蒙古、山东、海南、河北6省份的科技化发展水平逐年提升。

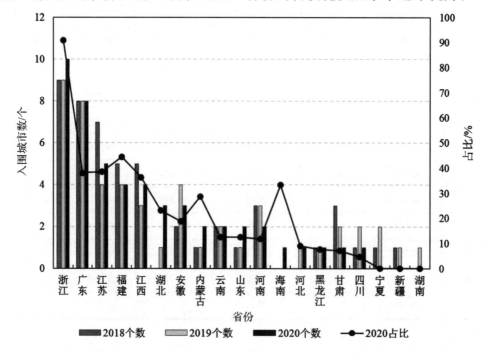

图9-7 2018—2020年科技化发展指数50强市省际分布及2020年占各自省份地级市数量比例

（三）东部整体实力较优，宁夏发展潜力巨大

图 9-8(a)至图 9-8(d)显示了全国各省份下辖地级市科技化发展指数的排名分布全貌，可以观察到省份分布的以下特点。

（1）下辖地级市的排名主要集中在前 100 名的省份为江苏、浙江、安徽、福建、江西、山东、广东、宁夏；主要集中在 100—200 名的省份为河北、河南、湖南、云南；主要集中在 200—300 名的省份为山西、内蒙古、辽宁、吉林、黑龙江、广西、贵州；整体较为均衡的省份为四川、湖北、甘肃、新疆。宁夏的排名情况令人惊喜，所有下辖市均位列全国前 150 名。

（2）对比 2018—2020 年 3 年的排名密度，可以看出各个省份近年来的发展趋势。排名趋势总体向前的省份有河北、江苏、浙江、安徽、江西、山东、河南、海南、宁夏；排名趋势总体后退的省份有山西、广西、云南；其余省份排名趋势总体不变。

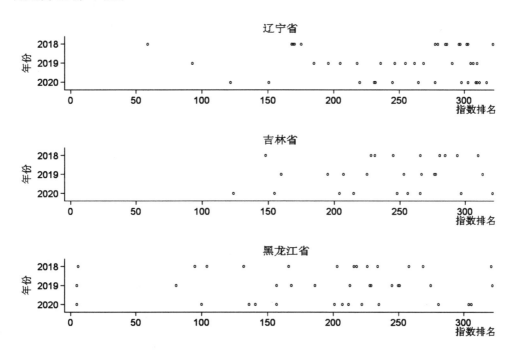

图 9-8(a)　2018—2020 年东北地区各省份下辖地级市科技化发展指数排名分布

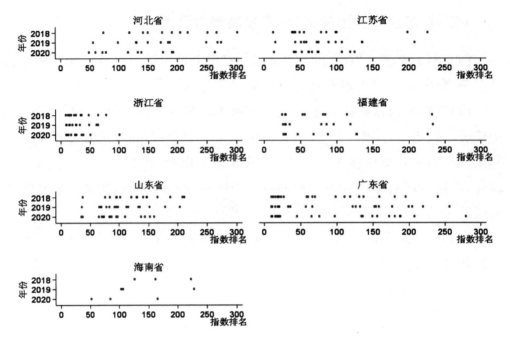

图 9-8(b)　2018—2020 年东部地区各省份下辖地级市科技化发展指数排名分布

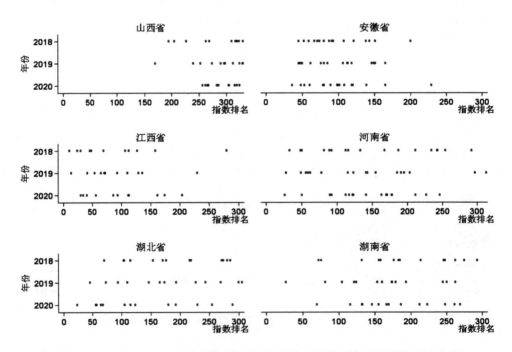

图 9-8(c)　2018—2020 年中部地区各省份下辖地级市科技化发展指数排名分布

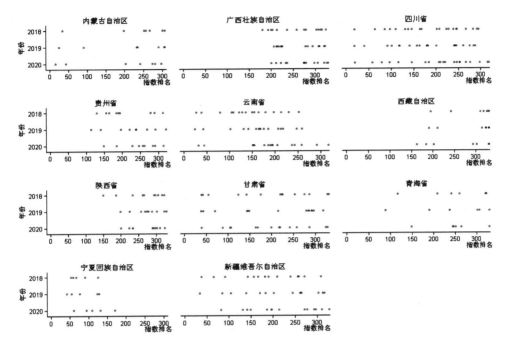

图 9-8(d)　2018—2020 年西部地区各省份下辖地级市科技化发展指数排名分布

六、小结

　　市级生产体系评价中,东部沿海地区表现最优。无论是品牌化、特色化、数字化还是科技化发展指数,东部地区下辖市表现抢眼。浙江、广东、福建 3 省下辖市品牌化发展位居全国前列;山东潍坊、广东湛江特色化发展位列全国前两位,且山东不管是入围个数还是下辖市占比都领先全国;广州数字化发展 2018—2020 年蝉联第 1,山东、浙江、江苏和广东下辖市为数字化发展第一梯队;浙江科技化水平实力突出,不管是 50 强榜单还是入围 50 强市占比均占绝对领先优势。也正因为如此,在一级指标生产体系的发展上,东部地区表现明显优于其他地区。此外,综合比较来看,与新一代信息技术更为相关的数字化、科技化,省份排名要趋向于经济更为发达的东部沿海地区,品牌化与特色化则相对分散。

　　同时,我们也看到,地处东北的哈尔滨市在生产体系的评价上一改其他指标的落后现象,3 年排名均位居全国前 10 之列;分项指标上,黑龙江绥化市在特色化发展上 3 年均排在前 3 名,哈尔滨市、七台河市分别在品牌化、科技化方面更是连续 3 年处于榜首位置。相比之下,西部地区在生产体系的发展上总体逊于其他地区。

本章附录

附表-1　2018—2020 年特色化发展指数 50 强市

序号	2018 年		2019 年		2020 年	
	城市	得分	城市	得分	城市	得分
1	潍坊市	100.000	湛江市	99.983	潍坊市	99.887
2	绥化市	99.879	潍坊市	99.899	喀什地区	99.887
3	湖州市	99.879	绥化市	99.866	绥化市	99.811
4	牡丹江市	99.879	承德市	99.631	邢台市	99.707
5	巴音郭楞州	99.829	喀什地区	99.527	宁德市	99.707
6	济宁市	99.829	驻马店市	99.527	湛江市	99.628
7	徐州市	98.454	临汾市	98.564	承德市	99.132
8	南通市	98.454	渭南市	98.564	榆林市	98.927
9	济南市	98.454	邢台市	98.224	黄冈市	98.927
10	宁波市	98.454	济宁市	98.224	黔东南州	98.681
11	恩施州	98.454	遵义市	98.224	桂林市	97.735
12	赣州市	98.454	烟台市	98.224	渭南市	97.735
13	湛江市	98.454	南平市	98.224	临汾市	97.274
14	邢台市	98.454	吴忠市	98.224	济宁市	96.738
15	南平市	97.986	宁德市	98.224	吉林市	96.738
16	渭南市	97.986	牡丹江市	97.818	驻马店市	96.738
17	驻马店市	97.986	徐州市	97.818	滨州市	96.118
18	抚州市	97.986	抚州市	95.494	玉林市	94.789
19	宿迁市	91.760	桂林市	95.494	通化市	93.890

序号	2018 年		2019 年		2020 年	
	城市	得分	城市	得分	城市	得分
20	长春市	91.760	大连市	94.630	咸宁市	93.890
21	南宁市	91.760	通化市	94.630	抚州市	93.890
22	哈尔滨市	91.760	巴音郭楞州	94.630	烟台市	92.876
23	宣城市	91.760	齐齐哈尔市	94.630	三门峡市	92.876
24	长沙市	91.760	宣城市	93.640	宜昌市	92.876
25	运城市	91.760	赣州市	93.640	南平市	92.876
26	承德市	90.006	宁波市	93.640	德州市	92.876
27	南京市	90.006	南阳市	93.640	内江市	92.876
28	赤峰市	90.006	湖州市	93.640	盐城市	91.736
29	盘锦市	90.006	滨州市	93.640	牡丹江市	91.736
30	杭州市	90.006	泰安市	93.640	铜仁市	91.736
31	烟台市	90.006	黔东南州	93.640	龙岩市	91.736
32	黔西南州	90.006	长春市	92.512	衡水市	91.736
33	昌都市	90.006	丽水市	88.538	宁波市	91.736
34	百色市	90.006	玉林市	88.538	宣城市	91.736
35	鄂尔多斯市	90.006	六安市	86.813	徐州市	91.736
36	遵义市	90.006	商洛市	86.813	赤峰市	91.736
37	桂林市	90.006	百色市	86.813	赣州市	91.736
38	吴忠市	90.006	宜宾市	86.813	长春市	90.463
39	延安市	90.006	广元市	86.813	滁州市	87.872
40	喀什地区	90.006	滁州市	86.813	遵义市	86.203
41	三门峡市	90.006	苏州市	86.813	运城市	86.203
42	鞍山市	90.006	石家庄市	84.915	石家庄市	86.203
43	广元市	90.006	赤峰市	84.915	大连市	86.203
44	台州市	90.006	盐城市	84.915	益阳市	86.203
45	资阳市	90.006	宜昌市	84.915	齐齐哈尔市	86.203
46	临沧市	90.006	恩施州	84.915	邯郸市	86.203

续表

序号	2018 年		2019 年		2020 年	
	城市	得分	城市	得分	城市	得分
47	中卫市	87.994	德州市	84.915	湖州市	86.203
48	吐鲁番市	87.994	淮安市	84.915	宜宾市	86.203
49	苏州市	87.994	运城市	84.915	福州市	86.203
50	玉林市	87.994	内江市	84.915	吴忠市	86.203
51	邯郸市	87.994	广安市	84.915	商洛市	86.203
52	宁德市	87.994	三门峡市	84.915	—	—
53	—	—	鸡西市	84.915	—	—
54	—	—	保定市	84.915	—	—
55	—	—	盘锦市	84.915	—	—
56	—	—	南京市	84.915	—	—
57	—	—		—	资阳市	84.915
58	—	—	河池市	84.915	—	—

第十章　生产体系高质量发展县域评价

一、县域生产体系发展指数解读

内蒙古表现亮眼,江浙闽稳中求快。表 10-1 显示全国生产体系发展指数百强县的得分均在 94 分以上,反映出这些县(市)在生产体系的发展上表现较好。其中,浙江安吉县连续 3 年问鼎百强县。具体来看,浙江安吉县和义乌市、内蒙古和尔格林县、黑龙江五常市在 2018—2020 年连续 3 年排在全国县级乡村产业生产体系发展指数前 4 位;浙江德清县、江苏昆山市、内蒙古土默特左旗、福建晋江市连续 3 年位列前 10;近 3 年土默特左旗与晋江生产体系发展迅速,排名持续上升,尤其是土默特左旗在 2020 年以 100分的得分与其他 100 分的县(市)排名并列第 1。

表 10-1　2018—2020 年全国生产体系发展指数百强县

排名	2018 年		2019 年		2020 年	
	县(市)	得分	县(市)	得分	县(市)	得分
1	安吉县	100.000	安吉县	100.000	安吉县	100.000
2	义乌市	100.000	义乌市	100.000	义乌市	100.000
3	五常市	100.000	五常市	100.000	五常市	100.000
4	和林格尔县	100.000	和林格尔县	100.000	和林格尔县	100.000
5	德清县	100.000	土默特左旗	100.000	土默特左旗	100.000
6	昆山市	100.000	德清县	100.000	德清县	99.997

续表

排名	2018 年		2019 年		2020 年	
	县(市)	得分	县(市)	得分	县(市)	得分
7	霍山县	99.998	昆山市	99.999	晋江市	99.996
8	潜江市	99.998	慈溪市	99.994	昆山市	99.974
9	土默特左旗	99.997	晋江市	99.988	海宁市	99.971
10	晋江市	99.991	长兴县	99.973	武义县	99.965
11	海门市	99.988	中宁县	99.971	瑞安市	99.962
12	慈溪市	99.978	海宁市	99.935	慈溪市	99.950
13	崇州市	99.977	桐乡市	99.923	崇州市	99.940
14	海宁市	99.970	嘉善县	99.922	桐乡市	99.918
15	嘉善县	99.969	瑞安市	99.868	嘉善县	99.917
16	阿拉尔市	99.957	崇州市	99.857	常熟市	99.889
17	长兴县	99.956	安溪县	99.851	霍山县	99.802
18	南丰县	99.937	霍山县	99.841	睢宁县	99.769
19	昌吉市	99.923	东台市	99.818	长兴县	99.730
20	澄迈县	99.922	太仓市	99.810	安溪县	99.706
21	余姚市	99.907	福清市	99.806	海门市	99.626
22	石狮市	99.901	潜江市	99.805	永康市	99.589
23	淳安县	99.894	永康市	99.737	樟树市	99.516
24	句容市	99.886	石狮市	99.716	平湖市	99.507
25	新昌县	99.882	庆元县	99.714	庆元县	99.477
26	中宁县	99.831	寿光市	99.642	东台市	99.457
27	平湖市	99.816	常熟市	99.621	惠安县	99.444
28	桐乡市	99.781	南丰县	99.611	澄迈县	99.431
29	永康市	99.777	平湖市	99.604	胶州市	99.383
30	张家港市	99.764	武夷山市	99.596	石狮市	99.375
31	广宗县	99.741	富锦市	99.589	福清市	99.375

续表

排名	2018 年		2019 年		2020 年	
	县（市）	得分	县（市）	得分	县（市）	得分
32	寻乌县	99.681	余姚市	99.513	潜江市	99.345
33	瑞安市	99.660	宁国市	99.480	南县	99.307
34	沭阳县	99.645	昌吉市	99.472	曹县	99.246
35	惠安县	99.617	新昌县	99.463	闽清县	99.224
36	福清市	99.593	东阿县	99.408	昌吉市	99.203
37	温岭市	99.549	澄迈县	99.369	宝应县	99.202
38	太湖县	99.521	淳安县	99.363	灵武市	99.185
39	泗阳县	99.517	惠安县	99.327	宁国市	99.181
40	滦平县	99.493	句容市	99.270	奉节县	99.178
41	普宁市	99.486	邵东市	99.168	中宁县	99.174
42	常熟市	99.469	新兴县	99.146	海盐县	99.139
43	武夷山市	99.456	江阴市	99.125	武夷山市	99.076
44	苍溪县	99.285	乐清市	99.114	富锦市	99.056
45	寿光市	99.217	海盐县	99.109	新兴县	99.052
46	金寨县	99.207	海门市	99.085	乐清市	99.043
47	建瓯市	99.191	奉节县	99.009	寿光市	99.042
48	响水县	99.129	温岭市	98.991	太仓市	98.996
49	兴仁市	99.123	平舆县	98.952	句容市	98.959
50	曹县	99.110	东阳市	98.949	广饶县	98.854
51	诸城市	99.019	建瓯市	98.945	淳安县	98.817
52	武义县	98.910	芜湖县	98.932	广宗县	98.763
53	宁乡市	98.788	新泰市	98.918	宜兴市	98.690
54	福鼎市	98.733	阿拉尔市	98.900	芜湖县	98.659
55	闽清县	98.720	睢宁县	98.899	东阳市	98.644
56	诸暨市	98.691	泗阳县	98.866	嵊州市	98.476

续表

排名	2018 年		2019 年		2020 年	
	县(市)	得分	县(市)	得分	县(市)	得分
57	广饶县	98.649	广饶县	98.854	长丰县	98.408
58	如皋市	98.607	沭阳县	98.831	沭阳县	98.324
59	新津县	98.583	张家港市	98.771	福鼎市	98.306
60	天台县	98.565	胶州市	98.711	泗阳县	98.172
61	江山市	98.536	武义县	98.703	余姚市	98.003
62	宁安市	98.489	新津县	98.587	湄潭县	97.919
63	安溪县	98.483	宝应县	98.482	江阴市	97.910
64	新干县	98.267	大余县	98.362	福安市	97.855
65	东阿县	98.149	广汉市	98.341	张家港市	97.826
66	新兴县	98.093	湄潭县	98.168	宁乡市	97.817
67	建宁县	98.039	长丰县	98.065	江山市	97.295
68	密山市	98.009	安岳县	97.588	贺兰县	97.284
69	胶州市	97.978	天台县	97.547	嵊泗县	97.215
70	庆安县	97.777	曹县	97.432	新津县	97.146
71	华坪县	97.773	盘山县	97.384	石柱县	97.089
72	海盐县	97.750	灵武市	97.382	庐江县	97.028
73	长丰县	97.747	宁晋县	97.367	普宁市	96.918
74	瑞昌市	97.685	闽清县	97.353	泰兴市	96.774
75	奉节县	97.648	庐江县	97.232	新昌县	96.727
76	太仓市	97.552	普宁市	97.164	遵化市	96.659
77	博罗县	97.499	诸城市	97.091	天长市	96.475
78	庆元县	97.395	讷河市	97.070	临泽县	96.258
79	乐清市	97.348	诸暨市	97.059	松滋市	96.188
80	湄潭县	97.346	盐池县	96.980	蓬莱市	96.103
81	德兴市	97.302	桐庐县	96.866	舒城县	96.071

续表

排名	2018 年		2019 年		2020 年	
	县（市）	得分	县（市）	得分	县（市）	得分
82	洛川县	97.060	樟树市	96.692	东阿县	96.047
83	樟树市	97.031	兴化市	96.605	阿拉尔市	95.973
84	平度市	96.968	平度市	96.592	宁晋县	95.955
85	芜湖县	96.931	宁乡市	96.574	龙海市	95.662
86	玉田县	96.892	龙口市	96.422	宜都市	95.387
87	贵溪市	96.800	福鼎市	96.323	天台县	95.300
88	永春县	96.785	贺兰县	96.041	赤壁市	95.231
89	灵武市	96.598	龙海市	95.968	温岭市	95.219
90	和县	96.594	江山市	95.923	永春县	95.077
91	睢宁县	96.523	平和县	95.841	龙游县	94.919
92	邵东市	96.325	大荔县	95.698	盐池县	94.885
93	元谋县	96.114	常山县	95.668	诸暨市	94.827
94	庐江县	95.933	德兴市	95.294	长沙县	94.650
95	长沙县	95.921	泌阳县	95.213	平阳县	94.640
96	榆中县	95.903	象山县	95.210	建瓯市	94.466
97	平舆县	95.863	尤溪县	95.185	潜山市	94.185
98	瓦房店市	95.816	峨眉山市	95.165	上杭县	94.170
99	仙居县	95.714	什邡市	95.073	延吉市	94.123
100	井冈山市	95.614	习水县	94.986	什邡市	94.112

从百强县所属省份来看，河北、内蒙古、黑龙江、江苏、浙江、安徽、福建、江西、山东、湖北、湖南、广东、海南、重庆、四川、贵州、宁夏、新疆 18 个省份在 2018—2020 年均有下辖县（市）在榜；浙江、江苏、福建入榜县（市）在 3 年中均超过 10 个，且逐年增加；其中浙江下辖县（市）在榜数量远超其他省份，3 年占百强县的比例均超过 20%。山西、广西、西藏、青海在 3 年内均未有下辖县（市）进入百强。

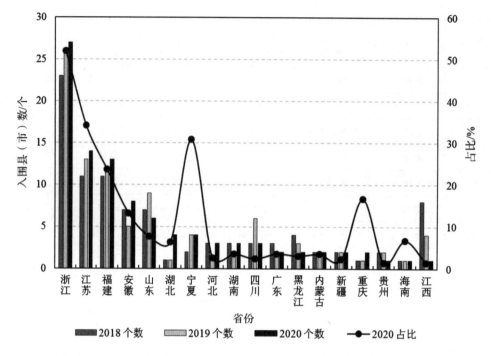

图 10-1   2018—2020 年生产体系百强县省际分布及 2020 年占各自省份县(市)数比例

图 10-1 显示,浙江入选生产体系百强县的数量在 2019 年已经超过了本省所有县(市)总数的 50%,且在 3 年中稳步上升,可见浙江乡村产业在品牌建设、特色发展、数字转型以及科技赋能上较为领先。另外,江苏、宁夏、福建等省份进入百强县的比例也较为可观,特别是宁夏,虽然入榜数量不多,但占其所有县(市)比例在 2019 年开始超过 30%。2020 年,宁夏获建国家农业绿色发展先行区,构建种养结合、优质绿色、精深加工、品牌营销的现代乡村产业生产体系,推动质量兴农、绿色兴农、品牌强农,绘出了乡村高质量发展的"上扬线"。

另外,在 2018—2020 年百强县中,共有 66 个县(市)连续 3 年登榜,其中,常熟市、奉节县、广饶县、海盐县、胶州市、灵武市、瑞安市、睢宁县、土默特左旗、长丰县 3 年内生产体系发展指数逐年上升,阿拉尔市、昌吉市、淳安县、德清县、霍山县、嘉善县、建瓯市、句容市、昆山市、平湖市、普宁市、潜江市、石狮市、沭阳县、泗阳县、天台县、温岭市、新昌县、永康市、余姚市、张家港市、诸暨市的生产体系发展指数逐年下降。

二、县域品牌化发展指数解读

（一）浙闽入榜数量领跑，区域发展特点不一

表 10-2 显示的是 2018—2020 年全国品牌化指标排名前 100 的县（市），可以发现进入百强榜的各县（市）得分均超过 95 分，竞争激烈。内蒙古的土默特左旗、和林格尔县，黑龙江的五常市在 2018—2020 年蝉联榜单前三。可见，这 3 个县（市）在生产体系品牌化发展中又快又稳，且与一级指标产业体系的排名相差不大。

表 10-2   2018—2020 年品牌化发展指数百强县

排名	2018 年县（市）	2018 年得分	2019 年县（市）	2019 年得分	2020 年县（市）	2020 年得分
1	土默特左旗	100.000	土默特左旗	100.000	土默特左旗	100.000
2	和林格尔县	100.000	和林格尔县	100.000	和林格尔县	100.000
3	五常市	100.000	五常市	100.000	五常市	100.000
4	太湖县	100.000	习水县	100.000	治多县	100.000
5	金寨县	100.000	昆山市	100.000	福鼎市	99.999
6	习水县	100.000	太湖县	100.000	武夷山市	99.999
7	昌吉市	100.000	寿光市	99.997	仁怀市	99.994
8	张家港市	99.999	昌吉市	99.997	樟树市	99.992
9	仁布县	99.998	武夷山市	99.995	习水县	99.991
10	德清县	99.997	广饶县	99.988	寿光市	99.985
11	福清市	99.996	高唐县	99.972	太湖县	99.985
12	广饶县	99.993	双湖县	99.971	昌吉市	99.959
13	嘉善县	99.993	张家港市	99.969	霍山县	99.952
14	可克达拉市	99.991	宜兴市	99.966	昆山市	99.944
15	寿光市	99.990	樟树市	99.960	广饶县	99.933

续表

排名	2018 年县(市)	2018 年得分	2019 年县(市)	2019 年得分	2020 年县(市)	2020 年得分
16	樟树市	99.988	晋江市	99.951	晋江市	99.923
17	长海县	99.988	仁怀市	99.937	张家港市	99.921
18	澄迈县	99.985	仁布县	99.936	仁布县	99.911
19	福鼎市	99.981	福鼎市	99.889	洪雅县	99.902
20	海门市	99.950	安溪县	99.878	安溪县	99.845
21	和县	99.930	德清县	99.863	澄迈县	99.836
22	垫江县	99.927	长海县	99.843	勐海县	99.739
23	晋江市	99.900	洪雅县	99.835	德清县	99.736
24	云霄县	99.894	揭西县	99.828	绵竹市	99.688
25	阿拉尔市	99.860	忠县	99.827	峨眉山市	99.572
26	绵竹市	99.808	奉节县	99.817	武义县	99.559
27	伊宁县	99.802	龙口市	99.804	长海县	99.550
28	宜兴市	99.782	东阿县	99.750	揭西县	99.469
29	永宁县	99.758	福清市	99.723	金寨县	99.435
30	西充县	99.716	绵竹市	99.689	肇源县	99.427
31	新干县	99.675	嘉善县	99.677	焉耆县	99.369
32	凤庆县	99.663	峨眉山市	99.627	安化县	99.293
33	砚山县	99.645	东阳市	99.625	高唐县	99.268
34	尤溪县	99.629	瑞安市	99.593	龙口市	99.243
35	商河县	99.628	瑞丽市	99.489	桦川县	99.172
36	永昌县	99.579	海盐县	99.396	贺兰县	99.167
37	奉节县	99.564	白玉县	99.360	瑞安市	99.148
38	瓦房店市	99.560	讷河市	99.359	嘉善县	99.015
39	义乌市	99.558	庐江县	99.351	福清市	98.938
40	长丰县	99.557	和县	99.288	鹤峰县	98.936

续表

排名	2018 年 县（市）	2018 年 得分	2019 年 县（市）	2019 年 得分	2020 年 县（市）	2020 年 得分
41	宁安市	99.552	东台市	99.276	潜山市	98.933
42	云梦县	99.542	伊宁市	99.267	繁昌县	98.924
43	昆山市	99.540	繁昌县	99.164	东阳市	98.875
44	浏阳市	99.537	安吉县	99.164	惠安县	98.863
45	胶州市	99.486	惠安县	99.138	桐乡市	98.821
46	惠安县	99.472	中宁县	99.124	伊宁市	98.779
47	东港市	99.470	寿县	99.105	海盐县	98.681
48	五峰县	99.417	康平县	99.078	海门市	98.638
49	互助县	99.356	遂昌县	99.063	东阿县	98.620
50	白玉县	99.301	平和县	99.041	芜湖县	98.542
51	龙江县	99.299	上杭县	99.034	忠县	98.537
52	修武县	99.219	太仓市	99.024	瑞丽市	98.458
53	石狮市	99.105	砚山县	98.966	遂昌县	98.438
54	松滋市	98.994	海门市	98.853	松滋市	98.396
55	榆树市	98.947	金寨县	98.768	克东县	98.384
56	琼海市	98.900	新民市	98.758	庐江县	98.356
57	滦平县	98.610	澄迈县	98.756	讷河市	98.266
58	勐海县	98.607	铁力市	98.737	庆元县	98.192
59	武夷山市	98.557	江阴市	98.718	青县	98.143
60	敦化市	98.479	肇源县	98.669	五峰县	98.094
61	潜江市	98.479	富锦市	98.553	平和县	98.056
62	法库县	98.336	安化县	98.450	南和县	97.965
63	庆元县	98.315	勐海县	98.388	淳安县	97.939
64	高唐县	98.162	阳谷县	98.335	浦江县	97.887
65	繁昌县	98.112	延寿县	98.319	新平县	97.786

续表

排名	2018 年县(市)	2018 年得分	2019 年县(市)	2019 年得分	2020 年县(市)	2020 年得分
66	翁源县	98.101	垫江县	98.315	平阴县	97.633
67	元谋县	97.984	可克达拉市	98.284	宁安市	97.573
68	洛川县	97.951	平阴县	98.232	牟定县	97.568
69	东阿县	97.918	庆元县	98.161	宜兴市	97.496
70	沂南县	97.910	阿拉尔市	98.102	和县	97.360
71	永修县	97.894	泗水县	98.090	中宁县	97.314
72	双湖县	97.813	义乌市	98.032	奉节县	97.284
73	喀喇沁旗	97.786	南丹县	97.976	寿县	97.236
74	玉田县	97.773	石狮市	97.928	永宁县	97.204
75	霍山县	97.729	云霄县	97.906	上杭县	97.150
76	罗甸县	97.595	长丰县	97.764	云霄县	97.128
77	仁怀市	97.581	宁国市	97.658	舒兰市	96.976
78	安吉县	97.545	仙游县	97.567	龙江县	96.974
79	建湖县	97.500	尤溪县	97.495	仙游县	96.920
80	揭西县	97.325	库尔勒市	97.425	双湖县	96.890
81	淳安县	97.256	嵩明县	97.354	砚山县	96.837
82	苍溪县	97.234	瓦房店市	97.190	安吉县	96.820
83	新郑市	97.233	宝清县	97.127	延寿县	96.793
84	龙海市	97.065	龙江县	97.031	江阴市	96.605
85	海宁市	96.885	东方市	96.996	太仓市	96.505
86	武义县	96.857	惠东县	96.944	东方市	96.502
87	邻水县	96.690	来安县	96.915	石狮市	96.498
88	长兴县	96.508	桐庐县	96.906	莘县	96.442
89	疏附县	96.429	浏阳市	96.622	东台市	96.416
90	寿县	96.379	霍山县	96.595	库尔勒市	96.064

续表

排名	2018 年 县(市)	2018 年 得分	2019 年 县(市)	2019 年 得分	2020 年 县(市)	2020 年 得分
91	江山市	96.324	虎林市	96.548	垫江县	95.984
92	平乐县	96.319	岳池县	96.542	宁国市	95.969
93	汝州市	96.267	新郑市	96.520	嵩明县	95.861
94	什邡市	96.196	博爱县	96.372	宁乡市	95.826
95	桐乡市	96.134	禹城市	96.350	可克达拉市	95.824
96	怀仁市	96.067	阜康市	96.276	西充县	95.817
97	昆玉市	96.029	普宁市	95.923	古田县	95.450
98	永康市	95.992	盱眙县	95.907	新干县	95.378
99	内黄县	95.986	莘县	95.863	景洪市	95.259
100	富县	95.966	同江市	95.718	南丹县	95.160

　　从百强县的地域分布(见图 10-2)来看,浙江和福建入榜县(市)数量最多,浙江 2018—2020 年分别达到了 12 个、10 个、12 个,福建分别为 9 个、12个、12 个;在其之后为山东、安徽两省,3 年进入百强县榜单的县(市)均超过7 个,其中安徽的百强县数量逐年增加。黑龙江在 2019 年表现优秀,入榜县(市)达 10 个。浙江、福建、山东、安徽、黑龙江 5 省在 2018—2020 年间的百强县占比分别达到了 38%、52%、49%,少数省份占比较大的情况随着时间的推移愈加明显。

　　从 2018—2020 年百强县名单的稳定性来看,百强县中有 44 个县(市)连续 3 年进入榜单,占比达到了 44%。另外,山西、甘肃两省只有 2018 年有一个下辖县(市)进入榜单,后续 2 年均未有县(市)入榜。2019 年新入榜县(市)数为 48 个,2020 年新入榜县(市)数 26 个,说明品牌化的区域稳定性越来越强。浙江 2019 年共有 7 个下辖县(市)退出榜单,并新入榜 5 个县(市),为 2019 年退出县(市)最多的省份。2020 年退出县(市)最多的是黑龙江,共有 5 个。我们还可以发现,2019 年新入榜县(市)数最多的省份为黑龙江,共有 8 个县(市);2020 年为浙江,共有 4 个县(市)。

从百强县在其各自省份的占比来看,重庆在 2018—2020 年的占比分别为 16.67%、25.00%、25.00%,逐年升高,发展态势良好;浙江紧随其后,3 年占比分别为 23.08%、19.23%、23.08%,两省份均处于全国领先地位。福建 2018—2020 年的百强县占比呈升高趋势,于 2019 年达到了最高值 21.82%,且在 2020 年保持稳定。另外,2020 年宁夏的占比情况令人惊喜,较 2019 年增长了约 15 个百分点,与浙江一同位居第 2。宁夏品牌化发展之所以取得突出成效,得益于其特色产业品牌工程的实施。宁夏以做强品牌为抓手,加快创建国家特色农产品优势区,集中打造了中宁枸杞、贺兰山东麓葡萄酒、宁夏菜心等一批区域公用品牌,培育了一批企业知名品牌和名特优新产品品牌。宁夏各类特色农业品牌达 317 个,具有绿色食品、有机农产品、农产品地理标志认证的农产品达 687 个,创建中国特色农产品优势区 7 个。高端化、差异化、特色化的品牌创建之路,使众多绿色、有机、高质的品牌农产品组成宁夏现代乡村产业的"全新矩阵"。

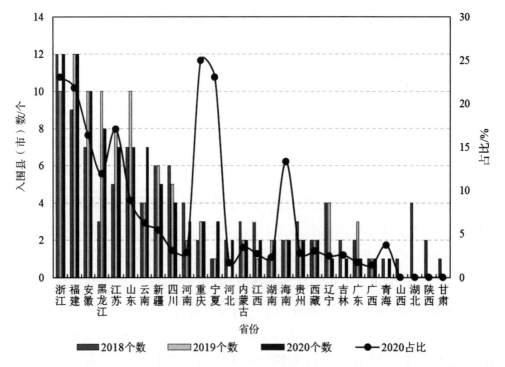

图 10-2　2018—2020 年品牌化发展指数百强县省际分布及 2020 年占各自省份县(市)数比例

（二）东中两地态势良好,吉鄂桂琼逐年进步

图 10-3(a)至图 10-3(d)显示了全国各省份下辖县(市)品牌化发展指数排名分布情况。图中框型将排名的四分位进行标注,从左向右的竖线分别代表第一四分位、中位数、第三四分位,框型的横向长度即四分差反映了排名的集中程度,3 个年份的框型位置反映了排名的变动情况。下辖县(市)排名主要集中在前 500 名的省份:黑龙江、江苏、浙江、安徽、福建、重庆;下辖县(市)排名主要集中在 500—1000 名的省份:河北、内蒙古、辽宁、吉林、江西、山东、湖北、湖南、广东、海南、四川、云南、青海、新疆、宁夏;下辖县(市)的排名主要集中在 1000—1500 名的省份:山西、河南、陕西;下辖县(市)排名主要集中在 1500 名以后:广西、贵州、西藏、甘肃。

进一步观察可知,对比 2018—2020 年,排名趋势前进的省份有吉林、湖北、广西、海南;排名趋势总体后退的省份有河北、山东、四川、新疆;其余省份排名趋势总体不变。

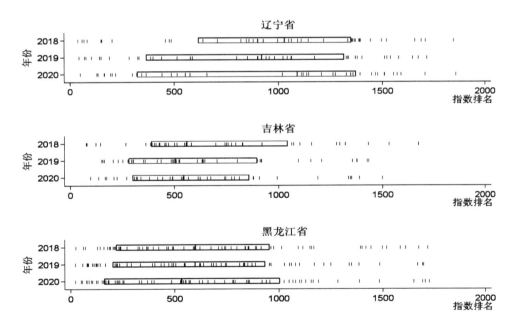

图 10-3(a) 2018—2020 年东北地区各省份下辖县(市)品牌化发展指数分布情况

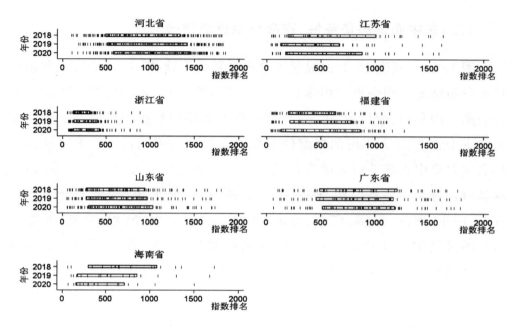

图 10-3(b)　2018—2020 年东部地区各省份下辖县(市)品牌化发展指数分布情况

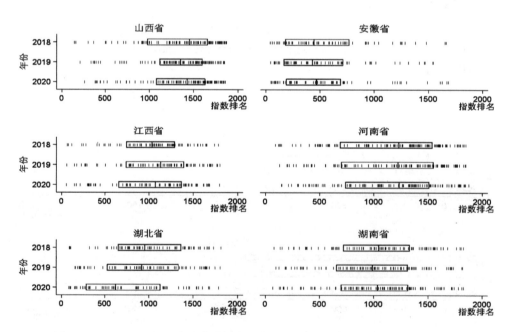

图 10-3(c)　2018—2020 年中部地区各省份下辖县(市)品牌化发展指数分布情况

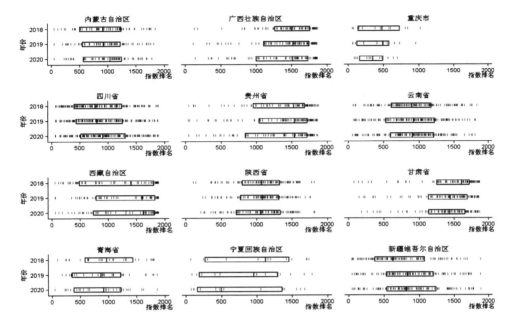

图 10-3(d)　2018—2020 年西部地区各省份下辖县(市)品牌化发展指数分布情况

三、县域特色化发展指数解读①

东部地区实力靠前,渝藏两地有所退步。图 10-4(a)至图 10-4(d)可以看出全国各省份下辖县(市)特色化的排名分布情况。图中框型将排名的四分位进行标注,从左向右的竖线分别代表第一四分位、中位数、第三四分位,框型的横向长度即四分差反映了排名的集中程度,3 个年份的框型位置反映了排名的变动情况。

下辖县(市)排名主要集中在前 1000 名的省份包括了东北、东部所有的省份以及中部的安徽、河南,西部的重庆、宁夏;下辖县(市)排名主要集中在 1000—1500 名的省份包括了山西、江西、湖南、内蒙古、广西、四川、贵州、云南、西藏、陕西、甘肃、青海、新疆。

进一步观察可知,对比 2018—2020 年,排名趋势前进的省份有江苏、福

---

① 本小节同第九章特色化处理方式一致。

建、安徽、湖北、广西、陕西、宁夏;排名趋势总体后退的省份有海南、山西、重庆、云南、西藏;其余省份排名趋势无明显前进或是后退。

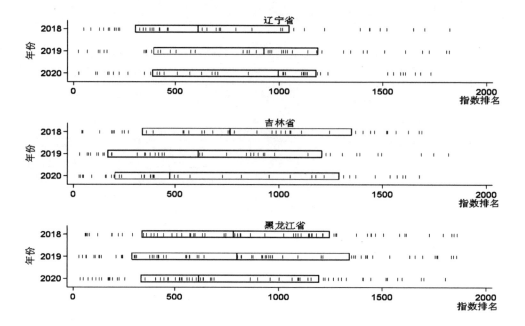

图 10-4(a)　2018—2020 年东北地区各省份下辖县(市)特色化发展指数分布情况

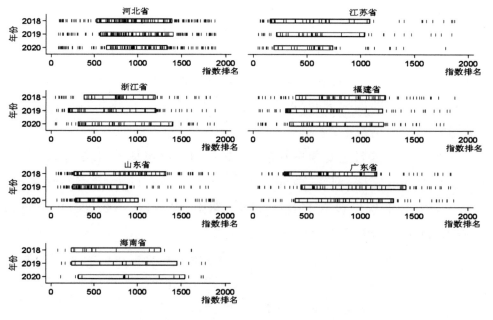

图 10-4(b)　2018—2020 年东部地区各省份下辖县(市)特色化发展指数分布情况

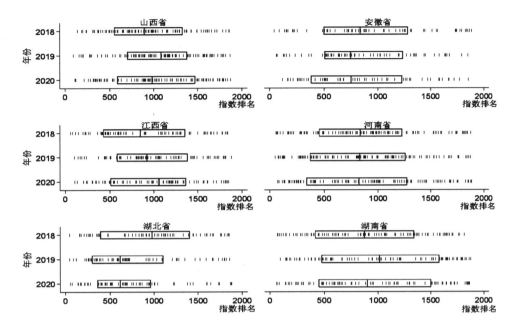

图 10-4(c) 2018—2020 年中部地区各省份下辖县(市)特色化发展指数分布情况

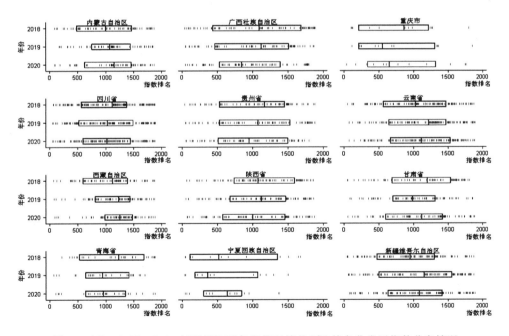

图 10-4(d) 2018—2020 年西部地区各省份下辖县(市)特色化发展指数分布情况

四、县域数字化发展指数解读

(一)浙江发展首屈一指,百强榜单集中化明显

表 10-3 显示的是 2018—2020 年全国数字化发展指数排名前 100 的县(市)。上榜县(市)得分均超过 80 分。具体来看,浙江下辖的义乌市、永康市、慈溪市、乐清市,山东下辖的曹县,江苏下辖的睢宁县连续 3 年得分 100分,并占据榜首位置。此外,浙江温岭市、瑞安市、海宁市以及江苏沭阳县也有满分经历。整体来看,县域层面上,浙江数字化发展水平在全国首屈一指。

表 10-3　2018—2020 年数字化发展指数百强县

排名	2018 年县(市)	2018 年得分	2019 年县(市)	2019 年得分	2020 年县(市)	2020 年得分
1	义乌市	100.000	义乌市	100.000	义乌市	100.000
2	永康市	100.000	永康市	100.000	永康市	100.000
3	曹县	100.000	曹县	100.000	曹县	100.000
4	慈溪市	100.000	慈溪市	100.000	慈溪市	100.000
5	睢宁县	100.000	睢宁县	100.000	睢宁县	100.000
6	乐清市	100.000	乐清市	100.000	乐清市	100.000
7	温岭市	100.000	温岭市	100.000	温岭市	99.999
8	瑞安市	100.000	沭阳县	100.000	海宁市	99.999
9	海宁市	99.997	海宁市	100.000	沭阳县	99.999
10	沭阳县	99.997	瑞安市	99.999	晋江市	99.991
11	晋江市	99.991	晋江市	99.998	常熟市	99.982
12	常熟市	99.870	常熟市	99.993	瑞安市	99.969
13	天台县	99.659	桐乡市	99.706	桐乡市	99.906
14	余姚市	99.631	苍南县	99.662	南安市	99.832

排名	2018 年县（市）	2018 年得分	2019 年县（市）	2019 年得分	2020 年县（市）	2020 年得分
15	普宁市	99.595	安溪县	99.616	安溪县	99.804
16	苍南县	99.224	天台县	99.609	普宁市	99.746
17	桐乡市	99.177	南安市	99.481	天台县	99.718
18	安溪县	99.138	余姚市	99.428	余姚市	99.643
19	南安市	98.949	诸暨市	98.795	闽侯县	98.987
20	永嘉县	98.813	闽侯县	98.359	苍南县	98.290
21	闽侯县	98.542	永嘉县	98.302	诸暨市	98.121
22	诸暨市	98.342	石狮市	98.217	霸州市	98.110
23	石狮市	98.261	霸州市	97.608	永嘉县	98.032
24	江阴市	97.241	江阴市	97.394	惠安县	97.592
25	昆山市	96.373	普宁市	97.363	清河县	97.376
26	宜兴市	95.620	临海市	96.058	昆山市	97.149
27	清河县	95.193	安吉县	95.951	临海市	97.120
28	高邮市	94.598	昆山市	95.882	江阴市	96.927
29	单县	94.533	平阳县	95.342	安吉县	96.573
30	平阳县	94.281	长沙县	95.041	平阳县	96.561
31	长沙县	94.279	高邮市	94.946	石狮市	96.313
32	临海市	94.075	单县	94.707	长沙县	96.240
33	郓城县	93.985	宜兴市	94.481	仙游县	95.985
34	博罗县	93.909	晋州市	93.962	胶州市	95.883
35	霸州市	93.240	胶州市	93.782	高邮市	95.761
36	博兴县	92.647	澄迈县	93.723	单县	95.727
37	胶州市	92.070	博罗县	93.544	澄迈县	95.640
38	惠安县	91.120	清河县	93.063	博兴县	95.312

续表

排名	2018年县(市)	2018年得分	2019年县(市)	2019年得分	2020年县(市)	2020年得分
39	新沂市	91.111	惠安县	92.725	宜兴市	95.216
40	鄄城县	91.075	张家港市	91.370	鄄城县	95.033
41	太仓市	90.965	新郑市	91.285	郓城县	94.699
42	仙游县	90.872	新沂市	91.176	晋州市	94.627
43	新郑市	90.799	龙海市	91.106	张家港市	93.579
44	昌吉市	90.258	博兴县	91.038	南宫市	93.529
45	平乡县	90.172	郓城县	90.826	新沂市	92.748
46	安吉县	90.099	宁海县	90.339	容城县	92.413
47	平湖市	89.879	仙游县	90.280	平湖市	92.263
48	澄迈县	89.876	平湖市	90.267	正定县	92.209
49	晋州市	89.755	太仓市	90.059	沛县	92.085
50	沛县	89.699	沛县	90.057	博罗县	91.933
51	霍尔果斯市	89.613	昌吉市	89.744	寿光市	91.537
52	张家港市	89.470	福安市	89.636	太仓市	91.428
53	德化县	89.437	容城县	89.236	新郑市	91.212
54	定州市	89.031	西昌市	89.157	福清市	90.944
55	惠东县	88.967	正定县	89.018	成武县	90.919
56	石河子市	88.705	寿光市	88.999	龙海市	90.837
57	武义县	88.696	滕州市	88.692	丹阳市	90.786
58	宁海县	88.524	库尔勒市	88.638	福安市	90.733
59	库尔勒市	88.407	成武县	88.398	西昌市	90.642
60	寿光市	87.748	东阳市	88.378	滕州市	90.426
61	高碑店市	87.712	安丘市	88.357	德清县	90.361
62	桐庐县	87.598	任丘市	88.254	东阳市	90.296

排名	2018 年 县(市)	2018 年 得分	2019 年 县(市)	2019 年 得分	2020 年 县(市)	2020 年 得分
63	嘉善县	87.563	石河子市	88.225	东海县	90.053
64	浦江县	87.402	丹阳市	88.046	昌吉市	89.803
65	成武县	87.059	定州市	87.888	库尔勒市	89.801
66	无棣县	86.886	高碑店市	87.569	兴化市	89.760
67	龙海市	86.689	福清市	87.530	宁海县	89.589
68	西昌市	86.505	浦江县	87.204	巨野县	89.364
69	正定县	86.311	鄄城县	87.188	海盐县	89.297
70	江油市	86.236	桐庐县	87.160	天长市	89.162
71	福清市	86.017	惠民县	86.886	定州市	88.574
72	福安市	86.008	天长市	86.881	莱西市	88.382
73	天长市	85.962	江油市	86.790	安丘市	88.370
74	宁乡市	85.719	嘉善县	86.355	浦江县	88.296
75	安丘市	85.620	宝应县	86.322	任丘市	88.164
76	伊宁市	85.415	浏阳市	86.223	长兴县	88.114
77	容城县	85.298	青州市	86.199	惠民县	88.056
78	青州市	85.187	德清县	86.161	浏阳市	87.918
79	任丘市	85.127	无棣县	85.875	丰县	87.657
80	海盐县	85.104	平潭县	85.863	肥东县	87.489
81	泗阳县	85.055	都江堰市	85.765	平度市	87.462
82	平潭县	85.032	海盐县	85.679	石河子市	87.439
83	东阳市	84.990	惠东县	85.663	桐庐县	87.431
84	灌云县	84.974	德化县	85.629	青州市	87.177
85	平度市	84.875	平度市	85.550	江油市	86.781
86	兴化市	84.793	宁乡市	85.383	肥西县	86.689

续表

排名	2018 年县(市)	2018 年得分	2019 年县(市)	2019 年得分	2020 年县(市)	2020 年得分
87	海安市	84.696	东海县	85.023	嘉善县	86.414
88	浏阳市	84.633	长葛市	85.013	泰兴市	86.214
89	阿克苏市	84.437	恩施市	84.995	无棣县	86.095
90	南城县	84.202	肥东县	84.978	南昌县	85.556
91	兴义市	84.001	新泰市	84.934	诸城市	85.424
92	新泰市	83.928	南昌县	84.873	宝应县	85.293
93	恩施市	83.815	长兴县	84.786	宁乡市	85.273
94	丹阳市	83.653	平乡县	84.729	都江堰市	85.240
95	肥东县	83.455	霍尔果斯市	84.483	灌云县	84.957
96	宝应县	83.278	兴化市	84.471	喀什市	84.927
97	临沭县	83.185	肥西县	84.192	长葛市	84.894
98	喀什市	83.109	兴义市	84.173	长丰县	84.828
99	德清县	83.097	灌云县	84.161	德化县	84.798
100	邹城市	82.943	玉田县	83.443	霍尔果斯市	84.760

从百强县的地域分布(见图 10-5)来看,浙江进入百强县榜单的县(市)数量最多,2018—2020 年共达到了 26 个。在其之后为江苏和山东,两省进入百强县榜单的县(市)均为 20 个,进入榜单县(市)超过 10 个的省份还有河北、福建。以上省份中山东的百强县数量呈现逐年增加的趋势。浙江、江苏、山东、河北、福建 5 省在 2018—2020 年间的百强县占比分别达到了78%、78%、79%,百强县明显集中化,并且越来越集中于几个省份。另外,中西部以及东北一些省份如山西、内蒙古、辽宁、吉林、黑龙江均无下辖县(市)入榜。

从百强县在其各自省份的占比来看,浙江在 2018—2020 年的占比每年稳定在 48.08%,牢牢地占据着全国排行榜第 1 的位置,极具竞争力,可见浙江县域数字农业农村发展水平领跑全国。排在第 2 位的是江苏,其 2020

年的百强县占比较 2018 年升高了 2 个百分点。排名第 3 的山东虽然比第 4 名福建的百强县数量多,但由于山东的下辖县(市)较多,占比情况与福建比较接近。

从 2018—2020 年百强县名单的稳定性来看,百强县中有 84 个县(市)连续 3 年进入榜单。在 2020 年的百强县榜单中,有 7 个县(市)第一次出现。此外,山东滕州、惠民,四川都江堰,江苏东海,河南长葛,江西南昌,浙江长兴,安徽肥西均是在 2019 年冲进百强并稳定在 2020 年的榜单中。新疆喀什在 2019 年退出榜单后又于 2020 年重返百强。湖北恩施、海南澄迈、贵州兴义均是各自省份唯一进入百强的下辖县(市),其中湖北恩施和贵州兴义于 2020 年无缘百强。

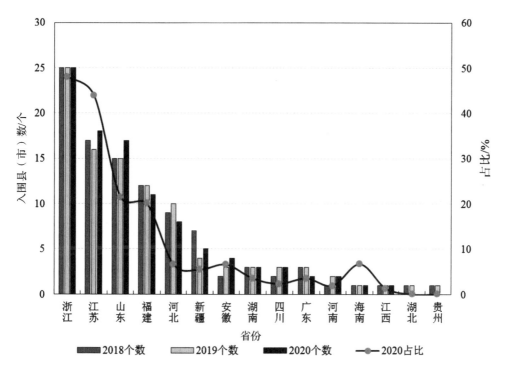

图 10-5　2018—2020 年数字化发展指数百强县省际分布及 2020 年占各自省份县(市)数比例

(二)经济强省实力雄厚,浙鲁川三省稳步向前

图 10-6(a)至图 10-6(d)可以看出全国各省份下辖县(市)数字化发展指

数的排名分布情况。图中框型将排名的四分位进行标注,从左向右的竖线分别代表第一四分位、中位数、第三四分位,框型的横向长度即四分差反映了排名的集中程度,3 个年份的框型位置反映了排名的变动情况。

下辖县(市)排名主要集中在前 500 名的省份:江苏、浙江、福建、山东、重庆、安徽;下辖县(市)排名主要集中在 500—1000 名的省份:河北、吉林、江西、河南、湖北、湖南、广东、海南、贵州;下辖县(市)的排名主要集中在 1000—1500 名的省份:山西、内蒙古、辽宁、黑龙江、广西、四川、云南、陕西、甘肃、宁夏、新疆;下辖县(市)排名主要集中在 1500 名以后:西藏、青海。通过各名次区段省份数统计可以发现,排名整体上呈现出正态分布。

进一步观察可知,对比 2018—2020 年,排名趋势前进的省份有浙江、山东、四川;排名趋势总体后退的省份有河北、湖北、云南、西藏、新疆;其余省份排名趋势总体不变。

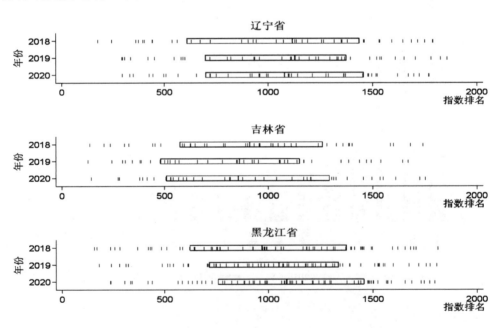

图 10-6(a)　2018—2020 年东北地区各省份下辖县(市)数字化发展指数分布情况

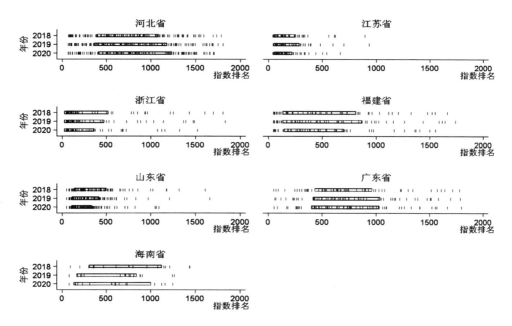

图 10-6(b)　2018—2020 年东部地区各省份下辖县（市）数字化发展指数分布情况

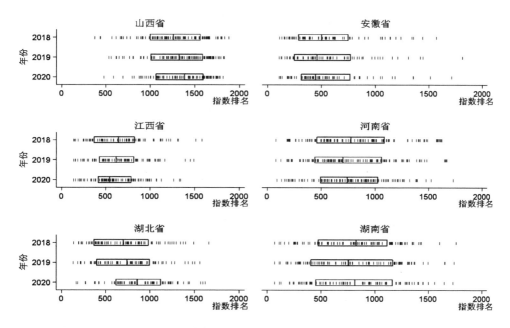

图 10-6(c)　2018—2020 年中部地区各省份下辖县（市）数字化发展指数分布情况

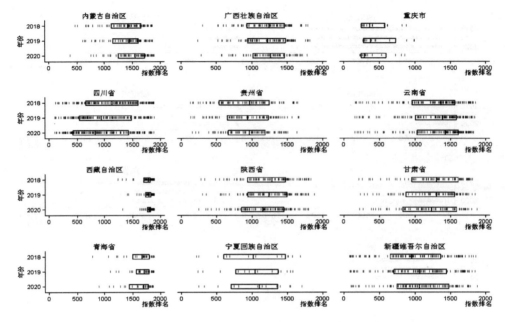

图 10-6(d) 2018—2020 年西部地区各省份下辖县(市)数字化发展指数分布情况

五、县域科技化发展指数解读

(一)安吉崇州德清难分胜负,县域百强榜单常换常新

表 10-4 显示的是 2018—2020 年全国科技化发展指数排名前 100 的县(市)。可以看到,得分在 95 分以上是进入百强县的门槛条件。具体来看,浙江安吉、德清,四川崇州连续 3 年排名榜首。2018 年,浙江长兴、德清、新昌,江西寻乌,河北广宗并列全国第 1;2020 年,内蒙古土默特左旗、河北广宗、浙江嵊泗并列第 1。另外,吉林、黑龙江、青海 3 省份在 2018—2020 年内无一县(市)入榜。

表 10-4　2018—2020 年科技化发展指数百强县

排名	2018 年县（市）	2018 年得分	2019 年县（市）	2019 年得分	2020 年县（市）	2020 年得分
1	安吉县	100.000	安吉县	100.000	安吉县	100.000
2	崇州市	100.000	崇州市	100.000	崇州市	100.000
3	德清县	100.000	德清县	100.000	德清县	100.000
4	长兴县	100.000	长兴县	100.000	嘉善县	100.000
5	新昌县	100.000	新昌县	100.000	嵊泗县	100.000
6	寻乌县	100.000	土默特左旗	100.000	土默特左旗	100.000
7	广宗县	100.000	嘉善县	100.000	广宗县	100.000
8	闻喜县	100.000	邵东市	100.000	平湖市	100.000
9	南丰县	100.000	南丰县	100.000	长兴县	99.999
10	庆元县	99.999	嵊泗县	100.000	龙游县	99.995
11	德兴市	99.999	桐乡市	99.999	闽清县	99.995
12	贵溪市	99.998	闻喜县	99.999	和林格尔县	99.994
13	霍山县	99.998	乐安县	99.999	新昌县	99.994
14	嘉善县	99.998	全南县	99.998	庆元县	99.993
15	石狮市	99.990	平湖市	99.998	桐乡市	99.988
16	新津县	99.989	襄城县	99.998	石狮市	99.986
17	新干县	99.988	德兴市	99.997	远安县	99.975
18	响水县	99.988	庆元县	99.996	海盐县	99.974
19	平湖市	99.987	龙游县	99.987	墨脱县	99.972
20	嵊泗县	99.977	石狮市	99.986	漳县	99.966
21	土默特左旗	99.972	广宗县	99.963	海宁市	99.953
22	桐乡市	99.970	大余县	99.954	宁国市	99.952
23	安义县	99.967	闽清县	99.953	晋江市	99.924
24	江山市	99.966	天峨县	99.950	惠安县	99.924
25	鹤山市	99.952	石城县	99.937	金湖县	99.899
26	海宁市	99.951	惠安县	99.928	崇义县	99.858
27	惠安县	99.939	海盐县	99.923	东阳市	99.845

续表

排名	2018 年县(市)	2018 年得分	2019 年县(市)	2019 年得分	2020 年县(市)	2020 年得分
28	淳安县	99.939	淳安县	99.919	岱山县	99.792
29	晋江市	99.937	海宁市	99.909	安远县	99.784
30	和林格尔县	99.928	霍山县	99.905	屯昌县	99.771
31	溪湖区	99.925	太仓市	99.896	常熟市	99.764
32	万安县	99.925	晋江市	99.858	井冈山市	99.750
33	昆山市	99.878	宁国市	99.844	广饶县	99.739
34	泰宁县	99.871	准格尔旗	99.827	瑞安市	99.709
35	海盐县	99.867	和林格尔县	99.812	将乐县	99.573
36	井冈山市	99.833	新津县	99.802	什邡市	99.552
37	宁化县	99.831	上犹县	99.764	临泽县	99.548
38	闽清县	99.801	将乐县	99.755	华安县	99.510
39	瑞昌市	99.796	福清市	99.744	鹤山市	99.505
40	宁国市	99.786	平舆县	99.744	江山市	99.485
41	昌吉市	99.765	江山市	99.727	义乌市	99.476
42	博罗县	99.759	义乌市	99.725	淳安县	99.454
43	长葛市	99.748	东阳市	99.719	福清市	99.429
44	太仓市	99.703	广汉市	99.710	太仓市	99.383
45	常熟市	99.703	新泰市	99.706	德兴市	99.368
46	西华县	99.701	什邡市	99.689	泗阳县	99.354
47	义乌市	99.563	泗阳县	99.578	灵武市	99.297
48	宁县	99.558	东阿县	99.573	霍山县	99.266
49	青河县	99.541	博罗县	99.403	四会市	99.202
50	中宁县	99.529	桐庐县	99.275	武义县	99.158
51	四会市	99.376	中宁县	99.253	扬中市	99.025
52	通海县	99.373	青河县	99.216	昆山市	98.960
53	本溪县	99.365	鹤山市	99.146	博罗县	98.778
54	铁门关市	99.357	湄潭县	99.067	深泽县	98.606

排名	2018 年县(市)	2018 年得分	2019 年县(市)	2019 年得分	2020 年县(市)	2020 年得分
55	邵东市	99.316	四会市	99.065	香河县	98.468
56	漳平市	99.272	昆山市	99.037	宜都市	98.417
57	如皋市	99.206	安义县	99.033	内乡县	98.408
58	兴国县	98.938	翁牛特旗	99.016	汉川市	98.353
59	张家港市	98.936	永春县	98.993	泰宁县	98.303
60	石台县	98.907	临泽县	98.990	新兴县	98.147
61	福清市	98.833	南城县	98.934	句容市	98.134
62	永丰县	98.792	石台县	98.930	桐庐县	98.105
63	桐庐县	98.742	漳平市	98.739	德安县	98.094
64	什邡市	98.728	常熟市	98.679	海安市	98.050
65	新兴县	98.723	溪湖区	98.676	顺昌县	97.990
66	资溪县	98.646	霍州市	98.637	嵩明县	97.920
67	嵩明县	98.545	广饶县	98.635	云和县	97.914
68	永春县	98.463	光山县	98.556	松滋市	97.905
69	开化县	98.422	昌吉市	98.534	石台县	97.840
70	湄潭县	98.396	龙海市	98.405	溪湖区	97.620
71	山丹县	98.376	嵩明县	98.316	仁布县	97.501
72	济源市	98.369	寻乌县	98.298	临颍县	97.470
73	余姚市	98.311	井冈山市	98.276	上犹县	97.448
74	丹阳市	98.146	泌阳县	98.192	青河县	97.320
75	炉霍县	97.969	武宁县	98.183	湄潭县	97.275
76	贺兰县	97.792	弋阳县	97.969	繁昌县	97.240
77	天台县	97.672	和顺县	97.951	罗源县	97.157
78	灵武市	97.430	长泰县	97.812	樟树市	97.156
79	句容市	97.413	山丹县	97.795	金溪县	97.148
80	青铜峡市	97.398	澄江市	97.749	睢县	97.005
81	吴川市	97.375	余姚市	97.748	雄县	96.949

续表

排名	2018年县(市)	2018年得分	2019年县(市)	2019年得分	2020年县(市)	2020年得分
82	长泰县	97.297	天台县	97.689	奉节县	96.923
83	阜宁县	97.285	佛冈县	97.666	龙南县	96.899
84	大余县	97.170	岱山县	97.581	长泰县	96.799
85	华蓥市	97.107	固始县	97.547	辛集市	96.795
86	崇义县	96.843	瑞昌市	97.518	新乡县	96.738
87	定南县	96.726	翁源县	97.510	石城县	96.704
88	金溪县	96.706	郎溪县	97.124	唐河县	96.699
89	江阴市	96.687	开化县	96.892	神农架林区	96.625
90	乳源县	96.676	灵武市	96.834	玉田县	96.601
91	泗阳县	96.627	龙南县	96.784	常山县	96.557
92	邛崃市	96.626	金溪县	96.762	青田县	96.514
93	察哈尔右翼中旗	96.595	张家港市	96.760	新津县	96.494
94	东阳市	96.574	瑞安市	96.678	吴桥县	96.493
95	大邑县	96.428	金塔县	96.561	高安市	96.317
96	临泽县	96.390	峨山县	96.514	松阳县	96.270
97	长垣市	96.137	万安县	96.510	兰溪市	96.254
98	邹平市	96.082	丹阳市	96.397	商南县	96.171
99	胶州市	96.062	樟树市	96.254	射阳县	96.143
100	福海县	95.941	全椒县	95.992	东阿县	95.764

　　从百强县的地域分布(见图 10-7)来看,浙江进入百强县榜单的县(市)数量最多,2018—2020 年分别达到了 19 个、22 个、25 个;在其之后为江西、福建,两省进入百强县榜单的县(市)均超过 10 个,且入榜下辖县(市)数量逐年增加;江苏排名第 4,并在 2018 年入榜县(市)数超过 10 个。浙江、江西、福建、江苏 4 省在 2018—2020 年间的百强县占比之和均为 56%,可见从县(市)层面来看,各省份的发展水平仍有较大差距,东部地区的发展程度

领先全国。

从百强县在其各自省份的占比来看,浙江在 2018—2020 年的占比分别为 36.54％、42.31％、48.08％,呈逐年提升的态势,科技化在全省范围内推广前景可观。排在第 2 位的是江西,其在 2018—2019 年发展势头良好,但在 2020 年下跌幅度较大,于 2020 年达到了低谷 15.07％。排名第 3 的为福建,整体发展轨迹呈提升姿态,但较为缓慢。江苏虽然在下辖县(市)入榜个数上未进入前 3 名,但占比情况好于 2018 年和 2020 年的江西与福建两省。

从 2018—2020 年百强县名单的稳定性来看,百强县中有 47 个县(市)连续 3 年进入榜单。另外,2020 年有 39 个第一次出现在榜单中的县(市);2019 年相较于 2018 年新增加了 35 个县(市),其中有 10 个县(市)稳定在 2020 年的榜单中。

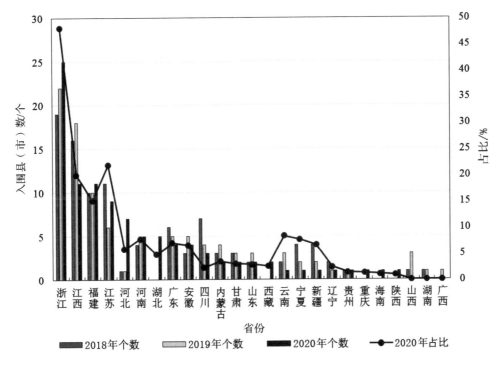

图 10-7 2018—2020 年科技化发展指数百强县省际分布及 2020 年在各自省份的占比

（二）东部沿海地区整体靠前，科技发展仍需经济底色

图 10-8(a)至 10-8(d)可以看出全国各省份下辖县(市)科技化发展指数的排名分布情况。图中框型将排名的四分位进行标注，从左向右的竖线分别代表第一四分位、中位数、第三四分位，框型的横向长度即四分差反映了排名的集中程度，3 个年份的框型位置反映了排名的变动情况。下辖县(市)排名主要集中在前 500 名的省份有浙江、江苏、福建、安徽；下辖县(市)排名主要集中在 500—1000 名的省份有河北、山东、江西、河南、湖北、湖南、广东、云南、宁夏；下辖县(市)排名主要集中在 1000—1500 名的省份有山西、内蒙古、辽宁、吉林、黑龙江、广西、四川、贵州、陕西、甘肃、青海、新疆；下辖县(市)排名主要集中在 1500 名以后的是西藏。通过各名次区段省份数统计可以发现，排名整体上呈现正态分布。对比 2018—2020 年，我们可以看到，排名趋势前进的省份有河北、内蒙古、黑龙江、江苏、山东、海南、青海；排名趋势总体后退的省份有山西、广西、重庆、贵州、云南、陕西、新疆；其余省份排名趋势总体不变

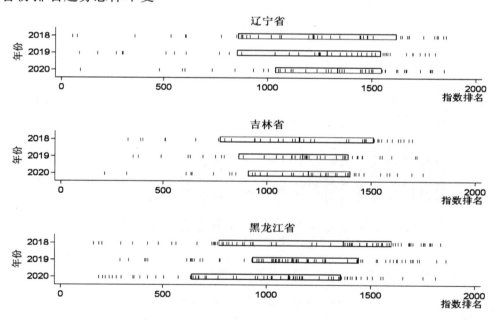

图 10-8(a)　2018—2020 年东北地区各省份下辖县(市)科技化发展指数分布情况

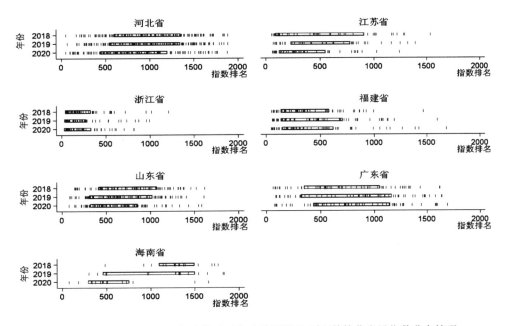

图 10-8(b)　2018—2020 年东部地区各省份下辖县(市)科技化发展指数分布情况

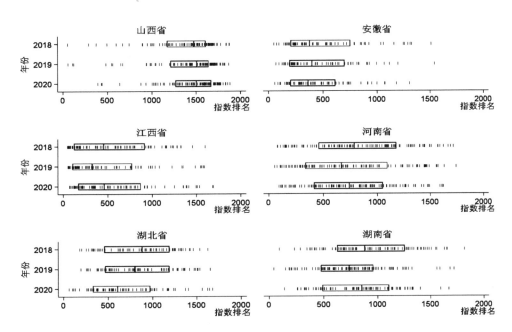

图 10-8(c)　2018—2020 年中部地区各省份下辖县(市)科技化发展指数分布情况

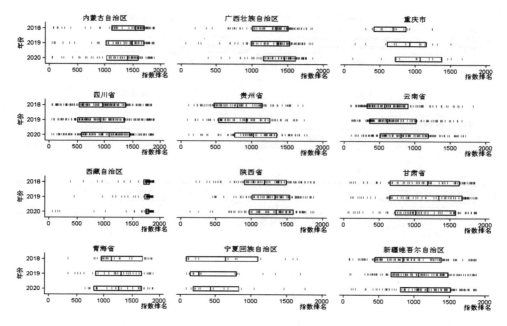

图 10-8(d)　2018—2020 年西部地区各省份下辖县(市)科技化发展指数分布情况

六、小结

　　县级生产体系发展指数中,浙江下辖县(市)无疑是全国表现最为出色的省份,无论是在一级指标上还是在分项指标上,浙江下辖县(市)都表现出了绝对的实力。排名上,安吉在一级指标生产体系发展指数、科技化发展指数以及特色化发展指数上都处于全国县域的领先水平;受益于电子商务的蓬勃发展,义乌在数字化发展指数上连续 3 年领跑。整体发展水平上,在生产体系各个指标上,浙江省下辖县(市)入围 50 强市、百强县榜单的个数以及其占本省所有下辖县(市)数的比例基本上均处于领头羊的位置。

　　此外,在生产体系的发展中,东强西弱的整体局面仍在延续。不过,一些省份个别下辖县(市)表现出了很强的竞争力。如西部地区的内蒙古和林格尔县、东北地区的哈尔滨五常市,其在一级指标生产体系发展指数以及分项指标品牌化发展指数上均处于领先水平。不同地区在不同指标上呈现出一定的比较优势,有利于其发挥长处打造更具特色、品牌的乡村产业,也有助于全国乡村产业的多元化发展。

本章附录

附表-1　2018—2020 年特色化发展指数百强县

序号	2018 年县(市)	2018 年得分	2019 年县(市)	2019 年得分	2020 年县(市)	2020 年得分
1	潜江市	100.000	盐池县	100.000	石柱县	99.999
2	田东县	100.000	盘山县	100.000	盐池县	99.999
3	兴仁市	100.000	安岳县	100.000	安吉县	99.999
4	安吉县	100.000	潜江市	100.000	东台市	99.998
5	阿拉尔市	99.992	富锦市	100.000	福安市	99.998
6	中宁县	99.991	东台市	99.996	安岳县	99.998
7	华坪县	99.991	通化县	99.996	盘山县	99.998
8	苍溪县	99.991	宝应县	99.996	通化县	99.998
9	灵宝市	99.991	大荔县	99.996	资中县	99.998
10	洛川县	99.991	苍梧县	99.996	潜江市	99.998
11	盘山县	99.991	东宁市	99.996	富锦市	99.996
12	榆中县	99.991	建瓯市	99.996	集安市	99.933
13	海门市	99.991	中宁县	99.996	容县	99.933
14	澄迈县	99.991	安吉县	99.996	宝应县	99.858
15	南丰县	99.991	麻江县	99.996	苍梧县	99.858
16	鄯善县	99.991	平舆县	99.996	麻江县	99.858
17	建瓯市	99.991	资中县	99.996	兴仁市	99.858
18	类乌齐县	99.991	田东县	99.996	古田县	99.858
19	大荔县	99.991	雷州市	99.996	石阡县	99.858
20	平舆县	99.991	兴仁市	99.996	嵊州市	99.858
21	汪清县	99.991	新兴县	99.988	遵化市	99.858

续表

序号	2018年县(市)	2018年得分	2019年县(市)	2019年得分	2020年县(市)	2020年得分
22	盐池县	99.991	庆安县	99.988	大荔县	99.858
23	华容县	99.991	徐闻县	99.988	海门市	99.858
24	静宁县	99.991	阿拉尔市	99.696	深州市	99.858
25	抚松县	99.991	共和县	99.365	汪清县	99.858
26	霍山县	99.991	溧阳市	99.365	东宁市	99.858
27	武夷山市	99.991	南丰县	99.365	定边县	99.858
28	永福县	99.991	昆山市	99.365	赤壁市	99.858
29	金乡县	99.991	虎林市	99.365	炎陵县	99.858
30	昌邑市	99.991	东港市	99.365	静宁县	99.858
31	安岳县	99.991	苍溪县	99.365	雷州市	99.858
32	若羌县	99.991	长丰县	99.365	威远县	99.858
33	昆山市	99.991	灵宝市	99.365	武义县	99.858
34	宁乡市	99.991	霍山县	99.365	嘉鱼县	99.858
35	穆棱市	99.991	平泉市	99.365	蛟河市	99.858
36	建宁县	99.991	工布江达县	99.365	中宁县	99.858
37	诸城市	99.991	赤壁市	99.365	建瓯市	99.858
38	清水河县	99.991	合江县	99.365	叶城县	99.858
39	德清县	99.991	西峡县	99.365	腾冲市	99.858
40	富锦市	99.991	洪湖市	99.365	金乡县	99.858
41	泗阳县	99.991	武夷山市	99.365	南县	99.858
42	滦平县	99.991	沂源县	99.365	田东县	99.858
43	徐闻县	99.991	英吉沙县	99.365	华容县	99.858
44	万载县	99.991	金乡县	99.365	灵宝市	99.858
45	密山市	99.991	汝城县	99.365	平舆县	99.858
46	宁安市	99.991	海门市	99.365	工布江达县	99.858
47	仙居县	99.991	集安市	99.365	徐闻县	99.715
48	庆安县	99.991	叶城县	99.365	济源市	99.715

续表

序号	2018 年县（市）	2018 年得分	2019 年县（市）	2019 年得分	2020 年县（市）	2020 年得分
49	浚县	99.991	汪清县	99.365	新兴县	99.715
50	句容市	99.991	静宁县	99.365	庆安县	99.715
51	涟源市	99.991	永福县	99.365	密山市	99.715
52	汶上县	95.275	昌邑市	99.365	连城县	99.715
53	迁西县	95.275	兴化市	99.365	蓬溪县	99.715
54	嵊州市	95.275	类乌齐县	99.365	泰兴市	99.715
55	福鼎市	95.275	华容县	99.365	建宁县	99.715
56	吉县	95.275	澄迈县	99.365	清水河县	99.715
57	灵武市	95.275	容县	99.365	敖汉旗	99.715
58	巫山县	95.275	洛川县	99.365	阿拉尔市	97.906
59	东港市	95.275	祁连县	99.365	内丘县	97.906
60	鸡泽县	95.275	安溪县	99.365	蕲春县	96.515
61	诸暨市	95.275	腾冲市	99.365	东港市	96.515
62	宾川县	95.275	抚松县	99.365	渠县	96.515
63	叶城县	95.275	若羌县	99.365	昆山市	96.515
64	平泉市	95.275	泌阳县	99.365	讷河市	96.515
65	元谋县	95.275	榆中县	99.365	汝城县	96.515
66	砀山县	95.275	晋州市	99.365	昌邑市	96.515
67	平南县	95.275	华坪县	99.365	肥城市	96.515
68	岷县	95.275	隰县	99.365	莎车县	96.515
69	西吉县	95.275	湄潭县	99.365	通河县	96.515
70	鄂托克旗	95.275	富平县	99.365	海伦市	96.515
71	北镇市	95.275	鄯善县	99.365	兰考县	96.515
72	工布江达县	95.275	讷河市	99.365	榆中县	96.515
73	泌阳县	95.275	邳州市	99.365	罗田县	96.515
74	安国市	95.275	德庆县	99.365	杞县	96.515
75	富平县	95.275	石柱县	99.365	长丰县	96.515

续表

序号	2018年县(市)	2018年得分	2019年县(市)	2019年得分	2020年县(市)	2020年得分
76	腾冲市	95.275	常山县	99.365	祁连县	96.515
77	资中县	95.275	武义县	98.747	巨鹿县	96.515
78	安化县	95.275	文昌市	98.747	卢氏县	96.515
79	婺源县	95.275	农安县	98.747	临猗县	96.515
80	融安县	95.275	栖霞市	98.747	类乌齐县	96.515
81	湘潭县	95.275	彭泽县	98.747	西峡县	96.515
82	海伦市	95.275	芜湖县	98.747	虎林市	96.515
83	寿光市	95.275	怀宁县	98.747	富平县	96.515
84	杞县	95.275	诸城市	98.747	桦甸市	96.515
85	东宁市	95.275	桓仁县	98.747	奉节县	96.515
86	漾濞县	95.275	新泰市	98.747	湄潭县	96.515
87	内丘县	95.275	临颍县	98.747	邳州市	96.515
88	崇仁县	95.275	宁晋县	98.747	永福县	96.515
89	沁县	95.275	万载县	98.747	天长市	96.515
90	仁化县	95.275	清水河县	98.747	合江县	96.515
91	东阿县	95.275	德清县	98.747	隰县	96.515
92	长丰县	95.275	林甸县	98.747	泌阳县	96.515
93	余姚市	95.275	浚县	98.747	安溪县	96.515
94	陆川县	95.275	福安市	98.747	霍山县	96.515
95	晋州市	95.275	穆棱市	98.747	常山县	96.515
96	鄂伦春旗	95.275	东源县	98.747	三台县	96.515
97	三门县	95.275	句容市	98.747	平邑县	96.515
98	怀来县	95.275	湟源县	98.747	邵东市	96.515
99	都匀市	95.275	项城市	98.747	渭源县	96.515
100	沂源县	95.275	阳新县	98.747	湘潭县	96.515
101	石柱县	95.275	东辽县	98.747	溧阳市	96.515
102	邳州市	95.275	青冈县	98.747	兴化市	96.515

续表

序号	2018 年县（市）	2018 年得分	2019 年县（市）	2019 年得分	2020 年县（市）	2020 年得分
103	盱眙县	95.275	五莲县	98.747	广昌县	96.515
104	涉县	95.275	庄河市	98.747	洛川县	96.515
105	合江县	95.275	南部县	98.747	德庆县	96.515
106	汝城县	95.275	宾阳县	98.747	胶州市	96.515
107	东台市	95.275	曲沃县	98.747	麻城市	96.515
108	织金县	95.275	宁乡市	98.747	英德市	96.515
109	奉节县	95.275	靖州县	98.747	通城县	96.515
110	雷州市	95.275	沙湾县	98.747	宽城县	96.515
111	邵阳县	95.275	永吉县	98.747	白朗县	96.515
112	洮南市	95.275	邓州市	98.747	苍溪县	96.515
113	—	—	涟源市	98.747	若羌县	96.515
114	—	—	慈溪市	98.747	昌乐县	96.515
115	—	—	平度市	98.747	灵武市	96.515
116	—	—	宁安市	98.747	鄯善县	96.515
117	—	—	长顺县	98.747	抚松县	96.515
118	—	—	郸城县	98.747	新民市	96.515
119	—	—	仙居县	98.747	隆化县	96.515
120	—	—	饶阳县	98.747	盘州市	96.515
121	—	—	泗阳县	98.747	华坪县	96.515
122	—	—	镇平县	98.747	晋州市	96.515
123	—	—	滦平县	98.747	武夷山市	96.515
124	—	—	密山市	98.747	三江县	96.515
125	—	—	海城市	98.747	英吉沙县	96.515
126	—	—	化州市	98.747	沂源县	96.515
127	—	—	广德市	98.747	南丰县	96.515
128	—	—	建宁县	98.747	共和县	96.515
129	—	—	昌宁县	98.747	威宁县	96.515

续表

序号	2018年县(市)	2018年得分	2019年县(市)	2019年得分	2020年县(市)	2020年得分
130	—	—	民丰县	98.747	全州县	96.515
131	—	—	—	—	乌兰县	96.515
132	—	—	—	—	盱眙县	96.515
133	—	—	—	—	澄迈县	96.515
134	—	—	—	—	鸡泽县	96.515
135	—	—	—	—	水城县	96.515
136	—	—	—	—	平泉市	96.515
137	—	—	—	—	洪湖市	96.515
138	—	—	—	—	昌黎县	96.515

专栏二

东北乡村产业振兴的典型案例
——黑龙江省绿色食品产业①

一、绿色食品产业发展基础得天独厚

黑龙江作为我国农业大省,农副产品资源丰富。2020年度全省第一产业增加值总量为2790.75亿元,较2019年提高了251.30亿元,占地区生产总值(6075.75亿元)的45.93%,2020年度其平均增幅达到3.7%。绿色食品产业发展潜力巨大。

黑龙江省政府积极推进产业集群发展,从各县(市)现有基础、区位条件以及资源禀赋出发,打造了五常稻米、讷河马铃薯、克东乳制品、海林森林绿

---

① 本专栏由东北农业大学公共管理与法学院才正供稿。

色食品、虎林绿色食品、东宁黑木耳、富锦绿色食品、肇州农畜产品、宝清白瓜子、肇东绿色食品、五大连池矿泉产品、北安绿色食品、孙吴山林产品等一系列具有县域特点的专业化、特色化产业园区。积极引导中小企业进入专业化园区，发展配套产品和"吃配"经济，形成协作配套，为绿色食品产业发展打造坚实动力源泉。

黑龙江省政府着力擦亮"龙江"招牌。自 2013 年开始，黑龙江绿色食品产业博览会相继整合了"黑龙江金秋粮食交易合作洽谈会""哈尔滨世界农业博览会""中国黑龙江北大荒国际农业机械博览会"等展会资源，并于 2021 年正式更名为中国（黑龙江）国际绿色食品产业博览会，充分展示黑龙江省绿色有机食品产业的发展优势和潜力，推动绿色食品产业全方位发展，带动黑龙江省经济效益、生态效益、社会效益协同发展。

二、龙头企业引领产业蓬勃发展

黑龙江省引进与培育龙头企业并行，加大招商引资力度的同时，培育壮大本地企业，引导要素资源向龙头企业聚集，支持优势企业实施强强联合、兼并重组，组建大型食品企业（集团）；强化服务意识，主动对龙头企业实行"一对一"帮扶，在基地扩建、工艺升级、品牌宣传和项目申报等方面给予支持。2020 年黑龙江农业产业化"百强"企业生产规模大、辐射带动能力强，营业收入达 3000 多亿元，对促进黑龙江农产品加工业发展、增加农民收入、推动复工复产和扶贫攻坚、保证农产品有效供给、促进地方经济发展、推进乡村振兴战略实施发挥了重要作用，是黑龙江农业产业化经营的典范。北大荒集团、九三集团、飞鹤、雀巢、大庄园等充分发挥龙头企业的带动作用，推动农副食品精深加工、食品制造等龙头企业与农业协同发展，根据企业原材料需求，鼓励通过股份合作、订单合同、服务协作等形式，与农户、农民合作社、家庭农场等建立稳定购销关系。

三、"中国大粮仓，绿色黑龙江"品牌建设稳步推进

截至 2020 年，全省绿色、有机食品认证面积达到 8500 万亩，比上年增长 4.9％。其中绿色食品认证面积达到 7650 万亩，比上年增长 4.9％，总量

约占全国的 1/5;有机食品认证面积达到 850 万亩,比上年增长 3.1%,在全国处于领先的位置。全省绿色食品企业达到 1047 家,产品 2666 个(不含农垦);完成中绿华夏有机企业 111 个项目种植环节检查,获证产品 645 个;新登记保护农产品地理标志 9 个,累计达到 149 个,均在全国处于前列。目前,绿色食品已经成为黑龙江最亮丽的农业名片,成为家喻户晓、人人向往的优质安全健康放心农产品的代名词,形成了"寒地黑土、非转基因、绿色有机"的独特品牌核心价值。"极境寒养"区域公共品牌正在崛起,授权使用企业 78 家,在北京等地建立旗舰店 9 家,销售额 2000 余万元。新冠肺炎疫情防控期间,牢牢把握电商发展新契机,积极对接平台资源,与多家企业开展 O2O 合作创新营销模式,借助抖音、快手直播抢抓流量,龙江大米、龙江和牛、龙江大糙子、龙江松树蘑 4 个单品名列淘宝网单品销售排名第一。推进直播产业孵化,与淘宝、京东、快手、抖音等平台合作,启动县领导代言龙江和牛、龙江沙棘木耳等产品直播推介活动,持续增强电商产业发展活力。

第十一章　典型案例解析

一、江苏省:多元发展助力生产体系协调共进

作为鱼米之乡之一的江苏既是经济大省,也是农业强省,早在南宋时期,便有"苏湖熟,天下足"的谚语。尽管江苏人多地少,人均资源相对稀缺,但自古承袭的精耕细作传统,加之科学战略决策的指引,江苏乡村产业发展取得了令人瞩目的成就。2020年,江苏生产体系指数排名全国第4位;分项指数中,品牌化第6位、特色化第5位、数字化第4位、科技化第7位。

(一)品牌化之路

品牌是乡村产业市场化、现代化的重要标志。在2017年"推进区域农产品公用品牌建设"首次写入中央一号文件,2018年农业农村部印发《农业农村部关于加快推进品牌强农的意见》的背景下,江苏在乡村产业品牌化的建设上积极探索,努力谋求高质量发展之路。

2019年,江苏农业农村厅办公室《关于印发现代农业提质增效工程千亿级特色产业发展规划和专项行动方案的通知》,提出要推进农业品牌培育和大品牌孵化,打造一批有影响力的"苏"字号区域公用品牌、知名企业品牌和名特优农产品品牌。2020年7月2日,江苏省农业农村厅印发《江苏农业品牌目录制度》,明确了"江苏农业品牌"的定义内涵、征集推选范围、推选时间、推选标准、推选程序,明确省级品牌目录实行动态管理,要求入选品牌自觉接受监督,旨在培育塑造一批农业大品牌,不断提升江苏农业品牌知名

度、美誉度和市场影响力。此外,江苏农业品牌协会在省农业农村厅农业品牌工作领导小组办公室指导下,发布实施《江苏农业企业知名品牌评价规范(试行)》,该规范的制定顺应了江苏现代农业发展的要求,是落实品牌强农战略的创新举措,对做大做强江苏农业企业品牌、引领农产品品牌健康发展、推进农业品牌高质量发展具有重要意义,将开创江苏农业品牌评价工作的先河,对农业品牌建设与评价工作具有较强的引领性,将江苏农业品牌工作推向一个新阶段。

截至 2020 年底,江苏平均每个涉农经营主体有效注册商标数达 3.6 个,相比 2018 年的 2.86 个,2019 年的 3.26 个呈现出稳定的增加态势;涉农经营主体中,拥有商标数的主体在所有主体的占比同样呈现出逐年增加的趋势,2018—2020 年分别为 12.71%、14.07%、14.58%。

(二)机械化之路

江苏是农业农村部首批选定的两个粮食生产全程机械化整省推进示范省之一,近年来,江苏不断加大农机推广力度,规模效益化的现代大农业生产格局逐渐形成。2020 年,江苏全省农机总动力达到 5194 万千瓦,比 2015 年的 4825 万千瓦增长近 7.6%。据公开数据显示,目前江苏省水稻、小麦、玉米等主要粮食作物生产的耕整地、种植、植保、收获、烘干、秸秆处理六大环节全程机械化水平已达 79%,近 9 成县(市、区)被列为省级粮食生产全程机械化整体推进示范县,全省 66 个粮食主产县均实现全程机械化。全省农业机械化水平达到 88%,水稻机插率超过 70%,粮食产地烘干能力达 63%,高效植保机械化能力达 70%,位于全国前列。

在对机械化的扶持上,2020 年江苏共登记使用农机购置补贴资金超 17 亿元,受益对象 6.08 万个,新增补贴机具 12.86 万台/套,拉动购机者投入 42.83 亿元,补贴效应创历史最高。在对农机人才的培养上,通过举办农机职业技能竞赛活动,全省累计培训高素质农民和基层农机人员 1.6 万人次,农机化人才队伍持续壮大。在对农机经营主体的培育上,"十三五"以来,全省共新增农机专业合作社约 2000 个,新增各类农机服务组织超 1.3 万个,农机服务经营总收入超 1500 亿元。在政策的支撑上,江苏省相继出台《关于加快推进农业机械化和农机装备产业转型升级的实施意见》《江苏省农机装备与技术创新平台管理办法（试行）》，力图建立起高质量农机装备产业体系，实现从农机大省向农机强省转变。

（三）数字化之路

2020 年 11 月，江苏省委办公厅、省政府办公厅印发《关于高质量推进数字乡村建设的实施意见》，提出了实施乡村数字基建提档跨越、智慧农业升级赋能、智慧绿色乡村建设、信息技术惠农便民、乡村数字治理提升等"五大行动"，并在全省范围内开展了 10 个示范点建设，明确到 2025 年，江苏数字乡村建设要走在全国前列。

在数字农业方面，到 2020 年底，江苏数字农业农村发展水平达 65.4%，全省规模设施农业物联网技术应用面积比例达 22.7%，位居全国前列。2020 年，全省农产品网上交易额达 843 亿元，相比 2019 年增长幅度高达 35.6%。2021 年，江苏全省入选农业农村部信息中心的数字农业农村新技术新产品新模式优秀案例 28 项，入选成果累计达到 64 项，数量均排名全国前列。

在数字乡村先进区域的培育上，2020 年 11 月江苏首批数字乡村试点地区名单出炉，徐州市丰县，南京市浦口区、溧水区，苏州市昆山市、常熟市、张家港市、吴江区，连云港市东海县，宿迁市沭阳县、宿城区等 10 个县（区、市）入选；累计培育淘宝镇 248 个、淘宝村 664 个，分别位居全国第 2 和第 3 位，其中以农产品销售为主的淘宝村数量位居全国首位；建成县级农业电商产业园 80 多个，其中农产品网络销售额超亿元的有 22 个。总之，江苏县域数字农业农村发展水平全国领先，"沭阳模式""沙集模式""赣榆模式"享誉全国。

在信息化建设上，全省地方各级财政每年投入农业农村信息化建设的资金超过 11 亿元，带动社会资本 20 多亿元，累计建成全国农业农村信息化示范基地 12 家、省级基地 412 个；2017—2019 年，全省推进农业农村信息化发展连续 3 年被农业农村部评为专项工作延伸绩效考核优秀等次；农业农村大数据云平台目前已形成 8 大类 38 个子类标准规范，建设数据库 72

个,数据项 21 亿条;推广应用耕地质量管理信息系统、农村产权交易平台等多个平台,扎实推进农业农村管理服务信息化。

在政企合作方面,与阿里巴巴、京东、苏宁易购等知名电商企业开展合作,累计开设地方特产馆 286 个,与省邮政管理局、省快递协会加强合作,打造"快递＋特色农产品"项目超过 100 个。

在乡村数字治理提升方面,南京市江宁区、江阴市、邳州市等 7 个县(市、区)入选全国乡村治理体系建设首批试点单位,数量居全国第 2 位。

(四)科技化之路

科技创新成为江苏农业发展的"新引擎"。在资源环境约束趋紧的情况下,江苏农业能够保持良好发展态势,科技创新发挥了重要作用。"十三五"以来,江苏坚持把科教兴农作为推进现代农业发展的主体战略和提升农业核心竞争力的关键举措,大力推进农业科技创新,加快农业科技成果推广,2019 年全省农业科技贡献率达 70%,高于全国平均水平 10 个百分点,居全国各省份第 1 位。农业科技创新与推广取得了显著成效,全省农业行业累计获得国家科学技术奖 19 项,全省选育审定主要农作物新品种 200 多个,17 个水稻品种列入农业农村超级稻名录,数量占全国总数的 1/8。

科教兴农,人才是关键。江苏注重厚植农业科教优势,拥有涉农高校院所 70 余所,农业科技人员 12000 多人,建有一大批国家重点实验室和工程中心。注重提高农职院校办学水平,主动对接地方,定向合作培养现代农业建设急需的高技能实用人才。如宜兴市以提高农业科技进步贡献率为目标,积极实施"陶都英才工程",成立"青农联盟",鼓励原籍高校毕业生回乡创业兴业,对农业农村引进且签订服务年限 5 年以上的高端实用人才给予一定奖励,促进科技成果入乡转化。

(五)特色化之路

2020 年,新沂市新沂水蜜桃、连云港市连云港紫菜、沭阳县沭阳花木、高邮市高邮鸭、兴化市兴化大闸蟹、溧阳市天目湖白茶、射阳县射阳白菊花、宜兴市宜兴红(茶)、泗洪县泗洪大闸蟹、启东市启东"四青作物"(青蚕豆、青玉米、青毛豆、青豌豆)、常州市金坛区长荡湖大闸蟹、南京市溧水区溧水草莓、涟水县涟水芦笋、淮安市淮阴区淮阴黑猪等 14 个农产品产区入选江苏特色农产品优势区。

以全国闻名的"龙虾之都"盱眙县为例,2017 年盱眙县获得第一批"中国特色农产品优势区"的称号。近年来,盱眙县以中国特色农产品优势区建设为抓手,举全县之力大力推动盱眙龙虾一二三产业融合发展,成立盱眙龙虾协会、开办盱眙龙虾创业学院、制定《盱眙龙虾产业发展规划》、创新龙虾综合养殖模式、规划建设盱眙龙虾产业园,力图全方位、立体式提升盱眙龙虾产业链质量。截至 2020 年,全县龙虾养殖面积已达 83.5 万亩,产量 8 万吨,交易量达 12 万吨,品牌价值超过 200 亿元。

在此基础上,江苏现代农业产业园区建设提升也纳入规划,计划 5 年建设 30 个省级现代农业产业示范园,推动各类现代农业产业园区提档升级,实现产业特色鲜明,要素高效聚集,一二三产业融合发展,设施装备先进,生产方式绿色,与农民利益联结紧密,辐射带动有力,使现代农业产业园区成为全省乡村产业振兴的示范高地。

二、湖州市:"两山"理念赋能乡村产业优化升级

湖州地处浙江北部,东邻上海,南接杭州,西依天目,北濒太湖,是环太湖地区唯一因湖而得名的城市,是长江三角洲中心区 27 城之一、环杭州湾大湾区核心城市、G60 科创走廊中心城市,现辖德清、长兴、安吉三县和吴兴、南浔二区。

2005 年 8 月 15 日,时任浙江省委书记的习近平同志在浙江湖州安吉考察时,首次提出了"绿水青山就是金山银山"的科学论断[1]。近年来,湖州市在"绿水青山就是金山银山"理念的指导下,大力发展乡村产业,走出了一条独具特色的乡村振兴之路,在美丽乡村、产业融合、乡村治理等方面探索形成大量模式经验,在高水平实施乡村振兴战略方面成效显著。

---

[1]　周天晓,沈建波,邓国芳,等.绿水青山就是金山银山.浙江日报,2017-10-08(1).

2019 年 11 月 20 日,湖州市发布首个乡村振兴五年规划《湖州市乡村振兴战略规划(2018—2022 年)》,在生产体系的建设上,指出从创新农业发展数字化、强化技术应用科技化、加速产品生产品牌化、推动农业生产标准化 4 个方面来加快向数字农业、智慧农业、科技农业的升级。2020 年,湖州市生产体系指数排名全国地市第 10 位;分项指数中,品牌化第 33 位、特色化第 47 位、数字化第 53 位、科技化第 2 位。

(一)创新农业发展数字化

近年来,湖州市加快物联网、大数据、云计算、人工智能等新一代信息技术在乡村产业领域的应用,全面实施省级数字乡村示范体系建设,扎实推进农业农村数字化建设,取得显著成效。

在全国县域数字农业农村发展水平评价中,湖州市连续两年为全国唯一全覆盖的地级市,其下辖的德清县成为全省唯一一个全国数字农业试点创建县。在浙江省农业农村厅发布的《2020 浙江省县域数字农业农村发展水平评价报告》中,湖州市以 90.5% 的发展水平位居浙江第一,高出全省平均水平 21.7%。在浙江省县域数字农业发展水平前 10 名中,湖州三县两区全部上榜,德清、长兴、南浔、安吉、吴兴分别位列第 1、第 2、第 5、第 6、第 7 位,其中德清县已连续两年位居浙江第 1 位。

当前,湖州市以深入实施乡村振兴战略为契机,持续推进新一代信息技术与乡村产业的深度融合。2020 年,湖州市新增创建省级数字农业工厂 15 个,带动 111 个种养基地完成数字化改造,通过率及总数量均位居全省第 1;创新推出"芯片鱼""数字生态渔仓",研发应用物联网智能养鱼模式,建成全国首个渔业养殖尾水治理智慧监管平台。2020 年,湖州通过直播带货带动农产品销售额 1.47 亿元,全市 866 个农村电商主体的农产品网络销售额达到 75.06 亿元,同比增长 14.35%。

目前,湖州市数字赋能农业农村仍在提速,从实施"1＋3＋X"工程,到大力实施"互联网＋"农产品出村进城工程,湖州市力争成为现代化乡村产业的典型示范。

(二)强化技术应用科技化

湖州市坚持以绿色发展为导向,大力推进农业科技创新,加快培育乡村产业发展新动能,推进质量兴农、绿色兴农、科技兴农、融合兴农,不断强化科技对乡村产业发展的支撑能力。

政策引导上,为了鼓励并激发农业科技人员创新活力和创业热情,推动农业科技成果转化与推广应用,加快提高农业科技支撑湖州现代农业发展新动能,2018年湖州市人民政府印发了《湖州市人民政府关于激励农业科技人员创新创业的实施意见》,从具体思路、主要目标、基本原则、主要措施、保障机制等方面对湖州市农业科技化之路进行了细致的安排与规划。

实施路径上,湖州市依托市校合作优势,推进并实施乡村振兴人才培养工程、百项科技成果富民惠民工程、百名专家驻村工程等三大工程,力图将湖州打造成为乡村振兴科技和人才服务的示范样板,为全省乃至全国农业技术的研发和推广体制机制创新积累经验、提供示范。此外,湖州市积极探索技术入股新模式,产业联盟与相关主体签订技术入股协议,形成了风险共担、利益共享的紧密合作关系,农业科技支撑能力显著增强。

在成果成效上,截至2020年,湖州市共被认定35个特色农产品优势区;高品质绿色科技示范基地34个,其中吴兴区、南浔区、德清县、长兴县、安吉县分别入选6个、5个、11个、6个、6个。依托新一代信息技术,湖州市当前已建成24个省级数字农业工厂、2家国家级农业科技园区、96家农业物联网试验示范基地、33个省级农业平台、5家省级重点农业企业研究院、6个省级农业科技园区,农业科技贡献率达到65.5%,主要农作物综合机械化率达到90.5%,益农信息社覆盖90%以上的村庄。在浙江省2019年农业"机器换人"示范单位的评选中,湖州市在示范县、主导产业示范县、示范乡镇(园区)、示范基地中均实现入围。

(三)加速产品生产品牌化

在政府推动、市场主导、企业主体、社会参与下,湖州市积极探索并创新与乡村产业品牌化相适应的生产体系和体制机制,以达到激发生产活力的目的。在《湖州市农业品牌建设行动计划(2017—2020 年)》《湖州市"商标强市"战略三年行动计划(2018—2020 年)》等政策的加持下,湖州市及其下辖区县的乡村产业品牌培育提升工作卓有成效。截至 2020 年,已累计建成 11 个全国"一村一品"示范村镇,注册农产品商标 10168 件,水产、茶叶、果蔬等特色优势产业产值占农业总产值 80% 以上,其中水产、茶叶产值均位列全省第 1;9 个农产品地理标志分别为莫干黄芽、长兴紫笋茶、湖州湖羊、湖州太湖鹅、安吉白茶、胥仓雪藕、湖州桑基塘鱼、安吉竹笋、安吉竹林鸡;5 个名特优农产品区域公共品牌分别为吴兴区"吴上兴鲜"、南浔区"南浔知味"、德清县"德清嫂"、长兴县"长兴鲜"、安吉县"安心吉鲜"等;2020 年新增 6 个浙江省特色农产品优势区分别为湖州市吴兴区湖羊、湖州市南浔区湖羊、德清县青虾、长兴县湖羊、长兴县芦笋以及安吉县白茶;13 条省级示范性农业全产业链,包括市本级蚕桑产业、吴兴区粮食产业、南浔区粮食产业、德清县水产产业、长兴县粮食产业、安吉县茶产业、安吉县竹产业、南浔区渔业、长兴县水果产业、德清县蚕桑业等。此外,湖州市还拥有南浔区和孚镇、德清新市镇、安吉溪龙乡、长兴吕山乡共计 4 个国家农业产业强镇。

(四)推动农业生产标准化

农业标准化是现代乡村产业的重要基石,湖州市坚持以创新、协调、绿色、开放、共享的新发展理念全力推进农业标准化建设工作,坚持以绿色生产为引领,努力推进现代农业发展再上新台阶。

作为全国第二个基本实现农业现代化的地级市,湖州市率先开展标准化建设,积极推广农产品标准化生产技术,并在全省率先出台"乡镇农合联规范化建设"和"产业农合联标准化建设"两个指导意见,其下辖的德清县获批制定的《数字乡村建设规范》是全国首个数字乡村建设省级地方标准。2018 年,湖州市成立农业标准化专业技术委员会,其主导制定产业标准 50 项,参与制定《湖州市农业标准体系表(草案)》以及归口管理《现代渔业养殖园区建设规范》等相关规范。

成效方面,2017 年湖州长兴的浙江澳凌水产种业科技有限公司获得了全球水产养殖联盟 GAA 的 BAP(最佳水产养殖规范)认证,这也是全球第一家 BAP 认证的大闸蟹基地。截至 2019 年末,湖州乡镇农合联规范化率达到 100%,产业农合联标准化率达到 90% 以上,带动 13 万家农户提高农业生产的组织化和标准化水平,标准化基地面积达 12.4 万亩。当前,湖州农业标准化生产程度达到 65%,全市绿色食品总数达到 215 个,居全省第一。在推动标准化的基础上,湖州市大力推进国家农产品质量安全市的创建工作,2019 年,湖州成功入围农业农村部公布的第二批国家农产品质量安全市名单,携手宁波成为浙江乡村产业质量发展典范。当前,湖州市在浙江已率先实现农产品质量安全放心县的全覆盖。

此外,2020 年 5 月,浙江农业农村厅印发《浙江省农业标准化生产示范创建("一县一品一策")2020 年工作方案》,对 2020 年农业标准化生产示范建设主要工作任务进行了安排与规划,其中湖州吴兴区的桃产业、德清县的茶叶(莫干黄芽)产业、长兴县的湖羊产业分别需创建标准化生产面积 1200 亩、3000 亩以及标准化养殖规模 1.2 万只。湖州市乡村产业生产标准化之路仍在继续。

第四篇　经营体系高质量发展评价

实现乡村产业兴旺,迫切需要加快培育新型经营主体和服务主体,形成相互协作的有组织的经营体系。

本报告中,我们用合作化、新型化、组织化三个指标刻画我国省、市、县经营体系发展水平。

第十二章 经营体系高质量发展省域评价

一、省域经营体系发展指数解读

山东领跑全国,各省排名波动不大。图 12-1 展示了 2018—2020 年全国各省份经营体系发展指数得分情况。

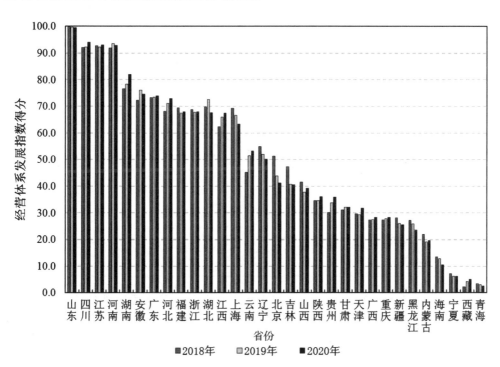

图 12-1 2018—2020 年全国各省份经营体系发展指数得分情况

　　2018—2020 年,山东、四川、江苏和河南 4 省都超过了 90 分,领先全国其他省份,为第一集团,其中山东连续 3 年经营体系发展指数得分均在 99 分以上,在第一集团上领先其他 3 省,为绝对的佼佼者。湖南、安徽、广东、河北、福建、浙江、湖北、江西、上海 9 个省份得分都处在 60~80 分之间,为第二集团。我国西部地区指数评分总体较低,倒数 10 个省份中有 6 个省份属于西部地区,说明我国西部地区经营体系的发展相对落后。

　　从得分趋势来看,2018—2020 年,呈增长趋势的是四川、湖南、广东、河北、江西、云南、贵州、重庆、广西、西藏 10 个省份,呈下降趋势的有山东、上海、辽宁、北京、吉林、新疆、黑龙江、海南、宁夏、青海 10 个省份。

　　从经营体系发展指数排名(见图 12-2)来看,2018—2020 年,山东在全国经营体系发展的评价中稳居全国第 1,分列第 2 至 4 位的依次是四川、江苏、河南 3 省,3 省 3 年排名互有升降。

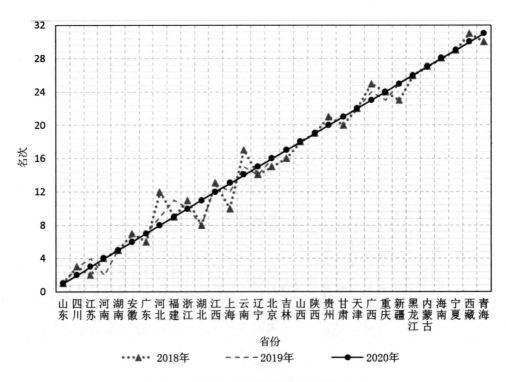

图 12-2　全国各省份经营体系发展指数排名

整体来看,图中各个省份的排名波动情况不大,山东、湖南、山西、陕西、天津、黑龙江、内蒙古、海南、宁夏9省份2018—2020年排名未发生过改变;名次上升最多的省份为河北,由2018年的第12位上升至2020年的第8位,共上升了4位;名次下跌最多的省份为湖北、上海,前者由2018年、2019年的第8位降至2020年的第11位,后者由2018年的第10位降至2020年的第13位。

二、省域合作化发展指数解读

(一)省域合作化指标构成分析

(1)单位合作社成员数现状分析

培育新型经营主体对于推进农业现代化、实现乡村全面振兴意义重大。传统的小农经营方式力量过于薄弱,抗风险能力差,合作化程度基本为零,而农民专业合作社作为农民互助合作性质的经济组织,对于乡村产业发展的组织化、合作化发展具有重要作用。乡村产业经营体系中的合作化即协同发展,农民专业合作社首先可以将分散的人力、资金、土地等要素有机结合起来,达到"人地钱"协同发展;其次有助于培养新型职业农民、推广农业科技、提高农民素质。

图12-3显示了2018—2020年平均每个农民专业合作社所吸纳的成员人数。由图可知,四川平均每个合作社吸纳的成员人数最多,2018—2020年依次为24.33人、23.73人、23.19人,排名第2、3位的分别为北京和天津,其吸纳的成员人数也都在20人以上。

从时间趋势来看,2018—2020年呈增长趋势的有西藏、浙江、贵州、甘肃,呈下降趋势的省份多达21个,具体包含四川、北京、福建、山东、辽宁、吉林、山西、新疆、湖南、广东、河北、广西、湖北、青海、陕西、河南、安徽、黑龙江、内蒙古、上海、宁夏;其中山东下降幅度最大,2018—2020年分别为20.37人、19.20人、14.95人,2020年相比2018年下降幅度高达26.61%。可以看到,我国目前绝大多数省份的农民专业合作社吸纳的成员人数在下降,这一方面是由于城镇化不断推进的背景下乡村劳动人口加剧下滑;另一方面是由于农民专业合作社存续数不断增加,此消彼长的情况下,单位合作社成员数下降也就不足为奇了。

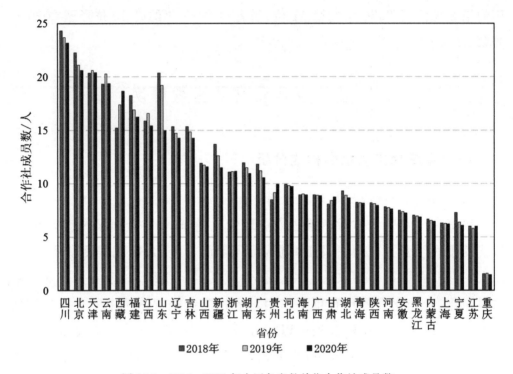

图 12-3 2018—2020 年全国各省份单位合作社成员数

(2)合作社国家级示范社现状分析

农民专业合作社示范社的建立对于农民专业合作社的进一步发展有着积极的引导和促进作用,有助于专业合作社走规范化、标准化、规模化发展之路。图 12-4 显示了 2018—2020 年合作社国家级示范社数量。可以看到,河南国家级示范社数量领跑全国,截至 2020 年末全省已有 611 家国家级示范社,这也是我国唯一一个突破 600 家示范社大关的省份。湖南、山东、四川 3 省紧随其后,2020 年底数量均已突破 500 家。整体来看,我国合作社国家级示范社主要分布于粮食主产区之中,诸如京津沪渝四个直辖市以及广东、浙江、福建等经济发达省份均无缘前10,表明我国示范社的发展仍然更多取决于当地的传统农业结构、种养规模等因素。

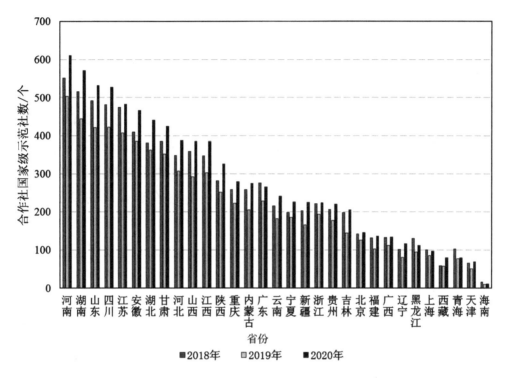

图 12-4　2018—2020 年全国各省份合作社国家级示范社数量

(二)省域合作化发展指数分析—— 整体水平较弱,西部地区表现尚佳

图 12-5 为 2018—2020 年合作化发展指数的数据,排名前两位的分别为四川、山东两省,其得分均在 90 分以上,处于第一梯队;湖南、江西、云南、河南分列第 3 至 6 位,3 年得分基本介于 80~90 分之间。

综合各省份合作化发展指数得分,可以看到我国合作化发展水平整体较弱。以 2020 年指数评价为基准,得分在 60 分以下的省份多达 21 个,其中包括江苏、浙江、广东等经济发达大省,宁夏、广西、青海、黑龙江、重庆、上海和海南 7 省份排名靠后,3 年得分均在 20 分以下,说明多数省份在提升合作化水平上存在很大的空间。

得分上,2018—2020 年呈上升趋势的有云南、天津、甘肃、河北、西藏、陕西、贵州 7 省份。其中西藏得分上涨幅度最高,2020 年得分 56.45 分,相比 2018 年的 29.85 分,3 年平均增幅达 37.98%,排名也由 2018 年的第 22 位快速上升到第 14 位,合作化发展水平在这 3 年明显提升。排名上,西部地区的四川排名稳定,2018—2020 年始终处于第 1 名的位置;云南则从 2018 年的第 7 位稳步攀升至第 5 位;除西藏外,排名上升最快为甘肃,2020 年相比 2018 年上升 5 位达第 11 位,成为西部地区排名仅次于四川、云南的省份。综合各区域省份得分与排名情况,西部地区在合作化的发展上表现良好。

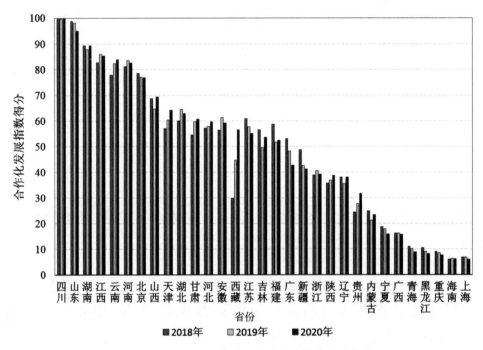

图 12-5　2018—2020 年全国各省份合作化发展指数

三、省域新型化发展指数解读

(一)省域新型化指标构成分析

(1)农业产业化国家重点龙头企业发展现状

近年来,我国乡村新型经营体系发展迅猛,有效提升了乡村产业活力,积极带动了乡村产业的发展。其中龙头企业利用自身在资金、信息、营销、服务、品牌等多方面的优势,为乡村劳动人口就业、农民增收、农业现代化水平的提升发挥重要作用。龙头企业发展的好坏很大程度上决定了整个乡村产业链的竞争力,也在一定程度上影响着我国走向共同富裕的步伐。

图 12-6 显示了 2018—2020 年国家重点农业龙头企业数量。可以看出,国家重点农业龙头企业主要集聚于东部地区的山东、江苏、广东、浙江,中部地区的河南,以及西部地区的四川等省份。

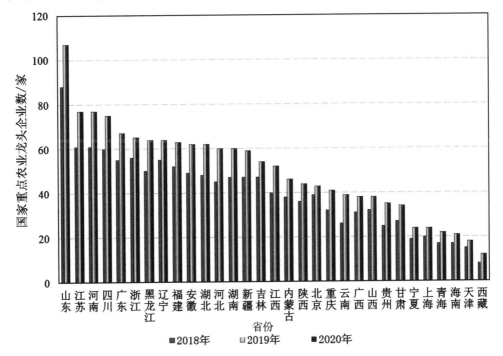

图 12-6　2018—2020 年全国各省份国家重点农业龙头企业数量

整体来看,各省份的国家重点龙头企业相对均衡,仅山东相对突出一点,2019年龙头企业数多达107家,也是全国唯一一个龙头企业过百家的省份。其余省份中,以2020年数据来看,介于60—80家的省份有江苏、四川、河南、广东、浙江5省份;介于40—60家的省份共有13个,具体包括河北、黑龙江、福建、湖南、辽宁、安徽、新疆、湖北、吉林、江西、内蒙古、陕西、北京;20—40家的有广西、重庆、云南、山西、贵州、甘肃、宁夏、上海、青海9个省份;海南、天津、西藏龙头企业最少,不足20家。

(2)涉农经营主体发展现状

涉农经营主体包含了农业企业、农产品加工业、农民专业合作社、家庭农场四类主体。根据CCAD数据库显示,我国上述四类涉农经营主体体量已达750万。涉农经营主体中既包含了农民专业合作社、农业龙头企业、家庭农场等新型农业经营主体,又包含了有助于延长乡村产业链条的农产品加工业,是乡村产业的生产经营、营销服务的组织者,与小农户密切关联,可以说是当前乃至未来很长一段时间我国乡村产业发展的绝对中坚力量。

图12-7展示了2018—2020年涉农经营主体存续数。从增长趋势来看,我国绝大多数省份涉农经营主体数量随时间呈不断增加的态势,在涉农经营主体持续增加的省份中,安徽3年平均增速达到了10.01%,湖南、山东以8.30%、8.14%的增速分列第2、3位。从数量来看,我国涉农经营主体呈现出"一超多强"的局面,其中排名第1的山东2020年以44.06万家遥遥领先其他省份,河南、安徽、河北分别以31.68万家、25.86万家、23.95万家,落后山东12.38万家、18.20万家、20.11万家排名第2至4位;在此之后,所有省份的涉农经营主体数量均少于20万家,整体较山东、河南、安徽、河北4省差距较大。排名末位的7个省份包括宁夏、青海、上海、海南、天津、北京、西藏,其涉农经营主体数量甚至不足5万家。考虑到北京、天津、上海的区域位置、产业结构与产业重心,其涉农经营主体下降也在情理之中。不过,对于宁夏、青海、海南、西藏等省份来说,其涉农经营主体的发展显然相对不足。

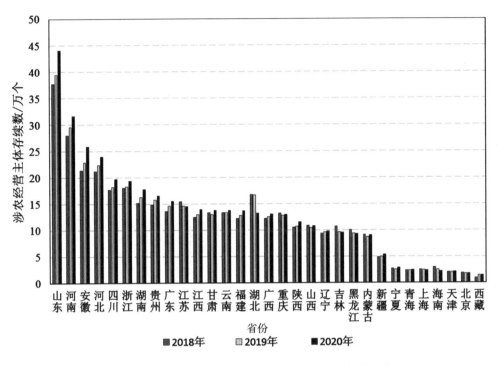

图 12-7　2018—2020 年全国各省份涉农经营主体存续数

（二）省域新型化发展指数分析——各省份新型化发展层次分明

图 12-8 显示了 2018—2020 年全国各省份新型化发展指数得分。可以看到,全国各省份新型化得分从高到低排列呈现出"阶梯式""平稳式""断崖式"3 种分布特点。第一类主要包括山东、河南、四川、江苏、浙江、安徽、河北、广东、湖南、湖北、福建、辽宁、黑龙江、江西、吉林等 15 个省份,其得分总体呈"阶梯式"逐个降低,排名全国前 2 的山东、河南两省均迈过 90 分大关,而江西、吉林两省却仅在"及格线"上浮动;第二类包括陕西、重庆、广西、贵州、云南、内蒙古、新疆、甘肃、山西 9 个省份,属于"平稳式",其得分均集中在 40—50 分的区间内;第三类包括北京、宁夏、上海、青海、海南、天津、西藏 7 个省份,得分主要在 20 分以下,相比第一类和第二类,其得分明显表现出断崖式下跌。总体而言,我国各省份新型化发展层次分明,东部地区除北京

上海两直辖市,总体发展较好;中部及东北地区次之;西部地区表现有强有弱。

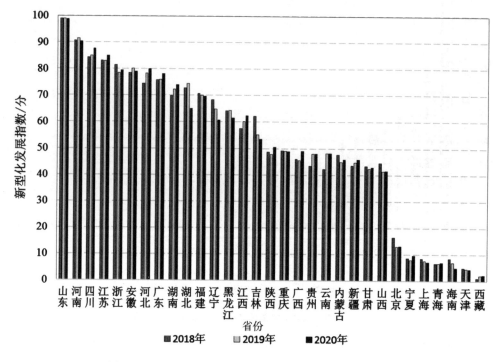

图 12-8　2018—2020 年全国各省份新型化发展指数得分

四、省域规模化发展指数解读

(一)省域规模化指标构成分析

(1)单位面积企业数

规模化经营是现代乡村产业发展的必然趋势,由于农产品需求的收入弹性低,收入水平的上升难以直接带来农产品需求的上升,加之农地总面积相对稳定,因此要想提升乡村产业的规模化效益,就必须提升单位土地经营规模。企业作为市场经济活动最重要的主体之一,决定了我国社会经济活动的生机和活力,是社会进步的重要力量。单位面积在营企业数量反映出一个地区的企业在数量上的规模化,也体现了集约程度,可以反映出经济活力高低。

　　表 12-1 展示了 2018—2020 年单位面积的在营企业数,可以看到上海市在此项指标排名上一骑绝尘,2020 年每平方千米的企业数达到了 364.29家,遥遥领先排名第 2 的北京市,后者每平方千米仅为 91.73 家。尽管如此,北京市依然远远高于其他省份,2020 年天津市每平方千米企业数为52.63 家,落后北京 42.62%,排名第 3。上海、北京、天津 3 个直辖市由于经济发展水平较高,创业活跃度较高,叠加土地面积少,在该项指标中处于领先水平。在直辖市外,江苏、广东、浙江、山东分别以每平方千米 33.77家、26.12 家、25.85 家、21.66 家排名前 4,排名末尾的内蒙古、新疆、青海、西藏每平方米均低于 1 家,可以看到,单位面积企业数与经济实力存在较大的相关性。

表 12-1　2018—2020 年全国各省份单位面积企业数　　　单位:个/平方千米

省份	2018 年	2019 年	2020 年
北京市	84.44	87.16	91.73
天津市	42.25	47.61	52.63
河北省	7.31	8.39	9.52
山西省	3.53	4	4.71
内蒙古自治区	0.33	0.35	0.39
辽宁省	5.66	6.19	6.73
吉林省	2.17	2.32	2.6
黑龙江省	0.94	1.01	1.11
上海市	295.18	324.49	364.29
江苏省	28.01	30.47	33.77
浙江省	19.75	22.63	25.85
安徽省	8.16	9.49	11.01
福建省	9.14	10.26	11.75
江西省	3.98	4.56	5.37

续表

省份	2018 年	2019 年	2020 年
山东省	15.25	18.08	21.66
河南省	8.58	10.09	11.79
湖北省	5.76	6.33	5.63
湖南省	3.56	4.09	4.74
广东省	23.29	26	26.12
广西壮族自治区	2.84	3.14	3.54
海南省	6.6	7.56	9.48
重庆市	8.85	9.47	10.48
四川省	2.75	2.98	3.52
贵州省	3.35	3.7	4.07
云南省	1.58	1.67	1.88
西藏自治区	0.05	0.06	0.07
陕西省	3.7	4.22	4.87
甘肃省	0.83	0.89	1.01
青海省	0.12	0.13	0.15
宁夏回族自治区	2.13	2.18	2.5
新疆维吾尔自治区	0.18	0.19	0.22

(2)单位面积农林牧渔业总产值

单位面积农林牧渔业总产值直接反映了土地单位面积的产出,可以很好地反映规模化水平。图 12-9 表示的是 2018—2020 年单位面积农林牧渔业总产值。可以看到,江苏在此项统计中排名第 1,2020 年每平方千米达到了 775.10 万元。从区域角度来看,单位面积农林牧渔业总产值也大致呈现出东中西部逐步降低的趋势,前 10 名中,东中部分别占据 7 个、3 个名额。具体地,东、中、西、东北 4 个区域每平方千米农林牧渔业总产值分别为 449.52 万元、330.75 万元、128.79 万元、194.19 万元。

从发展趋势来看,我国多数省份单位面积农林牧渔业总产值呈现出不断增加的态势,2018—2020 年年均增长为正的省份多达 29 个,仅北京、上海两个直辖市为负。在增长率为正的省份中,超过 10% 的省份共有 7 个,分别为云南、湖南、重庆、广东、宁夏、天津、江西,其增长率依次为 20.04%、18.37%、15.75%、11.85%、11.50%、10.54%、10.16%。

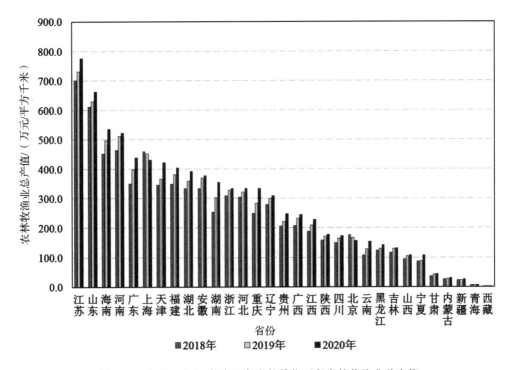

图 12-9　2018—2020 年全国各省份单位面积农林牧渔业总产值

(二)省域规模化发展指数分析——东强西弱格局不改,发展不均衡不充分特点仍存

图 12-10 展示了 2018—2020 年我国各省份规模化发展指数得分情况。在规模化发展的比较中,整体来看,东部地区处于绝对领先的地位,前 10 名的城市中除中部的河南之外,其余 9 省份均为东部沿海省份。排名靠后的 10 个省份中,除去东北黑龙江、吉林两省,中部山西 1 省,剩余的 7 省份均位于西部地区。可见,我国东强西弱的格局在规模化发展水平上仍然存在。

观察各省份具体得分,上海、江苏两地位居前两名,得分均在 90 分之上;排名第 3 的山东 2018—2020 年得分分别为 89.49 分、88.80 分、89.30

分,成为唯一一个得分介于 80～90 分之间的省份;在山东之后的河南、天津、海南 3 省得分在伯仲之间,均处于 70～80 分的区间段内,与排名第 3 的山东相比,得分已经落后 10 分以上,差距开始逐渐显现。进一步观察可知,得分在 60 分以上与得分在 60 分以下的省份分别有 9 个、22 个,即使经济处于发达省份之列的浙江 3 年得分也仅为 59.58 分、59.71 分、58.23 分。明显可以看到,我国乡村产业发展不均衡不充分的特点在规模化发展上同样表现突出。

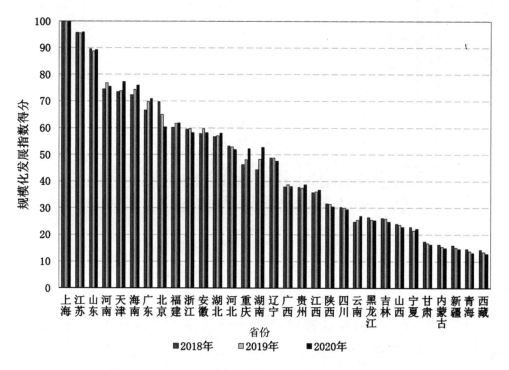

图 12-10   2018—2020 年全国各省份规模化发展指数得分

五、小结

省级经营体系主要呈现出区域"冒尖"的主要特征。尽管从整体层面上看,东部发展最优、中部次之、东北及西部地区相对落后的局面在经营体系的发展上未发生改变。不过各大区域中,个别省份"冒尖"的现象明显。

东部地区中,山东整体最为出色,得益于新型农业经营主体的领先发展,其在合作化、新型化、规模化上的发展均处于全国领先水平,排名分别位列全国第2、第1、第3。

中部地区中,河南脱颖而出,合作化、新型化、规模化分别位列全国第6、第2、第4,经营体系的整体发展水平也因此处于全国较高水准,位列全国第4。值得一提的是,在合作化发展水平上,湖南、江西分别排名全国第3、第4,在经营体系综合发展水平上,河南、湖南、安徽3省分别排名全国第4、第5、第6位,足见中部省份经营体系的发展水平。

西部地区中,四川独领风骚,经营体系发展指数排名全国第2。分项指数中,尽管规模化相对欠缺,但新型化位居前3之列,合作化更是雄踞全国榜首,四川地区已然成为西部地区乡村振兴闪耀的明星。

第十三章 经营体系高质量发展地市评价

一、地市经营体系发展指数解读

市级格局稳定,鲁鄂苏浙四省表现突出。表 13-1 展示了 2018—2020 年全国经营体系发展指数 50 强城市。观察榜单可以发现,山东潍坊力压深圳、成都两市,连续 3 年保持在第 1 名。此外,同属山东的青岛和烟台两市 3 年来也都保持在前 10 名之中,这足见山东经营体系发展水平之高,经营体系发展指数领跑全国也在情理之中。

进一步地,50 强市榜单的城市覆盖了全国 17 个省份。从城市属性来看,2018—2020 年分别有 18 个、19 个、18 个省会(首府)及副省级城市入围榜单;从区域角度来看,东部、中部、西部、东北四大区域 2018 年分别入围 27 个、15 个、6 个、2 个城市,2019 年为 27 个、16 个、5 个、2 个,2020 年为 26 个、17 个、5 个、2 个。可以看到,50 强城市榜单在城市类别以及区域的分布上显得比较稳定。

50 强市中,存在 42 个市连续 3 年进入榜单,占比达到了 44%。进一步观察可以发现,2018—2020 年处于榜单前 30 名的城市从未退出过榜单,同样表现出经营体系发展水平在城市级别上的稳定现象。发生过变更的城市中,扬州市、咸阳市、泉州市、宣城市、宿迁市仅在 2018 年进入榜单,随后两年退出;相对应地,济南市、佛山市、开封市、九江市、阜阳市自 2019 年进入以后便稳定在榜单之中;淮安市于 2020 年退出,取而代之的为东莞市;商丘市、遂宁市则在 2019 年退出榜单后,于 2020 年再度回归。

表 13-1　2018—2020 年全国经营体系发展指数 50 强市

排名	2018 年城市	2018 年得分	2019 年城市	2019 年得分	2020 年城市	2020 年得分
1	潍坊市	100.000	潍坊市	100.000	潍坊市	99.999
2	深圳市	100.000	深圳市	100.000	成都市	99.998
3	成都市	99.995	成都市	99.992	深圳市	99.991
4	青岛市	99.637	保山市	99.793	广州市	99.793
5	保山市	99.586	广州市	98.971	保山市	99.623
6	大连市	99.526	青岛市	98.902	青岛市	99.456
7	长春市	99.121	大连市	98.723	厦门市	99.012
8	广州市	98.562	长春市	98.202	长春市	98.963
9	烟台市	97.805	烟台市	97.783	大连市	98.334
10	运城市	97.044	长沙市	97.120	烟台市	97.668
11	长沙市	96.860	厦门市	95.582	长沙市	97.643
12	南通市	96.839	运城市	95.283	运城市	96.805
13	杭州市	95.366	南通市	95.212	南京市	96.257
14	南京市	95.293	南京市	94.841	南通市	95.587
15	厦门市	95.279	杭州市	94.633	杭州市	95.435
16	威海市	94.967	南阳市	94.282	周口市	94.864
17	周口市	94.814	信阳市	94.124	邯郸市	94.299
18	徐州市	94.613	盐城市	94.075	盐城市	94.242
19	盐城市	94.244	周口市	94.037	信阳市	93.980
20	信阳市	93.617	威海市	93.942	南阳市	92.912
21	南阳市	91.774	武汉市	93.489	临沂市	92.685
22	武汉市	91.199	邯郸市	92.438	宁波市	92.444
23	宁波市	91.078	临沂市	92.164	湖州市	92.374
24	郑州市	90.402	徐州市	92.088	石家庄市	92.304
25	临沂市	90.387	宁波市	91.503	西安市	92.205

续表

排名	2018 年城市	2018 年得分	2019 年城市	2019 年得分	2020 年城市	2020 年得分
26	德州市	90.087	石家庄市	90.526	徐州市	92.174
27	邯郸市	89.844	驻马店市	90.282	威海市	92.005
28	西安市	89.231	德州市	89.417	郑州市	90.500
29	舟山市	88.892	济宁市	89.123	舟山市	89.595
30	石家庄市	87.886	舟山市	88.653	武汉市	89.048
31	济宁市	87.799	西安市	88.613	东莞市	89.026
32	嘉兴市	86.712	福州市	87.334	德州市	88.742
33	湖州市	86.181	上饶市	86.267	上饶市	87.626
34	上饶市	86.144	郑州市	86.172	济宁市	87.363
35	福州市	84.614	菏泽市	86.064	福州市	85.839
36	扬州市	83.415	嘉兴市	84.943	驻马店市	85.742
37	菏泽市	83.034	湖州市	84.762	南昌市	85.270
38	驻马店市	83.003	开封市	84.497	菏泽市	85.233
39	淮安市	82.851	南昌市	84.067	嘉兴市	85.185
40	德阳市	82.849	岳阳市	83.989	济南市	85.041
41	合肥市	82.649	济南市	83.869	佛山市	84.929
42	赣州市	81.404	赣州市	83.757	遂宁市	84.680
43	咸阳市	81.316	佛山市	82.932	岳阳市	84.380
44	泉州市	81.214	德阳市	82.879	德阳市	84.21661
45	南昌市	81.179	合肥市	82.701	开封市	83.62841
46	岳阳市	81.003	阜阳市	82.451	合肥市	82.99835
47	商丘市	80.442	九江市	82.260	赣州市	82.98822
48	遂宁市	80.378	渭南市	81.141	九江市	82.00354
49	宣城市	80.145	淮安市	81.076	商丘市	81.96416
50	宿迁市	79.269	邢台市	80.389	阜阳市	81.82194

从入围 50 强城市省际分布(见图 13-1)来看,山东连续 3 年入围城市数量最多,呈现出略微增加的趋势,2018—2020 年分别有 8 个、9 个、9 个;第二名随着年份的变化存在易主的现象,2018 年江苏以 7 个城市位居第 2,不过随后入围城市有所下降,到 2020 年仅有 4 城入围 50 强榜单;而湖北则在稳定的基础上略微上涨,并在 2020 年以 7 个城市成为入围榜单第 2 多的省份。相比之下,浙江入围榜单的城市一直为 5 个,表现出较为稳定的经营体系城市格局。

从各省份入围比例来看,占比最高的 4 个省份分别为山东、湖北、江苏和浙江,其中山东、江苏、湖北也是仅有的 3 个比例超过 50% 的省份。具体来看,山东 2018—2020 年均达到了 50% 以上,2020 年为 56.25%;江苏在 2018 年、湖北在 2020 年均突破了 50%,达到了 53.85%;浙江则连续 3 年均保持在 45.45%。鲁鄂苏浙 4 省 3 年入围城市总和均在 25 个及以上,在 50 强市中占据半壁江山,4 省经营体系的发展处于相对领先地位。

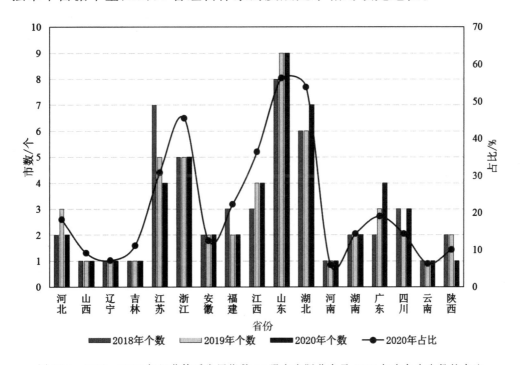

图 13-1　2018—2020 年经营体系发展指数 50 强市省际分布及 2020 年在各自省份的占比

二、地市合作化发展指数解读

(一)中小城市合作经营土壤优渥,大型城市带动能力欠缺

表 13-2 显示了我国 2018—2020 年合作化发展指数 50 强市。从得分来看,市级层面上,山东潍坊与云南保山两市得分均为 100 分,在合作化的发展上领跑全国。山西运城同样表现出色,连续 3 年排名均在第 3 名。从城市属性来看,2018 年省会(首府)及副省级城市仅包括青岛、长春、成都、大连、杭州、银川 6 个;2019 年杭州、大连退出,石家庄新进,共计 5 市入围 50 强榜单;2020 年在 2019 年的基础上再退出银川一城,最终只剩下长春、青岛、成都、石家庄 4 个城市。可以看到,我国地市合作化发展上,中小城市保持了比较大的竞争力。省会(首府)及副省级城市在此项指标上缺乏竞争力,主要是由于农民专业合作社往往设立在乡村地区,城镇化水平较高的地区在产业重心、资源禀赋的制约下,不宜开展农民专业合作社。

表 13-2　2018—2020 年合作化发展指数 50 强市

排名	2018 年城市	2018 年得分	2019 年城市	2019 年得分	2020 年城市	2020 年得分
1	潍坊市	100.000	潍坊市	100.000	潍坊市	100.000
2	保山市	100.000	保山市	100.000	保山市	100.000
3	运城市	99.852	运城市	99.858	运城市	99.960
4	龙岩市	98.851	广元市	97.558	湖州市	99.613
5	青岛市	98.773	南阳市	97.132	广元市	98.600
6	广元市	97.485	上饶市	96.891	攀枝花市	98.427
7	上饶市	97.484	怀化市	96.823	龙岩市	97.561
8	怀化市	97.180	攀枝花市	96.786	怀化市	97.510
9	湖州市	96.511	湖州市	96.757	上饶市	97.458
10	南阳市	96.288	赣州市	96.448	长春市	96.943
11	攀枝花市	96.184	龙岩市	96.435	南阳市	96.351

续表

排名	2018年城市	2018年得分	2019年城市	2019年得分	2020年城市	2020年得分
12	赣州市	96.108	宣城市	95.892	宣城市	95.565
13	泸州市	95.282	信阳市	95.713	赣州市	95.468
14	宣城市	95.230	德阳市	94.800	德阳市	95.301
15	长春市	94.899	绵阳市	94.436	信阳市	95.219
16	绵阳市	94.838	盐城市	93.821	遂宁市	95.132
17	衡阳市	94.496	岳阳市	93.326	本溪市	94.953
18	郴州市	94.372	遂宁市	92.740	岳阳市	94.783
19	岳阳市	94.024	九江市	92.440	绵阳市	94.735
20	遂宁市	93.582	青岛市	92.420	青岛市	94.638
21	信阳市	93.441	达州市	91.861	盐城市	94.226
22	德阳市	93.344	本溪市	91.799	九江市	93.913
23	达州市	93.180	泸州市	91.777	泸州市	93.779
24	盐城市	92.704	白银市	91.144	自贡市	93.262
25	成都市	92.481	成都市	90.814	邯郸市	93.044
26	本溪市	91.599	吉安市	90.499	达州市	92.900
27	九江市	91.043	邯郸市	90.378	吉安市	92.692
28	南充市	89.660	渭南市	90.198	成都市	91.136
29	永州市	89.397	长春市	90.172	红河州	90.580
30	吉安市	89.329	郴州市	89.971	凉山彝族自治州	90.407
31	长治市	88.867	自贡市	88.753	长治市	90.146
32	南平市	88.642	衡阳市	88.696	郴州市	89.005
33	凉山州	88.054	凉山州	88.357	南平市	87.926
34	大连市	87.350	长治市	87.882	南充市	87.522
35	渭南市	87.219	南平市	87.437	衡阳市	87.234
36	自贡市	86.960	吴忠市	86.553	渭南市	86.637
37	邯郸市	86.753	驻马店市	85.625	定西市	86.177

续表

排名	2018 年城市	2018 年得分	2019 年城市	2019 年得分	2020 年城市	2020 年得分
38	资阳市	86.470	银川市	85.556	石家庄市	86.080
39	阿里地区	86.201	临沂市	85.404	吴忠市	85.735
40	晋中市	85.298	红河州	85.339	资阳市	85.346
41	白银市	84.983	南充市	85.330	常德市	85.243
42	临沂市	84.466	资阳市	84.224	乐山市	83.811
43	乐山市	84.071	永州市	84.028	抚州市	83.450
44	韶关市	82.356	宜春市	83.097	临沂市	83.350
45	梅州市	82.134	抚州市	82.695	驻马店市	83.220
46	吴忠市	81.956	石家庄市	82.595	永州市	83.135
47	赤峰市	81.822	常德市	82.590	白银市	82.800
48	杭州市	81.745	宜昌市	82.415	阿里地区	82.464
49	常德市	81.423	黄冈市	82.278	临汾市	82.179
50	银川市	80.596	周口市	82.192	十堰市	81.581

(二)50 强市分布既广泛又稳定,四川一枝独秀入围最多

分析进入榜单的城市的省际分布及省内占比情况(见图 13-2),我们可以得到以下几点发现。

第一,入围榜单的城市覆盖了我国绝大多数省份,2018—2020 年分别覆盖 20 个、18 个、19 个省份。除去 4 个未被纳入比较的直辖市,仅有黑龙江、广西、海南、贵州、青海、新疆 6 省份没有城市入围 50 强市榜单。广东、内蒙古仅在 2018 年有城市入围榜单,湖北则是 2018 年没有城市入围榜单,随后两年有城市跻身前 50 强。前 10 名城市中,其所属省份同样分布均衡,2018—2020 年分别覆盖了 9 个、8 个、9 个省份。

第二,入围城市名单较为固定,连续 3 年入选的城市共有 41 个,占比达到了 82%,至少两年入选过榜单的城市达到 48 个,占比达 96%。以 2020 年的排名来看,排名前 30 的城市仅有一城出现更换,格局较为稳定。排名

后 20 位的城市中,大连、晋中、韶关、梅州、赤峰、杭州仅入围 2018 年榜单,随后便退出了竞争;与之相反的是,红河哈尼族彝族自治州、石家庄、抚州、驻马店自 2019 年进入后便保持在榜单之中;定西、临汾、十堰为 2020 年新上榜城市,银川则在 2020 年退出;阿里地区、乐山则是 2019 年退出后于 2020 年回归。

第三,四川成为唯一入选城市达到两位数的省份。图 13-2 显示了 2018—2020 年全国各省份合作化发展指数 50 强市个数与占比情况。具体来看,吉林、江苏、安徽、陕西 4 省份 3 年均只有 1 个入围;福建、山东、湖南 3 省 3 年入围个数也未发生过改变,分别为 2 个、3 个、6 个;入围城市未发生减少的省份为河北、云南、甘肃 3 省;入围城市存在减少的有内蒙古、辽宁、浙江、广东、宁夏。相比之下,四川无论是从入围个数还是从入围个数占省内地级市数量的比例来看,都要高于其他省份,2018—2020 年入围个数分别为 13 个、12 个、13 个,占比依次为 61.90%、57.14%、61.90%。

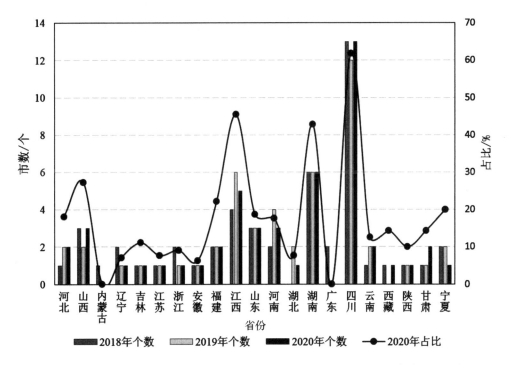

图 13-2 2018—2020 年合作化发展指数 50 强市省际分布及与 2020 年在各自省份的占比

(三)各省下辖地市排名形态各异,贵州整体前移江苏后退

图 13-3(a)至图 13-3(d)展示了全国各个省份下辖市的排名分布情况。其中名次"均匀"分布的省份有吉林、河南、江苏、浙江、福建、山东、湖北、甘肃等 8 个省份,其中吉林、江苏、河南主要分布在 0—200 名之间,浙江、福建、湖北、甘肃分布在 0—300 名之间,山东则在 0—250 名之间;名次主要集中于前段的有河北、四川两省,主要分布在 0—100 名以内;山西、辽宁、江西、湖南、云南则主要分布在两个区间段,如山西、云南主要分布在 0—100 名以及 200—300 名两个区间段,辽宁主要分布在 0—50 名和 150—200 名中;名次主要分布在靠后的有内蒙古、黑龙江、广西、海南、西藏、青海、新疆等;而安徽、贵州、陕西 3 省则主要集中在中段排名中,如安徽分布在 100—200 名之间,贵州、陕西分布在 50—250 名之间。

从 2018—2020 年的排名变动趋势来看,排名存在整体前移与后退的分别为贵州与江苏,其他省份的排名整体变化不大,相对稳定。

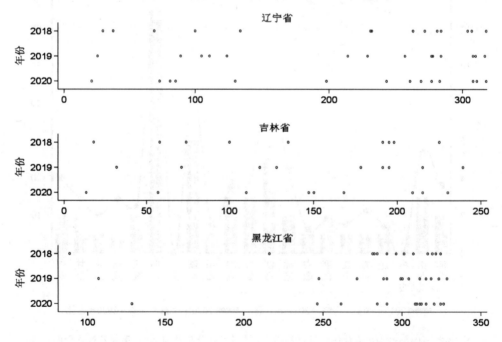

图 13-3(a)　2018—2020 年东北地区各省份下辖地级市合作化发展指数排名分布

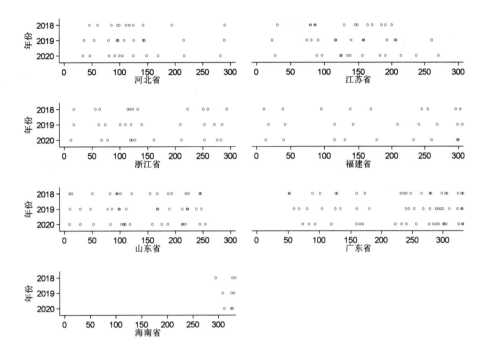

图 13-3(b)　2018—2020 年东部地区各省份下辖地级市合作化发展指数排名分布

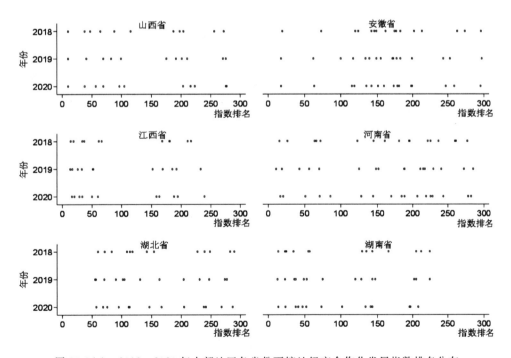

图 13-3(c)　2018—2020 年中部地区各省份下辖地级市合作化发展指数排名分布

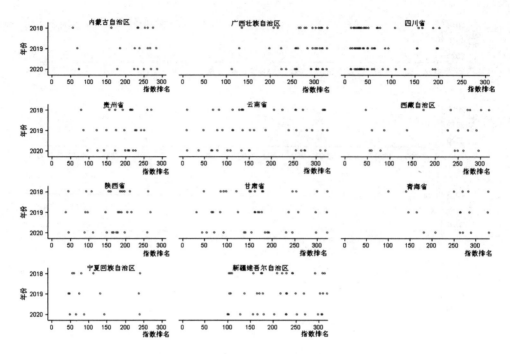

图 13-3(d)　2018—2020 年西部地区各省份下辖地级市合作化发展指数排名分布

三、地市新型化发展指数解读

(一)大型城市发展相对出彩,成都长春大连三市表现领先

表 13-3 展示了 2018—2020 年我国新型化发展处于前 50 名的城市。观察表中名单,可以看到在新型化指标 50 强市排名中,省会(首府)及副省级城市占比接近半数,2018—2020 年分别有 23 个、24 个、24 个。尤其是排名前 20 的城市中,省会(首府)及副省级城市占比更高,最少的 2020 年共有 14 个城市入围,2018 年、2019 年则均有 16 个城市,占比高达 80%。

其中,成都市作为西南地区的中心城市,2018—2020 年新型化发展指数均高居全国各大城市榜首,3 年得分均为 100,反映出成都市新型化发展走在了全国前列。东北地区中,长春和大连两市表现出色,前者 2018 年、2020 年位处第 2 名,2019 年为全国第 3;后者 2018—2020 年分别排名第 3、第2、第4位。结合前文产业体系、生产体系两大指标,东北地区乡村产业发展整体表现欠佳,不论是产业体系还是生产体系的发展,东北地区排名都相对落后。新型化发展指数的成绩相对出色,也让长春、大连两市成为东北地区乡村产业发展的希望双星。

表 13-3　2018—2020 年新型化发展指数 50 强市

排名	2018 年城市	2018 年得分	2019 年城市	2019 年得分	2020 年城市	2020 年得分
1	成都市	100.000	成都市	100.000	成都市	100.000
2	长春市	99.940	大连市	99.830	长春市	99.816
3	大连市	99.891	长春市	99.819	潍坊市	99.643
4	潍坊市	99.711	潍坊市	99.651	大连市	99.611
5	烟台市	99.357	烟台市	99.442	烟台市	99.350
6	长沙市	99.013	长沙市	99.316	长沙市	99.336
7	杭州市	98.728	哈尔滨市	99.222	哈尔滨市	99.118
8	哈尔滨市	98.254	南宁市	98.522	南宁市	99.000
9	南宁市	97.931	杭州市	98.083	杭州市	98.631
10	青岛市	97.896	青岛市	97.168	青岛市	98.002
11	郑州市	97.816	广州市	96.936	郑州市	96.832
12	广州市	97.598	福州市	96.626	广州市	96.815
13	西安市	96.621	郑州市	95.624	西安市	96.602
14	遵义市	94.766	西安市	95.219	遵义市	95.533
15	福州市	94.499	武汉市	94.701	福州市	95.157
16	宁波市	93.693	遵义市	94.273	临沂市	95.030
17	德州市	93.418	临沂市	93.588	宁波市	93.909
18	西宁市	93.135	沈阳市	93.075	南昌市	92.869
19	武汉市	92.794	南昌市	92.972	周口市	92.509
20	合肥市	92.574	宁波市	92.466	齐齐哈尔市	92.198

续表

排名	2018 年城市	2018 年得分	2019 年城市	2019 年得分	2020 年城市	2020 年得分
21	厦门市	92.571	齐齐哈尔市	92.384	漳州市	91.876
22	南昌市	92.485	漳州市	92.337	德州市	91.146
23	泉州市	92.254	德州市	92.040	合肥市	90.906
24	信阳市	92.198	合肥市	91.896	信阳市	90.692
25	临沂市	91.987	南阳市	91.740	南阳市	90.672
26	周口市	91.743	周口市	91.332	南通市	90.293
27	齐齐哈尔市	91.659	绥化市	91.208	绥化市	90.186
28	漳州市	90.741	菏泽市	90.532	厦门市	89.955
29	沈阳市	90.222	信阳市	89.266	沈阳市	89.753
30	昆明市	90.101	南通市	89.181	邯郸市	89.728
31	南通市	89.591	驻马店市	89.127	温州市	89.651
32	温州市	88.403	泉州市	88.875	南京市	89.588
33	菏泽市	88.070	昆明市	88.753	武汉市	89.132
34	绥化市	87.878	亳州市	88.098	石家庄市	89.033
35	运城市	87.499	石家庄市	87.996	菏泽市	88.503
36	南京市	87.437	温州市	87.821	昆明市	87.839
37	徐州市	87.375	济宁市	87.732	泉州市	87.466
38	南阳市	87.358	厦门市	87.710	亳州市	87.437
39	威海市	87.286	邢台市	87.522	商丘市	87.385
40	亳州市	87.188	通化市	87.507	威海市	86.366
41	邢台市	87.045	邯郸市	87.476	通化市	86.293
42	邯郸市	86.813	赤峰市	87.327	邢台市	85.604
43	咸阳市	86.057	西宁市	87.213	徐州市	85.358
44	赤峰市	85.776	南京市	86.985	赤峰市	85.305

续表

排名	2018 年城市	2018 年得分	2019 年城市	2019 年得分	2020 年城市	2020 年得分
45	通化市	85.536	威海市	85.792	上饶市	84.696
46	绍兴市	85.506	安庆市	84.929	银川市	84.511
47	深圳市	85.490	银川市	84.892	济南市	83.957
48	安庆市	84.997	商丘市	84.760	贵阳市	83.710
49	石家庄市	84.322	济南市	83.984	安庆市	83.333
50	商丘市	83.994	徐州市	83.688	盐城市	83.165

(二)格局稳定但集中度不高,山东福建成新型化发展标兵

由图 13-4 的前 50 强省际分布及 2020 年在各自省份的占比情况,从省份集中度来看,新型化发展指数 50 强市在 2018—2020 年分别覆盖了全国 22 个、22 个、21 个省份。从入选城市个数来看,山东入围城市最多,2018—2020 年分别入选 7 个、9 个、8 个;排名第 2 的为河南,3 年分别入围 5 个、6 个、5 个;排在后面的河北、黑龙江、江苏、浙江、安徽、福建 6 省旗鼓相当,入围榜单的城市均为 3—4 个。2018—2020 年排名前 3 省份的城市在榜单的占比分别为 16%、19%、17%。可以看到,新型化榜单的省份集中度一般。

从省份排名的稳定程度来看,仅山西、青海、宁夏 3 省份相对不稳定,下辖城市有新进或者退出榜单的现象。山西于 2018 年有城市入围榜单,青海 2018 年、2019 年均有 1 个城市入围,宁夏则是 2019 年、2020 年存在城市入围。进一步观察,连续 3 年进入榜单的城市共有 45 个,占比为 90%,入围榜单一次与两次的城市分别为 3 个、9 个。可以看到,新型化榜单的稳定性较好。

入围的城市在各自省份的占比中,山东处于领先状态,2018—2020 年的占比分别达到了 43.75%、56.25%、50.00%,也是全国唯一一个占比达 50%的省份;排名第 2 的福建连续 3 年均有 4 个城市入围,占比为 44.44%。此外,占比超过 30%的省份还有 2018 年的浙江、2019 年的河南以及 2020

年的江苏。

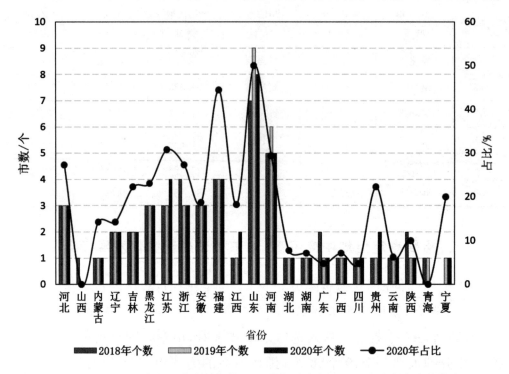

图 13-4　2018—2020 年新型化发展指数 50 强市省际分布及 2020 年在各自省份的占比

(三)不同区域排名存在差异,呈东领先、中分化、西落后特点

图 13-5(a)至图 13-5(d)显示了 2018—2020 年我国各省份下辖市的新型化发展指数排名分布。可以看到,排名主要集中在百名以内的均在东部地区,具体包括河北、浙江、山东、福建 4 省,且河北下辖城市随年份增加排名有向前进的趋势;主要分布在 200 名以后的省份以西部及东北两地为主,涵盖了辽宁、黑龙江、广东、广西、四川、云南、新疆、西藏、青海 9 个省份。排名介于两个区间段的以中部地区省份为主,包括江西、安徽、湖北 3 省,一定程度上反映了该地区发展的两极分化;排名较为分散的省份有山西、内蒙古、吉林、江苏、河南、湖南、贵州、陕西、甘肃、宁夏等。

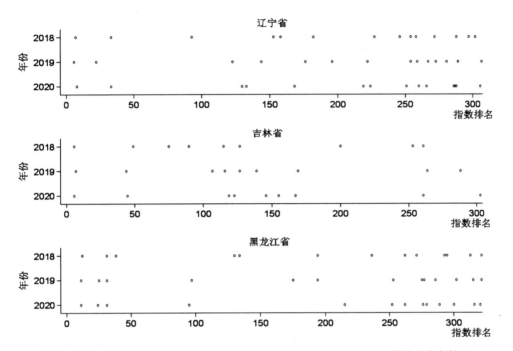

图 13-5（a）　2018—2020 年东北地区各省份下辖地级市新型化发展指数排名分布情况

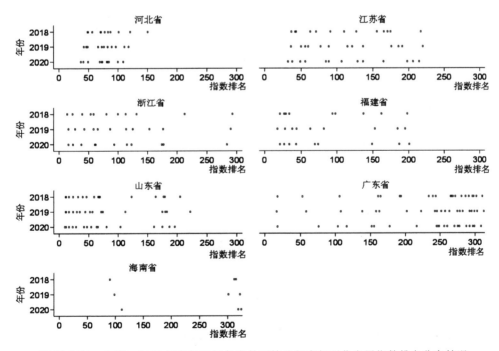

图 13-5（b）　2018—2020 年东部地区各省份下辖地级市新型化发展指数排名分布情况

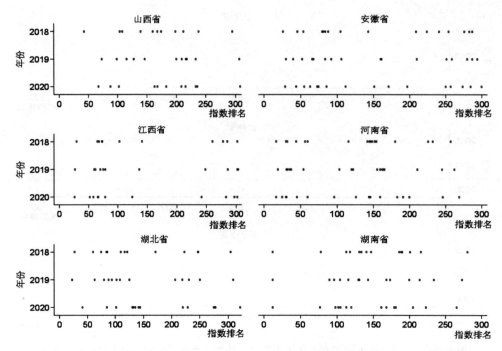

图 13-5(c)　2018—2020 年中部地区各省份下辖地级市新型化发展指数排名分布情况

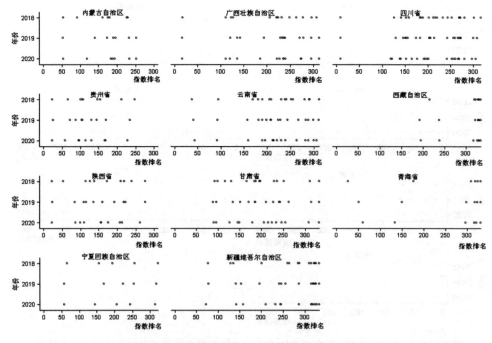

图 13-5(d)　2018—2020 年西部地区各省份下辖地级市新型化发展指数排名分布情况

四、地市规模化发展指数解读

(一)广东城市排名头部化,核心城市入围占比偏低

表 13-4 展示了 2018—2020 年我国规模化发展的 50 强市。连续 3 年进入榜单的城市共有 44 个,在 50 强的占比达到了 88%,表现出一定的头部化特点。具体来看,其中淮安、德州、潍坊仅 2018 年入围,随后两年退出;盐城、德阳、内江 3 市于 2018、2019 年入围,2020 年退出;济南、焦作、漳州 3 市为 2019 年新进入榜单的城市,2020 年继续保持在榜单上;郑州、三亚、许昌 3 市为 2020 年新进入榜单城市。得益于创业气氛活跃,并且在现代科技的加持下,深圳单位面积产出处于较高水平,使得其在乡村产业的规模化发展上始终处于全国首位。紧随其后的为舟山市,其在规模化发展上一直稳定在全国第 2 的水平,广州和厦门则在第 3 名与第 4 名互有升降。进一步观察,前 10 名城市中,归属广东的城市呈现出增加的趋势,2018 年,深圳、广州、汕头、佛山 4 市入围前 10 名,2019 年在 2018 年的基础上新增东莞市,2020 年又在 2019 年的基础上新增中山市。

50 强市榜单中,2018—2019 年,省会(首府)及副省级城市的个数分别有 12 个、13 个、14 个,尽管数量有增加的态势,不过相对其他指标来说,规模化中的省会(首府)及副省级城市占比相对偏低。对于大中型城市而言,受限于自然资源禀赋强约束,并且其发展重心不在农业,在工业化浪潮之下,农业的发展相对落后在情理之中。随着国家对乡村产业的越发重视以及乡村振兴战略的推行,大型城市也越来越多地投入乡村产业的规模化发展之中,不少大型城市的排名有上升趋势,如陕西省会西安,排名自 2018 年的第 50 位前进至 2019 年的第 44 位,再攀升至 2020 年的第 33 位,一路飙升。

表 13-4　2018—2020 年规模化发展指数 50 强市

排名	2018 年城市	2018 年得分	2019 年城市	2019 年得分	2020 年城市	2020 年得分
1	深圳市	100.000	深圳市	100.000	深圳市	100.000
2	舟山市	99.999	舟山市	99.998	舟山市	99.997
3	厦门市	99.510	厦门市	99.809	广州市	99.997
4	广州市	99.047	广州市	99.675	厦门市	99.996
5	南京市	98.938	佛山市	98.720	东莞市	99.945
6	徐州市	98.538	东莞市	98.529	佛山市	99.337
7	鄂州市	98.366	南京市	98.433	中山市	99.083
8	汕头市	97.883	鄂州市	98.426	南京市	99.055
9	佛山市	97.849	汕头市	98.357	汕头市	98.265
10	南通市	97.558	徐州市	97.403	徐州市	97.774
11	东莞市	97.041	南通市	97.197	南通市	97.703
12	北海市	96.021	武汉市	95.889	成都市	96.794
13	中山市	96.000	北海市	95.749	鄂州市	96.702
14	武汉市	95.740	中山市	95.691	漯河市	95.544
15	珠海市	95.637	开封市	95.068	濮阳市	95.088
16	威海市	95.008	漯河市	94.268	青岛市	94.595
17	泰州市	94.353	威海市	94.053	开封市	94.555
18	济宁市	93.452	成都市	94.017	珠海市	94.536
19	成都市	92.997	珠海市	93.300	武汉市	94.142
20	连云港市	92.917	泰州市	92.650	威海市	93.766
21	扬州市	92.453	青岛市	92.155	北海市	93.647
22	苏州市	92.042	济宁市	92.089	泰州市	93.054
23	常州市	91.822	连云港市	91.996	苏州市	92.833
24	青岛市	91.771	濮阳市	91.259	济宁市	91.872
25	福州市	91.064	福州市	91.106	海口市	91.813
26	漯河市	89.812	扬州市	90.690	福州市	91.688
27	周口市	88.787	苏州市	88.156	连云港市	91.576

排名	2018 年城市	2018 年得分	2019 年城市	2019 年得分	2020 年城市	2020 年得分
28	无锡市	88.545	海口市	87.950	扬州市	91.020
29	濮阳市	88.233	烟台市	87.204	无锡市	90.478
30	开封市	87.097	常州市	87.129	常州市	90.234
31	镇江市	86.987	湛江市	87.101	济南市	89.020
32	烟台市	86.886	茂名市	87.036	周口市	88.164
33	泰安市	86.232	济南市	86.026	西安市	86.968
34	大连市	85.733	大连市	85.358	烟台市	86.817
35	盐城市	85.534	泰安市	84.358	宁波市	86.594
36	湛江市	85.420	镇江市	84.301	茂名市	86.392
37	德阳市	85.122	阜阳市	84.274	郑州市	86.381
38	海口市	85.032	无锡市	84.086	镇江市	85.668
39	聊城市	84.346	自贡市	83.962	焦作市	85.367
40	宿迁市	84.091	宁波市	83.567	大连市	85.238
41	内江市	83.947	聊城市	83.054	嘉兴市	85.064
42	淮安市	83.130	周口市	82.567	湛江市	84.409
43	宁波市	83.003	焦作市	82.552	阜阳市	84.185
44	自贡市	82.708	西安市	82.379	泰安市	83.901
45	茂名市	82.467	嘉兴市	81.671	自贡市	83.633
46	嘉兴市	82.249	漳州市	81.396	聊城市	83.330
47	德州市	81.549	宿迁市	81.117	漳州市	82.978
48	阜阳市	81.439	内江市	80.760	宿迁市	82.304
49	潍坊市	80.782	德阳市	80.643	三亚市	81.509
50	西安市	80.593	盐城市	80.264	许昌市	81.415

(二)50 强市分布较集中,苏鲁粤三省领跑规模化

图 13-6 展示了 2018—2020 年我国规模化发展指数 50 强市个数,以及在各自省份的占比。入选规模化 50 强市榜单的城市所在省份较为集中,

2018—2020 年均分布在 13 个省份中。规模化集中程度在头部省份表现得更为明显,主要体现在以下两点。

第一,头部省份的城市在 50 强市的占比较高。具体地,江苏下辖城市连续 3 年入选城市个数最多,3 年分别为 13 个、12 个、11 个;排名第二的广东 3 年均入围了 9 个城市;排名第 3 的山东 3 年分别入选了 8 个、7 个、7 个。可以看到,2018—2020 年仅江苏、广东、山东 3 省入围城市就达到了 30 个、28 个、27 个,尽管个数略有下滑,但前 3 省份的入围城市集中度较高,3 年分别为 60%、56%、54%。

第二,头部省份入围 50 强市数量在各自省份的占比较高。入围城市最多的省份江苏在省内城市的覆盖率上也同样高居榜首,其中 2018 年下辖的所有城市均入围了规模化的 50 强榜单,2019—2020 年比例同样不低,分别为 92.31%、84.62%。入围个数排名第 2 和第 3 的广东和山东在各自省内覆盖城市占比中名次发生改变,山东 2018—2020 年以 50.00%、43.75%、43.75%的占比略胜广东 3 年均为 42.86%的占比一筹。

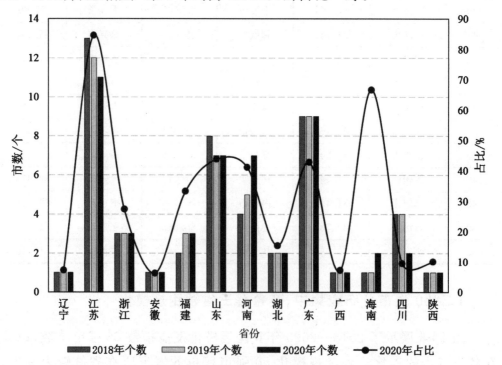

图 13-6　2018—2020 年规模化发展指数 50 强市省际分布及 2020 年在各自省份的占比

(三)东中西部排名显差异,东前、中分、西后格局凸显

图 13-7(a)至图 13-7(d)展示了各个省份所有下辖市的排名分布情况。

东部沿海省份排名整体靠前,其中江苏、海南两省下辖市全部位列百名以内,其中江苏均在 60 名以前,海南全在 80 名以前;浙江、广东、福建、山东下辖市排名相对均匀,山东主要分布在 100 名以内,浙江 150 名以内,广东、福建两省则在 200 名以内;河北大多数地市主要分布在 50—100 名以内。

中部 6 省份中,排名呈现出明显的省份差异现象,其中整体排名靠前的省份有河南、湖北两省,其排名主要集中在 150 名以内;排名整体居中的省份包括安徽、江西、湖南 3 省,安徽主要介于 50—200 名以内,江西、湖南两省则集中在 100—200 名之间;排名整体落后的山西,其下辖市多落在 200—300 名之间。

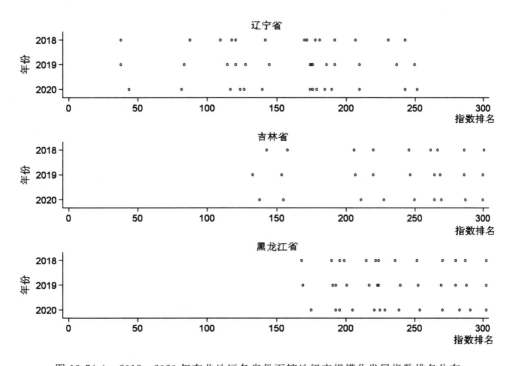

图 13-7(a)　2018—2020 年东北地区各省份下辖地级市规模化发展指数排名分布

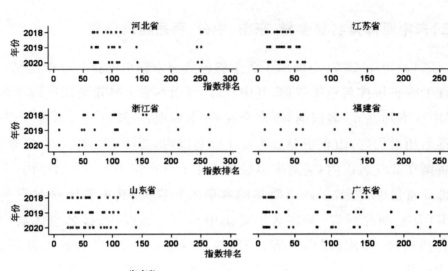

图 13-7(b)　2018—2020 年东部地区各省份下辖地级市规模化发展指数排名分布

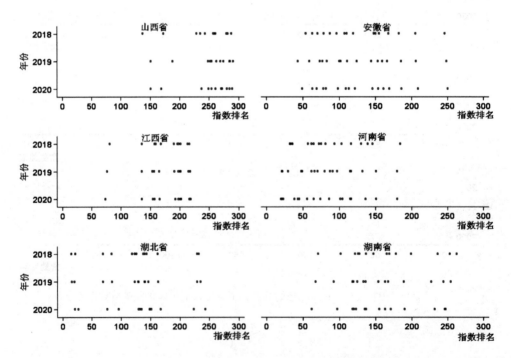

图 13-7(c)　2018—2020 年中部地区各省份下辖地级市规模化发展指数排名分布

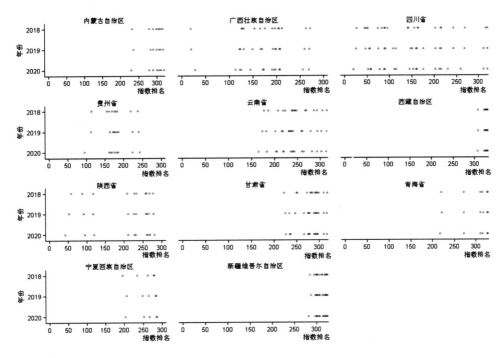

图 13-7(d)　2018—2020 年西部地区各省份下辖地级市规模化发展指数排名分布

西部地区 11 个省份中,排名靠后的省份居多,其中内蒙古、甘肃、青海、宁夏、新疆等省份下辖市均主要分布在 250 名以后,西藏更是全部分布在 300 名之后。相比之下,广西、四川、贵州、云南、陕西 5 省份排名稍微靠前,其中贵州、云南、广西 3 省份均集中在 100—250 名之间,陕西在 100 名以内与 200—300 名两个区间均有分布,四川则较为均匀地分布在前 300 名之间。

东北地区整体分布较为均匀,吉林、黑龙江两省均散落在 150—300 名之间,辽宁整体优于吉林、黑龙江两省,其排名主要在 50—250 名之间。

五、小结

指标视角来看,市级经营体系主要呈现出稳中有变的特点。在经营体系总体发展水平上,省会(首府)及副省级城市无论是指数得分还是排名都相对稳定。不过在分项指数上则呈现出一定的分化特点,大型城市在新型化上延续了优异的表现;而在合作化方面,中小城市则更占发展先机,表现也更为出色。此外,合作化、新型化、规模化榜单的城市也呈现出稳定程度不一的特点。

　　区域视角来看,市级经营体系主要呈现出不同地区不同指标的差异化发展特点。如东部地区的山东延续了一贯优异的表现,无论是在经营体系发展指数,潍坊市力压全国各大城市排名榜首,还是在分项 3 个指数中,山东下辖地级市入围 50 强榜单城市的数量均处在较高水平上;再如西部的四川,合作化入围占比最高,表现最为出色,而在新型化、规模化上则相对落后。

第十四章　经营体系高质量发展县域评价

一、县域经营体系发展指数解读

入围百强榜单门槛较高,发展渐呈均衡态势。表 14-1 展示了 2018—2020 年全国经营体系发展指数百强县。可以看到,我国经营体系百强县的竞争较为激烈,门槛得分在 94.5 分左右,不少县(市)的得分均为满分,其中 2018—2020 年分别有 10 个、9 个、7 个县(市)得分为满分。需要特别指出的是石河子市,作为一个地处新疆的县级市,其经营体系发展与众多知名县(市)并列第 1,足见其经营体系的发展水平之高。

从 2018—2020 年百强县名单的统计情况来看,80 个县(市)连续 3 年进入百强县榜单,占比达到了 80%。以 2020 年的排名为基准,排在前 50 名的县(市)仅有宁乡市此前未出现在榜单之中,后 50 名的波动性则相对更大,相比 2018 年和 2019 年存在 19 个县(市)有变更的情况。进一步地,在 80 个连续进入榜单的县(市)中,江苏、山东两省分别以 15 个、12 个县(市)排名前两位,也是全国唯二连续 3 年县(市)入围榜单上双的省份。

表 14-1　2018—2020 年全国经营体系发展指数百强县

排名	2018 年县(市)	2018 年得分	2019 年县(市)	2019 年得分	2020 年县(市)	2020 年得分
1	诸城市	100.000	义乌市	100.000	义乌市	100.000
2	石狮市	100.000	石狮市	100.000	诸城市	100.000

续表

排名	2018 年县(市)	2018 年得分	2019 年县(市)	2019 年得分	2020 年县(市)	2020 年得分
3	石河子市	100.000	诸城市	100.000	石河子市	100.000
4	荣成市	100.000	石河子市	100.000	石狮市	100.000
5	昆山市	100.000	晋江市	100.000	德清县	100.000
6	义乌市	100.000	荣成市	100.000	荣成市	100.000
7	德清县	100.000	德清县	100.000	晋江市	100.000
8	晋江市	100.000	昆山市	100.000	昆山市	99.999
9	安丘市	100.000	安丘市	100.000	龙陵县	99.999
10	莱西市	100.000	龙陵县	99.999	莱西市	99.995
11	慈溪市	99.997	慈溪市	99.994	慈溪市	99.993
12	温岭市	99.986	莱西市	99.976	胶州市	99.970
13	青州市	99.975	青州市	99.956	寿光市	99.884
14	海安市	99.971	温岭市	99.897	温岭市	99.866
15	胶州市	99.954	海盐县	99.895	海盐县	99.850
16	海盐县	99.953	德惠市	99.882	平度市	99.796
17	德惠市	99.943	瓦房店市	99.870	青州市	99.779
18	瓦房店市	99.937	长沙县	99.854	龙海市	99.740
19	海宁市	99.907	海宁市	99.840	瓦房店市	99.717
20	江阴市	99.883	寿光市	99.766	海安市	99.702
21	龙陵县	99.860	平度市	99.755	德惠市	99.701
22	平度市	99.824	胶州市	99.729	长沙县	99.681
23	长沙县	99.817	贺兰县	99.701	施甸县	99.616
24	丹阳市	99.802	海安市	99.638	临颍县	99.535
25	寿光市	99.787	南昌县	99.586	海宁市	99.487
26	宝应县	99.663	龙海市	99.462	新津县	99.434
27	海门市	99.635	昌宁县	99.412	虞城县	99.433
28	福清市	99.574	施甸县	99.407	贺兰县	99.421
29	沛县	99.507	福清市	99.301	沛县	99.357

续表

排名	2018 年县（市）	2018 年得分	2019 年县（市）	2019 年得分	2020 年县（市）	2020 年得分
30	宁南县	99.460	临颖县	99.285	江阴市	99.274
31	施甸县	99.429	句容市	99.249	固始县	99.253
32	广汉市	99.292	曹县	99.217	曹县	99.168
33	新郑市	99.152	砀山县	99.213	砀山县	99.116
34	桐乡市	99.147	江阴市	99.165	南昌县	99.050
35	宁国市	99.099	新津县	99.112	丹阳市	99.046
36	启东市	99.081	沛县	99.045	昌吉市	99.002
37	宜兴市	99.081	启东市	99.025	邛崃市	98.943
38	新津县	99.057	丹阳市	99.004	昌黎县	98.884
39	虞城县	99.018	虞城县	98.991	新郑市	98.874
40	砀山县	98.992	固始县	98.976	宁乡市	98.703
41	惠安县	98.977	广汉市	98.969	宁南县	98.699
42	龙海市	98.965	连江县	98.944	广汉市	98.642
43	南昌县	98.880	昌黎县	98.940	福清市	98.628
44	昌吉市	98.823	海门市	98.869	莱阳市	98.587
45	丰县	98.822	泗阳县	98.723	泗阳县	98.532
46	昌黎县	98.765	新郑市	98.657	启东市	98.494
47	昌宁县	98.730	滕州市	98.631	海门市	98.440
48	贺兰县	98.695	桐乡市	98.593	桐乡市	98.348
49	莱阳市	98.425	天门市	98.591	潜江市	98.338
50	泰兴市	98.354	张家港市	98.564	宁国市	98.129
51	张家港市	98.349	宜兴市	98.509	正定县	97.990
52	邛崃市	98.348	宁南县	98.447	宜兴市	97.972
53	资中县	98.279	涡阳县	98.191	临猗县	97.766
54	象山县	98.264	正定县	98.164	张家港市	97.764
55	泗阳县	98.261	莱阳市	98.111	惠安县	97.566
56	如皋市	98.076	泰兴市	98.042	高密市	97.544

续表

排名	2018 年 县(市)	2018 年 得分	2019 年 县(市)	2019 年 得分	2020 年 县(市)	2020 年 得分
57	临颍县	98.030	宁国市	97.981	句容市	97.526
58	连江县	97.911	梨树县	97.738	浏阳市	97.525
59	广饶县	97.857	邛崃市	97.672	连江县	97.473
60	湄潭县	97.689	宝应县	97.655	泰兴市	97.446
61	句容市	97.674	昌吉市	97.624	晋州市	97.347
62	梨树县	97.649	滑县	97.541	如皋市	97.341
63	邳州市	97.626	宁乡市	97.464	滑县	97.170
64	常熟市	97.553	潜江市	97.429	兰考县	97.155
65	涡阳县	97.513	惠安县	97.361	涡阳县	97.144
66	中江县	97.481	兰考县	97.287	滕州市	97.076
67	曹县	97.474	武陟县	97.186	广饶县	97.051
68	大英县	97.461	象山县	97.061	象山县	97.008
69	滕州市	97.357	仙桃市	97.021	彭泽县	96.963
70	沭阳县	97.269	高密市	96.991	禹城市	96.924
71	诸暨市	97.198	沭阳县	96.851	昌宁县	96.904
72	郓城县	97.109	丰县	96.670	沭阳县	96.771
73	禹城市	97.031	禹城市	96.543	仙桃市	96.728
74	金乡县	97.003	晋州市	96.427	大英县	96.631
75	固始县	96.982	郓城县	96.310	中宁县	96.619
76	太仓市	96.957	广饶县	96.251	安丘市	96.606
77	潜江市	96.751	邳州市	96.026	天门市	96.593
78	仙桃市	96.682	仪征市	95.961	芮城县	96.589
79	永济市	96.661	诸暨市	95.961	湄潭县	96.550
80	滑县	96.638	会宁县	95.929	荣县	96.504
81	农安县	96.455	中江县	95.920	武陟县	96.422
82	昌乐县	96.330	浏阳市	95.887	农安县	96.096
83	新沂市	96.330	金乡县	95.728	宝应县	96.069

续表

排名	2018 年县(市)	2018 年得分	2019 年县(市)	2019 年得分	2020 年县(市)	2020 年得分
84	东台市	96.323	如皋市	95.724	诸暨市	96.061
85	腾冲市	96.215	昌乐县	95.649	丰县	96.047
86	天门市	96.045	常熟市	95.541	文水县	96.042
87	桐城市	95.621	杞县	95.434	榆树市	95.873
88	尉氏县	95.482	界首市	95.394	新泰市	95.771
89	仪征市	95.394	临猗县	95.359	乐清市	95.769
90	庄河市	95.304	农安县	95.279	桐城市	95.658
91	高密市	95.268	乐清市	95.228	高碑店市	95.611
92	乐清市	95.110	湄潭县	95.015	安溪县	95.539
93	安岳县	95.095	中宁县	94.915	南县	95.452
94	蓬莱市	95.042	祁东县	94.778	郓城县	95.412
95	瑞安市	94.905	潢川县	94.724	沈丘县	95.373
96	临夏市	94.877	彭泽县	94.694	昌乐县	95.315
97	正定县	94.804	桐城市	94.693	杞县	95.291
98	井研县	94.701	尉氏县	94.612	尉氏县	95.187
99	临猗县	94.664	济源市	94.553	旌德县	95.062
100	荣县	94.616	腾冲市	94.527	曲周县	95.061

从经营体系发展指数百强县的地域分布(见图 14-1)来看,2018—2020年排名前四省份下辖的县(市)分别达到了 61 个、57 个、53 个,省份集中度虽处于较高水平但逐渐下滑。具体来说,2018 年排名前 4 的省份从高到低依次为江苏、山东、浙江、四川,2019 年为江苏、山东、河南、浙江,2020 年为山东、江苏、浙江、河南。值得一提的是,上述 5 个省份中,江苏、浙江、山东、四川入围百强县的个数均呈现出下降的趋势,仅河南 2019 年出现上升迹象。从百强县在其各自省份的占比来看,江苏表现优异,3 年占比远超其他省份,不过总体趋势在下滑,2018—2020 年占比分别为 53.66%、46.34%、39.02%,这点同样体现在山东与浙江两省。结合入围个数与占比,可在一定程度上反映出各省份下辖县域经营体系逐渐趋于均衡发展。

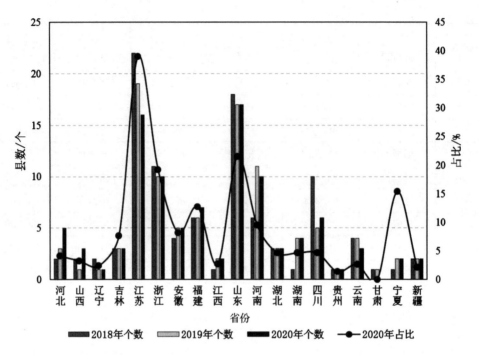

图 14-1 2018—2020 年经营体系发展指数百强县省际分布及 2020 年在各自省份的占比

二、县域合作化发展指数解读

(一)整体竞争激烈,排名存在一定波动

表 14-2 为 2018—2020 年合作化发展指数百强县榜单。整体来看,排名竞争较为激烈,95.49 分为进入百强县榜单的门槛。其中,2018 年德清县连同诸城市、龙陵县、宁南县、施甸县、安丘市、青州市、昌宁县、海盐县、旌德县以满分 100 的得分位居全国各县(市)之首,2019 年新增满分县(市)会宁县,2020 年青州市、海盐县、会宁县依次退出满分之列,新增紫云县、孟连县,因此 2020 年仍有 9 县(市)为满分县(市)。

连续 3 年进入榜单的县(市)有 73 个,从榜单县(市)的稳定性来看,合作化发展水平的排名存有一定的波动性。以孟连傣族拉祜族佤族自治县(以下简称孟连县)、安丘市为例,前者在 2018、2019 两年均未进入百强县

（市）的榜单，随后在 2020 年飙升至第 9 位；与之相反的是，安丘市 2018 年、2019 年均在满分之列，而在 2020 年迅速跌落至百余名之后。分析单位合作社成员数以及合作社国家级示范社两个指标，两地 3 年在国家级示范社数量上始终不变，其排名的波动主要来自单位合作社成员数，孟连县 2020 年单位合作社成员数是 2019 年的 2 倍、2018 年的 7 倍；安丘市则与孟连县相反，由于大型合作社的退出，单位合作社成员数出现大幅下滑，2020 年是前两年的六分之一左右。也正因为单位合作社成员数的波动，使得合作化发展指数在县级层面上存在一定的波动。

表 14-2　2018—2020 年合作化发展指数百强县榜单

排名	2018 年县（市）	2018 年得分	2019 年县（市）	2019 年得分	2020 年县（市）	2020 年得分
1	德清县	100.000	德清县	100.000	德清县	100.000
2	诸城市	100.000	诸城市	100.000	诸城市	100.000
3	龙陵县	100.000	龙陵县	100.000	龙陵县	100.000
4	施甸县	100.000	施甸县	100.000	施甸县	100.000
5	宁南县	100.000	宁南县	100.000	宁南县	100.000
6	昌宁县	100.000	昌宁县	100.000	昌宁县	100.000
7	安丘市	100.000	安丘市	100.000	旌德县	100.000
8	青州市	100.000	会宁县	100.000	紫云县	100.000
9	海盐县	100.000	青州市	100.000	孟连县	100.000
10	旌德县	100.000	海盐县	100.000	海盐县	99.998
11	大英县	99.999	旌德县	100.000	青州市	99.997
12	会宁县	99.998	平度市	99.993	会宁县	99.993
13	平度市	99.995	腾冲市	99.985	大英县	99.992
14	腾冲市	99.995	大英县	99.983	平度市	99.985
15	彭泽县	99.966	句容市	99.979	榆树市	99.981
16	祁东县	99.944	紫云县	99.917	临猗县	99.977
17	莱西市	99.937	克山县	99.843	新宾县	99.976
18	句容市	99.927	福贡县	99.842	彭泽县	99.955

续表

排名	2018 年 县(市)	2018 年 得分	2019 年 县(市)	2019 年 得分	2020 年 县(市)	2020 年 得分
19	沂源县	99.921	靖远县	99.822	句容市	99.953
20	梨树县	99.902	宜兴市	99.804	福贡县	99.940
21	叙永县	99.889	彭泽县	99.799	北票市	99.939
22	宜兴市	99.875	临猗县	99.786	班戈县	99.938
23	泸县	99.873	岳阳县	99.736	临洮县	99.925
24	宁国市	99.873	资中县	99.731	亚东县	99.894
25	资中县	99.863	宁国市	99.723	阆中市	99.829
26	木里县	99.826	阆中市	99.658	荣县	99.822
27	阆中市	99.817	沂源县	99.616	泸县	99.723
28	临猗县	99.752	班戈县	99.601	克山县	99.659
29	苍溪县	99.718	仪征市	99.554	苍溪县	99.614
30	岳阳县	99.677	木里县	99.528	盐边县	99.576
31	瓦房店市	99.637	叙永县	99.510	宜兴市	99.565
32	榆树市	99.621	泸县	99.469	易门县	99.561
33	克山县	99.478	祁东县	99.407	桓仁县	99.557
34	靖远县	99.475	大通县	99.339	腾冲市	99.552
35	中江县	99.463	景泰县	99.308	宁国市	99.498
36	易门县	99.402	梨树县	99.283	沂源县	99.478
37	盐边县	99.283	中江县	99.154	岳阳县	99.463
38	噶尔县	99.267	盐边县	99.080	木里县	99.447
39	荣县	99.248	蓬溪县	99.069	叙永县	99.410
40	改则县	99.222	涡阳县	99.066	蓬溪县	99.351
41	长汀县	99.195	荣县	99.065	胶州市	99.259
42	胶州市	99.190	苍溪县	99.015	靖远县	99.245
43	农安县	99.139	宜川县	98.979	资中县	99.218
44	蓬溪县	99.066	易门县	98.878	双辽市	99.171
45	峡江县	99.058	漳平市	98.729	虞城县	99.089

续表

排名	2018 年县（市）	2018 年得分	2019 年县（市）	2019 年得分	2020 年县（市）	2020 年得分
46	屏边县	99.033	罗定市	98.667	梨树县	98.974
47	芮城县	98.975	丹江口市	98.656	大通县	98.964
48	漳平市	98.898	亚东县	98.642	芮城县	98.922
49	宝应县	98.850	井研县	98.637	改则县	98.908
50	什邡市	98.823	德安县	98.513	农安县	98.895
51	仪征市	98.772	永济市	98.479	内乡县	98.857
52	井研县	98.653	内乡县	98.471	德安县	98.816
53	永济市	98.594	农安县	98.349	祁东县	98.811
54	海原县	98.552	屏边县	98.301	浏阳市	98.803
55	丹江口市	98.472	什邡市	98.291	永济市	98.713
56	乐昌市	98.394	民勤县	98.276	漳平市	98.657
57	大通县	98.352	同心县	98.197	屏边县	98.595
58	宜川县	98.342	改则县	98.097	宣汉县	98.477
59	景泰县	98.332	虞城县	98.077	长汀县	98.324
60	宣汉县	98.208	峡江县	98.030	什邡市	98.273
61	泗阳县	98.191	隆德县	97.760	汨罗市	98.087
62	东源县	98.100	海宁市	97.721	景泰县	98.068
63	德安县	98.070	乐昌市	97.563	丹江口市	97.989
64	石柱县	98.070	宣汉县	97.532	天门市	97.962
65	内乡县	98.048	榆树市	97.398	乐昌市	97.840
66	同心县	98.039	北票市	97.346	灵武市	97.765
67	民勤县	98.029	汨罗市	97.321	海宁市	97.750
68	海宁市	98.027	广汉市	97.251	中江县	97.627
69	榆中县	98.025	慈溪市	97.206	井研县	97.597
70	涡阳县	97.906	天门市	97.169	中宁县	97.539
71	江油市	97.882	华容县	97.149	平罗县	97.515
72	翁源县	97.802	静宁县	97.128	同心县	97.497

续表

排名	2018 年 县(市)	2018 年 得分	2019 年 县(市)	2019 年 得分	2020 年 县(市)	2020 年 得分
73	安岳县	97.769	浏阳市	97.049	峡江县	97.451
74	海安市	97.717	惠东县	96.991	旺苍县	97.337
75	罗定市	97.703	济源市	96.960	平定县	97.242
76	华容县	97.571	新宾县	96.940	辰溪县	97.211
77	汨罗市	97.295	石柱县	96.938	隆德县	97.076
78	虞城县	97.222	青铜峡市	96.862	仪征市	97.035
79	桓仁县	97.162	灵武市	96.853	遂川县	97.022
80	武平县	96.941	砀山县	96.720	东辽县	96.975
81	浏阳市	96.915	东源县	96.656	于都县	96.924
82	德昌县	96.873	瓦房店市	96.651	江城县	96.863
83	青铜峡市	96.735	泗阳县	96.638	济源市	96.825
84	上杭县	96.718	中宁县	96.611	罗定市	96.823
85	灵武市	96.693	安岳县	96.597	宜川县	96.817
86	凤庆县	96.521	平罗县	96.590	泗洪县	96.750
87	北票市	96.485	临海市	96.538	永平县	96.748
88	中宁县	96.435	芮城县	96.505	东丰县	96.603
89	仁寿县	96.413	桓仁县	96.477	盐亭县	96.435
90	通道县	96.263	滨海县	96.273	新绛县	96.416
91	广汉市	96.178	临洮县	96.259	瓦房店市	96.347
92	隆德县	96.081	辰溪县	96.200	宁乡市	96.290
93	平定县	96.070	于都县	96.087	青铜峡市	96.142
94	新兴县	96.004	仙桃市	95.791	民勤县	96.129
95	新宾县	95.992	翁源县	95.762	石柱县	95.979
96	海阳市	95.946	仁寿县	95.631	涡阳县	95.791
97	乐至县	95.890	米易县	95.617	华容县	95.686
98	布拖县	95.640	旺苍县	95.524	滨海县	95.542
99	石城县	95.572	平定县	95.445	米易县	95.534
100	雷波县	95.486	新兴县	95.325	布拖县	95.450

(二)四川一枝独秀,其他省份发展均衡

图 14-2 展示了 2018—2020 年全国合作化发展指数百强县省际分布与在各自省份占比情况。从百强县占比来看,四川一枝独秀,2018—2020 年分别入围了 23 个、20 个、19 个;排名第 2 的省份存在变动,2018 年为入围了 8 个县(市)的山东,2019—2020 年为分别入围了 7 个、10 个县(市)的云南。相比四川,山东与云南两省在入围县(市)的个数上都存在较大差距。在四川、山东、云南 3 省之后,山西、辽宁、吉林、江苏、浙江、安徽、江西、湖南、广东、甘肃、宁夏等 11 个省份入围县(市)数大致相同,基本在 3—6 个范围之内,呈现出总体相对均衡的特点。以百强县覆盖省份的视角来看,2018—2020 年百强县分别归属 22 个、23 个、23 个省份,同样反映出我国合作化发展在各省都得到了一定的发展。

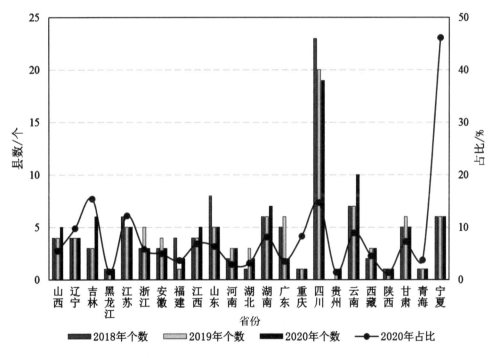

图 14-2　2018—2020 年合作化发展指数百强县省际分布及 2020 年在各自省份的占比

(三)发展潜力不一,多数省份保持稳定

从图 14-3(a)至图 14-3(d)可以看出全国各省份下辖县(市)合作化的排名分布情况。图中框型将排名的四分位进行标注,从左向右的竖线分别代表第一四分位、中位数、第三四分位,框型的横向长度即四分差反映了排名的集中程度,3 个年份的框型位置反映了排名的变动情况。根据四分位框型位置,排名中位数在 500 名之前的省份仅有宁夏,排名中位数在 500—1000 名之间的省份包含了山西、吉林、江苏、安徽、江西、山东、河南、湖北、湖南、重庆、四川、云南、甘肃共 13 个省份,其余 13 个省份中位数排名则主要在 1000 名之后。

根据框型及中位数排名的位置变化可知,内蒙古、江西、四川、云南、西藏、陕西、甘肃等省份存在排名前移,而吉林、江苏、福建、广东、青海等省份存在排名后移,多数省份的中位数排名总体变化不大,保持相对稳定。

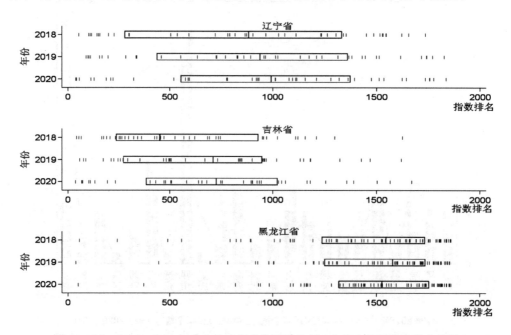

图 14-3(a)   2018—2020 年东北地区各省份下辖县(市)合作化发展指数分布情况

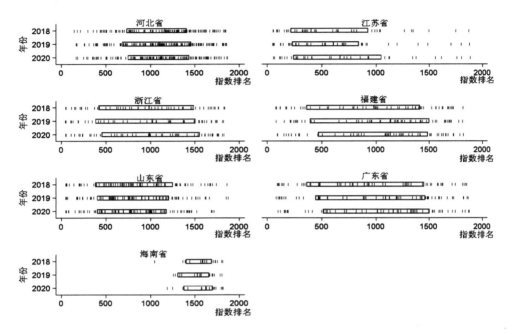

图 14-3(b)　2018—2020 年东部地区各省份下辖县(市)合作化发展指数分布情况

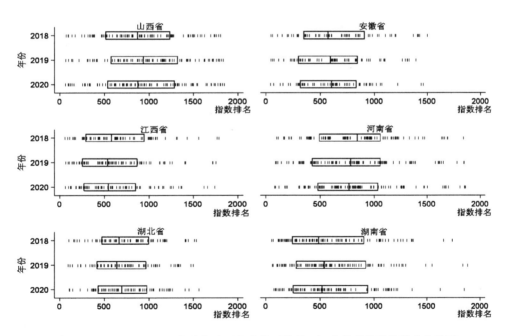

图 14-3(c)　2018—2020 年中部地区各省份下辖县(市)合作化发展指数分布情况

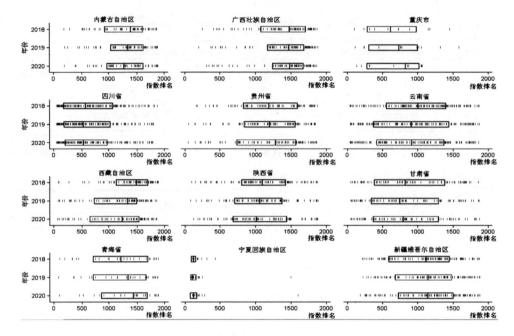

图 14-3(d) 2018—2020 年西部地区各省份下辖县(市)合作化发展指数分布情况

三、县域新型化发展指数解读

(一)门槛高且竞争大,山东下辖县(市)最具实力

表 14-3 展示了 2018—2020 年我国新型化发展指数百强县。观察榜单可知,95.08 分为进入百强县的门槛,其中山东荣成市、吉林德惠市得分均为满分 100 分,在县级新型化发展上处于全国领先地位。紧随其后的山东莱西、新疆昌吉市总体表现也较为出色,2018—2020 年均在第 3 位、第 4 位波动。进一步观察可知,连续 3 年进入榜单的县(市)共有 65 个,在百强县的占比为 65%,此外存在 31 个县(市)2 次入围榜单,存在 45 个县(市)仅 1 次入围榜单。可以看到,新型化前 100 强不仅门槛较高,同时竞争较为激烈。从前 10 名的省份归属来看,山东省下辖县(市)最具竞争力,2018—2020 年分别有 4 个、3 个、4 个入围榜单前 10 名。

表 14-3　2018—2020 年新型化发展指数百强县

排名	2018 年县（市）	2018 年得分	2019 年县（市）	2019 年得分	2020 年县（市）	2020 年得分
1	荣成市	100.000	荣成市	100.000	荣成市	100.000
2	德惠市	100.000	德惠市	100.000	德惠市	100.000
3	莱西市	100.000	昌吉市	100.000	昌吉市	100.000
4	昌吉市	100.000	莱西市	100.000	莱西市	100.000
5	湄潭县	99.999	贺兰县	99.999	诸城市	99.998
6	邛崃市	99.996	长沙县	99.998	湄潭县	99.997
7	莱阳市	99.996	瓦房店市	99.998	文水县	99.997
8	瓦房店市	99.994	晋江市	99.997	贺兰县	99.995
9	诸城市	99.991	诸城市	99.995	邛崃市	99.993
10	福清市	99.990	湄潭县	99.990	莱阳市	99.990
11	晋江市	99.986	莱阳市	99.978	龙海市	99.988
12	诸暨市	99.985	邛崃市	99.977	长沙县	99.985
13	贺兰县	99.975	文水县	99.976	瓦房店市	99.982
14	寿光市	99.973	龙海市	99.969	临颍县	99.979
15	文昌市	99.965	南昌县	99.957	晋江市	99.971
16	文水县	99.956	诸暨市	99.939	诸暨市	99.967
17	义乌市	99.901	临颍县	99.938	固始县	99.956
18	慈溪市	99.898	福清市	99.938	寿光市	99.953
19	长沙县	99.888	固始县	99.915	义乌市	99.876
20	龙海市	99.877	寿光市	99.901	文昌市	99.850
21	南昌县	99.844	文昌市	99.759	新津县	99.834
22	敦化市	99.842	义乌市	99.707	慈溪市	99.811
23	新郑市	99.753	曹县	99.674	曹县	99.802
24	宁城县	99.747	慈溪市	99.649	潜江市	99.708
25	临颍县	99.743	武陟县	99.646	南昌县	99.706

续表

排名	2018 年县(市)	2018 年得分	2019 年县(市)	2019 年得分	2020 年县(市)	2020 年得分
26	桐城市	99.735	福鼎市	99.563	敦化市	99.680
27	蓬莱市	99.713	庄河市	99.507	梅河口市	99.670
28	丹阳市	99.689	潜江市	99.506	福清市	99.642
29	广饶县	99.640	洪湖市	99.498	桐城市	99.573
30	固始县	99.509	敦化市	99.459	宁城县	99.541
31	宁国市	99.478	梅河口市	99.455	中宁县	99.519
32	昌图县	99.428	新津县	99.404	高密市	99.511
33	安溪县	99.348	高密市	99.311	新郑市	99.479
34	砀山县	99.275	宁城县	99.237	蓬莱市	99.476
35	大理市	99.233	蓬莱市	99.185	昌黎县	99.436
36	虞城县	99.214	桐城市	99.177	广饶县	99.346
37	库尔勒市	99.124	新郑市	99.154	丹阳市	99.273
38	平遥县	99.079	中宁县	99.133	安溪县	99.164
39	乐陵市	99.002	昌黎县	99.092	砀山县	99.107
40	遵化市	98.980	广饶县	98.925	富锦市	99.066
41	锡林浩特市	98.898	丹阳市	98.904	虞城县	98.871
42	和林格尔县	98.701	安溪县	98.749	宁国市	98.847
43	新津县	98.674	砀山县	98.740	乐陵市	98.523
44	淇县	98.630	富锦市	98.735	遵化市	98.523
45	海城市	98.539	萧县	98.512	宁乡市	98.362
46	象山县	98.261	虞城县	98.427	大理市	98.275
47	丰城市	98.202	天门市	98.315	平遥县	98.249
48	庄河市	98.199	丰都县	98.230	丰都县	98.195
49	福鼎市	98.196	石河子市	98.170	新泰市	98.163
50	禹城市	98.166	宁国市	98.135	武陟县	98.120

排名	2018 年县（市）	2018 年得分	2019 年县（市）	2019 年得分	2020 年县（市）	2020 年得分
51	郓城县	98.143	乐陵市	98.115	平阳县	97.851
52	京山市	98.138	漳浦县	98.011	福鼎市	97.830
53	洪湖市	98.092	肇州县	97.929	榆中县	97.817
54	海安市	98.071	梨树县	97.645	丰城市	97.808
55	潜江市	98.042	滕州市	97.628	清徐县	97.800
56	曹县	98.024	遵化市	97.608	利辛县	97.701
57	丰县	98.009	大理市	97.574	邹平市	97.664
58	邹平市	97.950	平遥县	97.507	禹城市	97.453
59	梅河口市	97.945	宁乡市	97.396	锡林浩特市	97.452
60	沭阳县	97.760	海城市	97.156	海城市	97.442
61	博兴县	97.606	新泰市	97.041	沭阳县	97.401
62	潢川县	97.582	榆中县	97.024	庄河市	97.376
63	随县	97.552	石柱县	96.947	石柱县	97.307
64	肇东市	97.512	丰城市	96.915	郓城县	97.209
65	祁阳县	97.453	禹城市	96.901	武夷山市	97.191
66	中宁县	97.397	平阳县	96.764	象山县	97.171
67	澄迈县	97.335	沭阳县	96.715	建平县	97.160
68	陇西县	97.282	清徐县	96.658	通榆县	97.155
69	昌黎县	97.185	郓城县	96.528	可克达拉市	96.938
70	万宁市	97.158	象山县	96.497	涡阳县	96.878
71	桦南县	97.016	宜城市	96.383	浏阳市	96.811
72	高密市	96.910	通榆县	96.288	白水县	96.806
73	德清县	96.812	锡林浩特市	96.271	潢川县	96.796
74	巢湖市	96.805	建平县	96.236	平泉市	96.667
75	利辛县	96.803	利辛县	96.174	互助县	96.570

续表

排名	2018 年 县(市)	2018 年 得分	2019 年 县(市)	2019 年 得分	2020 年 县(市)	2020 年 得分
76	涡阳县	96.718	浏阳市	96.142	海安市	96.357
77	东源县	96.715	涡阳县	96.079	博兴县	96.355
78	海门市	96.681	随县	96.032	上蔡县	96.329
79	上蔡县	96.657	海安市	95.991	曲周县	96.276
80	中牟县	96.613	上蔡县	95.848	平度市	96.232
81	达拉特旗	96.520	京山市	95.833	永胜县	96.207
82	蒲江县	96.511	潢川县	95.798	如东县	96.153
83	五常市	96.367	白水县	95.789	晋州市	96.057
84	常山县	96.326	邹平市	95.746	五常市	96.048
85	霍山县	96.256	武夷山市	95.744	陇西县	96.000
86	北镇市	96.246	平泉市	95.527	萧县	95.719
87	宁安市	96.128	静宁县	95.527	颍上县	95.684
88	曲周县	96.094	博兴县	95.513	肇东市	95.647
89	南县	96.073	泗洪县	95.430	中牟县	95.518
90	宝应县	95.868	五常市	95.302	共和县	95.511
91	平度市	95.801	辉南县	95.301	射阳县	95.500
92	温岭市	95.710	射阳县	95.258	宜城市	95.484
93	农安县	95.687	永胜县	95.246	尉氏县	95.472
94	胶州市	95.524	肇东市	95.018	灵山县	95.403
95	永宁县	95.380	如东县	94.995	德清县	95.377
96	灯塔市	95.254	澄迈县	94.887	巢湖市	95.341
97	临泉县	95.220	陇西县	94.793	胶州市	95.340
98	海宁市	95.131	曲周县	94.695	霍山县	95.178
99	泊头市	95.088	济源市	94.599	南宫市	95.102
100	永济市	95.083	庆安县	94.544	永城市	94.954

(二)均衡与集中并存,山东个数占比双双领先

观察新型化发展指数百强县的省份分布(见图 14-4)可以发现,百强县在除京津沪 3 个直辖市及港澳台之外,各个省份均有分布,2018—2020 年具体覆盖省份数分别为 24 个、24 个、26 个,相比于其他指标的发展水平要更显均衡。

从省份集中度水平来看,排名前 3 的省份 2018—2020 年占比分别为 32%、30%、36%。具体来看,山东连续 3 年均位居第 1,3 年分别入选 16 个、16 个、17 县(市);排名次席的为河南,其 3 年分别入选了 8 个、8 个、10 个县(市);安徽以 8 个、6 个、9 个县(市)位居第 3。从入围城市在其本省份的覆盖范围来看,山东同样处于领先水平,2018—2020 年分别占比 20.25%、20.25%、21.52%,仅 2018 年稍低于宁夏的 23.08%。

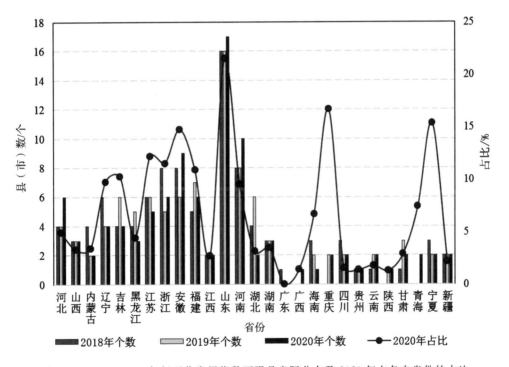

图 14-4　2018—2020 年新型化发展指数百强县省际分布及 2020 年在各自省份的占比

(三)发展越发均衡化,浙湘两省排名集聚前进

图 14-5(a)至图 14-5(d)展示了全国各省份所有县(市)的新型化排名分布情况。图中框型将排名的四分位进行标注,从左向右的竖线分别代表第一四分位、中位数、第三四分位,框型的横向长度即四分差反映了排名的集中程度,三个年份的框型位置反映了排名的变动情况,框型长度变短变长反映了排名的集聚或发散的趋势。据此可知,山西、浙江、福建、湖南、青海 5 省框型长度随时间有变小的趋势,表明其省内县(市)的排名随时间推移而越发集聚;而内蒙古、吉林、海南、重庆、四川 5 省份的框型长度则随时间有变长的趋势,表明其省内县(市)的排名随时间的推移而越发分散。框型及中位数排名的偏移方向反映了整体排名前进或后退的趋势,根据图 14-5 可以观察到,黑龙江、湖北、海南 3 省框型整体左移,表明其排名整体后退;浙江、湖南、广东、重庆、四川、陕西、宁夏 7 省份框型则整体右移,表明其排名整体前进。综上,我国更多省份的乡村产业新型化向更均衡的方向发展,其中浙江、湖南排名呈前进且集聚的趋势,重庆、四川呈分散且前进的趋势,而仅有海南的排名呈后退且分散的趋势。

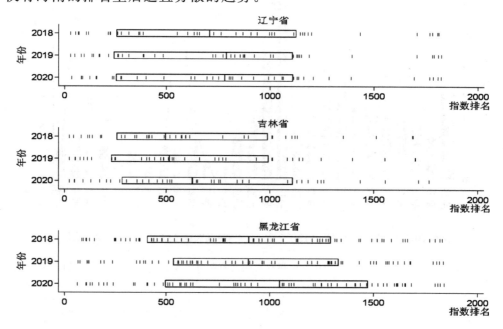

图 14-5(a)　2018—2020 年东北地区各省份下辖县(市)新型化发展指数排名分布情况

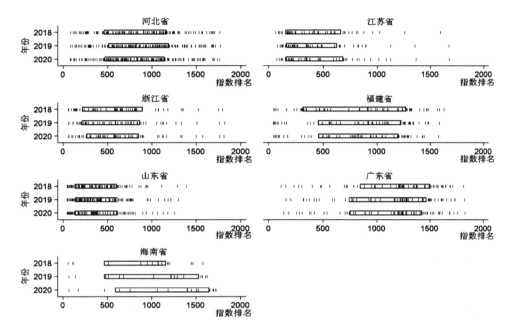

图 14-5(b)　2018—2020 年东部地区各省份下辖县(市)新型化发展指数排名分布情况

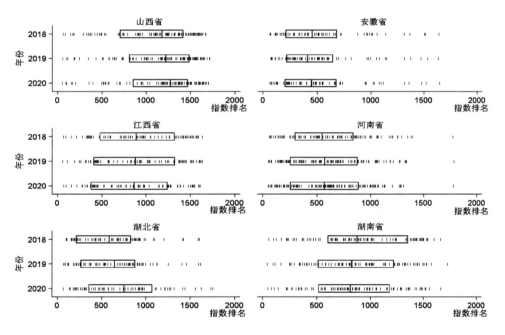

图 14-5(c)　2018—2020 年中部地区各省份下辖县(市)新型化发展指数排名分布情况

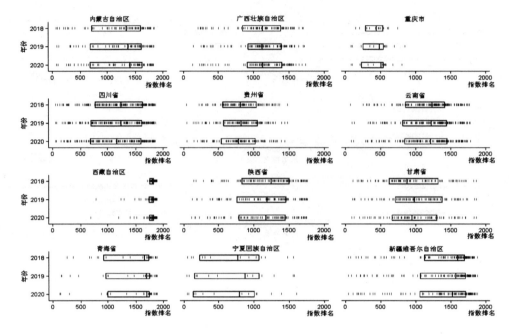

图 14-5(d) 2018—2020 年西部地区各省份下辖县(市)新型化发展指数排名分布情况

四、县域规模化发展指数解读

(一)排名格局相对稳定,百强分布苏浙闽整体靠前

根据表 14-4,浙江义乌,新疆石河子,福建晋江、石狮以及江苏昆山 5 市在县级规模化发展上处于领先水平,得分均为满分。分析榜单县(市),其中连续 3 年进入榜单的县(市)共有 87 个,2 次入围榜单的县(市)包括宜兴市、曲阜市、灌云县、苍南县、泗阳县、宁阳县、玉田县、鹿邑县、项城市共计 9 个县(市),入围 1 次榜单的县(市)包括高邮市、鄢陵县、兴化市、枝江市、共青城市、滕州市、长葛市、兰考县、嘉祥县、任县、平乡县、长沙县、饶阳县、清丰县、邱县共计 15 个县(市)。根据以上入围榜单的城市次数,可以反映出我国规模化发展的格局相对稳定。进一步地,在榜单前 20 名中,江苏、浙江、福建 3 省下辖的县(市)最多,2018—2020 年 3 省共计入围

了 17 个、14 个、13 个县(市),尽管个数有变少的趋势,但仍占据了绝大部分名额。

表 14-4　2018—2020 年规模化发展指数百强县

排名	2018 年县(市)	2018 年得分	2019 年县(市)	2019 年得分	2020 年县(市)	2020 年得分
1	义乌市	100.000	义乌市	100.000	义乌市	100.000
2	石河子市	100.000	石河子市	100.000	石河子市	100.000
3	晋江市	100.000	晋江市	100.000	晋江市	100.000
4	昆山市	100.000	昆山市	100.000	昆山市	100.000
5	石狮市	100.000	石狮市	100.000	石狮市	100.000
6	温岭市	100.000	温岭市	100.000	温岭市	100.000
7	江阴市	100.000	江阴市	100.000	惠安县	100.000
8	张家港市	99.999	惠安县	99.999	江阴市	99.999
9	惠安县	99.999	张家港市	99.996	大厂县	99.996
10	扬中市	99.996	扬中市	99.991	连江县	99.985
11	连江县	99.993	连江县	99.989	张家港市	99.984
12	太仓市	99.992	正定县	99.986	扬中市	99.981
13	常熟市	99.985	临夏市	99.978	正定县	99.980
14	临夏市	99.980	慈溪市	99.954	临夏市	99.973
15	嘉善县	99.979	太仓市	99.942	五家渠市	99.966
16	正定县	99.976	常熟市	99.942	铁门关市	99.929
17	慈溪市	99.973	嘉善县	99.941	慈溪市	99.920
18	沛县	99.919	铁门关市	99.891	太仓市	99.902
19	海安市	99.898	新津县	99.887	嘉善县	99.886
20	桐乡市	99.877	五家渠市	99.880	新津县	99.842
21	新津县	99.839	桐乡市	99.879	沛县	99.841
22	胶州市	99.784	沛县	99.810	胶州市	99.834
23	五家渠市	99.782	海安市	99.740	常熟市	99.805
24	海门市	99.756	海门市	99.718	桐乡市	99.764

续表

排名	2018 年县(市)	2018 年得分	2019 年县(市)	2019 年得分	2020 年县(市)	2020 年得分
25	海宁市	99.731	胶州市	99.712	海门市	99.720
26	靖江市	99.730	荣成市	99.692	海安市	99.680
27	荣成市	99.699	启东市	99.687	香河县	99.659
28	铁门关市	99.694	靖江市	99.615	启东市	99.650
29	启东市	99.676	金乡县	99.551	荣成市	99.599
30	广汉市	99.559	海宁市	99.538	胡杨河市	99.571
31	丹阳市	99.557	梁山县	99.491	靖江市	99.469
32	金乡县	99.525	胡杨河市	99.414	金乡县	99.433
33	泰兴市	99.504	乐清市	99.372	梁山县	99.400
34	乐清市	99.463	泰兴市	99.280	三河市	99.381
35	清河县	99.389	龙海市	99.279	海宁市	99.344
36	邳州市	99.245	清河县	99.192	龙海市	99.344
37	胡杨河市	99.229	丹阳市	99.169	乐清市	99.207
38	龙海市	99.209	福清市	99.109	泰兴市	99.142
39	平湖市	99.171	广汉市	99.085	福清市	99.105
40	梁山县	99.171	鱼台县	99.035	新郑市	99.085
41	新沂市	99.049	象山县	98.967	广汉市	98.999
42	福清市	99.046	新郑市	98.914	温县	98.937
43	鱼台县	99.031	温县	98.862	丹阳市	98.870
44	象山县	98.965	通许县	98.736	清河县	98.850
45	沭阳县	98.959	三河市	98.701	象山县	98.724
46	丰县	98.953	新沂市	98.692	鱼台县	98.693
47	温县	98.931	平湖市	98.679	邳州市	98.666
48	三河市	98.563	邳州市	98.673	新沂市	98.654
49	安平县	98.541	沭阳县	98.666	沭阳县	98.629
50	新郑市	98.522	永清县	98.545	南乐县	98.619
51	睢宁县	98.496	杞县	98.523	高碑店市	98.448

续表

排名	2018 年县（市）	2018 年得分	2019 年县（市）	2019 年得分	2020 年县（市）	2020 年得分
52	如皋市	98.439	固安县	98.403	通许县	98.421
53	无极县	98.388	寿光市	98.370	寿光市	98.337
54	余姚市	98.313	安平县	98.108	杞县	98.189
55	寿光市	98.080	余姚市	98.033	固安县	98.168
56	固安县	98.057	高碑店市	98.027	永清县	98.152
57	高碑店市	98.028	高邑县	97.957	睢宁县	98.021
58	杞县	97.878	无极县	97.954	平湖市	97.930
59	高邑县	97.829	新乐市	97.869	余姚市	97.607
60	永清县	97.651	睢宁县	97.773	高邑县	97.578
61	海盐县	97.564	如皋市	97.518	新乐市	97.545
62	新乐市	97.477	成安县	97.402	无极县	97.427
63	如东县	97.096	香河县	97.343	安平县	97.421
64	涿州市	97.013	界首市	97.323	丰县	97.374
65	晋州市	96.935	丰县	97.195	如皋市	97.352
66	建湖县	96.870	晋州市	97.160	界首市	97.195
67	成安县	96.834	大厂县	97.059	成安县	97.112
68	通许县	96.706	南乐县	96.862	晋州市	97.104
69	阜宁县	96.654	海盐县	96.862	清丰县	97.033
70	界首市	96.469	深泽县	96.788	定州市	96.723
71	临高县	96.465	馆陶县	96.744	深泽县	96.396
72	永康市	96.446	如东县	96.621	长葛市	96.394
73	深泽县	96.407	永康市	96.418	如东县	96.209
74	灌南县	96.260	涿州市	96.253	海盐县	96.156
75	宝应县	96.189	长葛市	96.218	馆陶县	96.137
76	汶上县	96.052	云梦县	96.179	永康市	96.052
77	香河县	96.046	临高县	96.138	任县	95.624
78	宜兴市	95.867	定州市	95.982	汶上县	95.497

续表

排名	2018 年县(市)	2018 年得分	2019 年县(市)	2019 年得分	2020 年县(市)	2020 年得分
79	云梦县	95.824	汶上县	95.837	嘉祥县	95.258
80	大厂县	95.615	兰考县	95.673	临高县	95.196
81	高邮市	95.522	宝应县	95.470	兰考县	95.103
82	鄢陵县	95.446	嘉祥县	95.257	阳谷县	94.862
83	阳谷县	95.262	建湖县	95.114	莱西市	94.764
84	馆陶县	95.189	阜宁县	95.012	鹿邑县	94.643
85	南乐县	95.050	阳谷县	95.012	宝应县	94.523
86	曲阜市	94.993	龙口市	94.948	项城市	94.493
87	兴化市	94.984	辛集市	94.897	建湖县	94.463
88	定州市	94.716	任县	94.783	云梦县	94.459
89	辛集市	94.487	高邮市	94.729	龙口市	94.321
90	枝江市	94.312	莱西市	94.587	邱县	94.292
91	龙口市	94.288	平乡县	94.573	平乡县	94.234
92	莱西市	94.196	鸡泽县	94.570	鄢陵县	94.158
93	灌云县	93.658	枝江市	94.501	长沙县	94.155
94	鸡泽县	93.632	长沙县	94.476	灌南县	94.143
95	苍南县	93.618	灌南县	94.453	饶阳县	94.108
96	泗阳县	93.510	饶阳县	94.369	滕州市	94.069
97	共青城市	93.413	清丰县	94.281	涿州市	94.023
98	滕州市	93.271	共青城市	94.024	鸡泽县	94.023
99	宁阳县	93.244	邱县	93.941	阜宁县	93.986
100	玉田县	93.220	兴化市	93.772	辛集市	93.845

(二)百强县(市)高度集中,江苏规模化水平冠绝全国

从百强县的地域分布(见图 14-6)来看,江苏、河北、浙江、山东 4 省下辖的县(市)个数最多,排名榜首的江苏以及位于次席的河北 2018—2020 年入围个数均在 20 个以上,其中前者分别入选了 29 个、26 个、24 个,后者则为

21 个、24 个、24 个。从趋势上看,江苏与河北呈现出一增一减的趋势。在江苏与河北之后,山东、浙江两省入围个数旗鼓相当,介于 11—13 个的区间内。总体来看,4 省下辖县(市)在规模化发展百强中占据了绝对的比重,2018—2020 年分别达到了 76 个、73 个、72 个,占比均超过 70%,说明规模化发展在地区上有集中化表现。

从在各自省份内的比重来看,2018—2020 年江苏以 70.73%、63.41%、58.54% 的比重遥遥领先其他省份,排在江苏之后的浙江的比重仅为 25.00%、23.08%、23.08%,而河北、山东两省更是不足 20%,反映出江苏整体在规模化发展上处于较高水平。

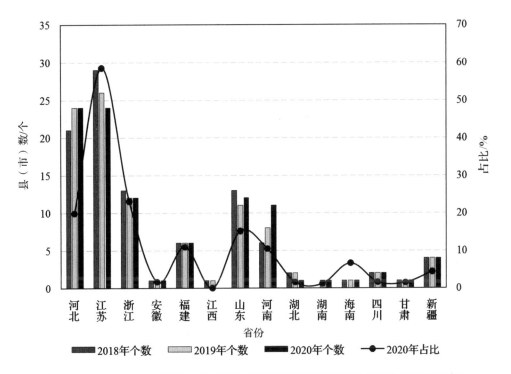

图 14-6　2018—2020 年规模化发展指数百强县省际分布及 2020 年在各自省份的占比

(三)东中两地有优有劣,西部东北发展空间巨大

图 14-7(a)至图 14-7(d)中,框型将排名的四分位进行标注,从左向右的竖线分别代表第一四分位、中位数、第三四分位,框型的横向长度即四分差

反映了排名的集中程度,3 个年份的框型位置反映了排名的变动情况。在所有县(市)的排名中,我们仍可以发现东部地区整体要优于其他地区,河北、江苏、浙江、山东 4 省的中位数排名均处在前 500 名,其中山东、江苏两省中位数排名更是分别处在前 200 与前 100 名以内。不过,东部地区的规模化发展也同样存有相对进步的空间,如福建、广东、海南 3 省,其下辖县(市)排名的中位数均在 500—1000 名之间。

中部地区各省份的排名与东部地区类似,河南中位数排名要优于其他5 省,位列前 500 名,安徽、江西、湖北、湖南 4 省则介于 500—1000 名内,而山西下辖县(市)多分布在 1000—1500 名之间,因而其中位数排名也处在该区间段内。

从图 14-7 中我们还可以看到,西部以及东北地区的中位数排名主要分布在 1000 名以后,整体发展处于相对落后水平,这意味着两地在规模化的进一步发展存有巨大空间。

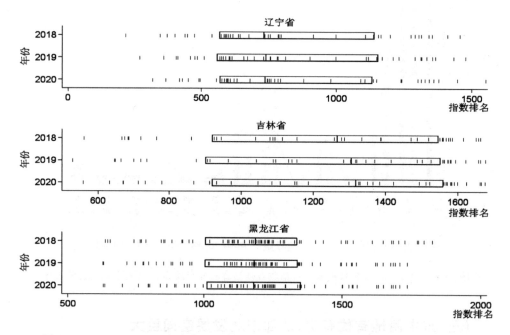

图 14-7(a)　2018—2020 年东北地区各省份下辖县(市)规模化发展指数排名分布情况

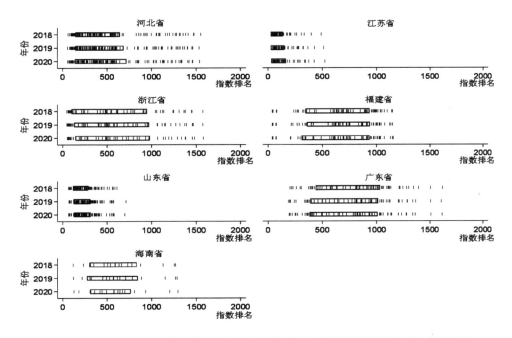

图 14-7(b)　2018—2020 年东部地区各省份下辖县(市)规模化发展指数排名分布情况

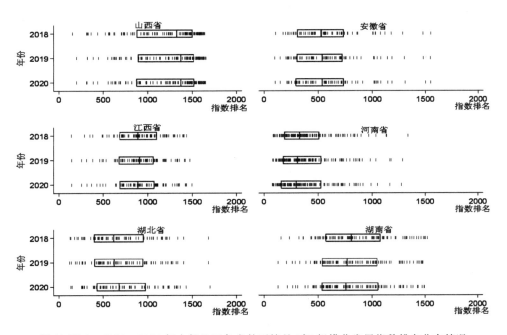

图 14-7(c)　2018—2020 年中部地区各省份下辖县(市)规模化发展指数排名分布情况

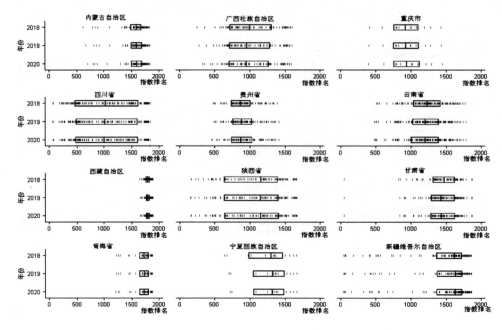

图 14-7(d)　2018—2020 年西部地区各省份下辖县(市)规模化发展指数排名分布情况

五、小结

我国各地县域经营体系的发展较为均衡,主要体现有二。一是不少县(市)的指数得分差距不大,其中经营体系、合作化、新型化、规模化发展指数的得分百强县门槛分别为 94.50、95.49、95.08、93.22 分,百强县的竞争形势也较为激烈。二是西部及东北地区涌现出一些发展处于全国领先的县(市),分项指标上如云南龙陵县与施甸县的合作化、吉林德惠市的新型化、新疆石河子市的规模化,综合指标上如新疆石河子市、辽宁的瓦房店市经营体系。

专栏三

茶是故乡浓

——来自长寿之乡广西昭平的茶产业①

夏天早上5点，绿油油的茶叶地上，已经有茶农早早背着竹篓，开始采摘茶叶。慢慢地，来的人越来越多，平地上，半山腰上，山顶上的茶叶地都是勤快干活的茶农。他们说，干活要趁早，太阳不晒，好好采上半天，80块钱肯定没问题。你看，甚至70岁的老人，还加入采茶队伍中，手脚也麻利得很。还有一对夫妻档，一边采茶，一边听着情歌，时不时跟着唱上几句……这就是茶农们习以为常、简单快乐的采茶生活。正是因为有他们辛勤的劳动，昭平县的茶产业才得以迅速发展壮大。

同时，昭平茶产业的发展也离不开得天独厚的地理和自然生态环境。昭平县地处广西东部、桂江中游，属于南亚热带气候区，属亚热带季风气候，气候温和，雨量充沛，土壤肥沃，山区面积占全县面积87.6%以上，森林覆盖率87.78%，拥有华南生物总量最丰富的保护区——七冲原始森林国家自然生态保护区。昭平气候宜人，有"中国百佳深呼吸小城"之称，全县百岁以上老人79位，先后被评为"中国长寿之乡""中国长寿美食之乡"。

昭平产茶历史源远流长，在宋朝年间，昭平茶作为朝廷贡品，成为传统出口的土特产，远销东南亚等地。民国《昭平县志》记载："象矶山（即昭平文竹镇"象棋山"）面积极广，地产名茶，味颇佳。"由于昭平茶上市早，一般会比江浙茶区开采早30天左右，因此还有"中国大陆第一早春茶"的美誉。作为国家地理标志保护产品的"昭平茶"，主要是品质优良的绿茶和红茶，被称为"昭平红""昭平绿"，不仅获得地理标志证明商标注册，还多次获得国内外茶评比赛金奖荣誉。

"绿水青山就是金山银山"，如何把昭平茶产业发展壮大，就是对这句话最好的诠释。表14-5数据显示，从2015年到2020年底止，昭平县茶园面

---

① 本文由浙江大学中国农村发展研究院莫秋羽供稿。

积不断扩大,从 19.321 万亩扩种到 24.283 万亩;茶叶产量不断增加,从 0.85 亿吨增加到 1.51 亿吨,同比增长 11.85%;茶叶总产值不断提高,从 9.6 亿元上升到 17.5 亿元,同比增长 12.92%。全县茶园面积、产量、产值在全广西排名第一,位于全国前列。茶类的种类也不断增加,从过去单一的绿茶生产,到绿茶、红茶、白茶和黑茶同步发展,茶类结构得到优化。茶叶加工方面,有清洁化、机械化、自动化生产线 50 多条。截至 2020 年,昭平县生产加工茶企 140 余家,茶叶专业合作社 30 家。自治区级农业产业化龙头企业 2 家,市级龙头企业 6 家。

表 14-5 昭平茶产业发展概况统计

乡镇名称	种植面积/万亩			总产量/亿吨			总产值/万元		
	2015 年	2018 年	2020 年	2015 年	2018 年	2020 年	2015 年	2018 年	2020 年
昭平镇	3.898	4.490	4.705	0.203	0.3271	0.4017	22154.8	28639.3	47846.6
文竹镇	1.482	1.698	1.865	0.079	0.1173	0.1405	9268.3	16283.1	19521.1
黄姚镇	0.272	0.465	0.547	0.009	0.0135	/	983.2	819.7	/
富罗镇	0.974	1.093	1.199	0.026	0.0198	0.0237	2937.2	2075.6	2488.4
北陀镇	1.433	1.653	1.780	0.023	0.0239	0.0286	2682.3	2777.8	3330.2
马江镇	2.857	4.833	3.400	0.161	0.2396	0.2871	18478.2	20160.5	24169.6
五将镇	2.045	2.610	2.827	0.083	0.1194	0.1431	9757.4	16421.4	19686.9
走马镇	4.167	4.833	5.026	0.183	0.2456	0.3008	20279.7	28639.3	34727.5
木格乡	0.892	1.095	1.210	0.014	0.0268	0.0321	1638.2	2073.9	2486.3
仙回乡	1.301	1.551	1.725	0.069	0.1270	0.1522	7933.8	17135.7	20543.3
合计	19.321	22.673	24.283	0.850	1.2600	1.5100	96113.1	145805.5	174800.0

数据来源:昭平县茶叶办公室。

昭平茶叶种植覆盖全县 10 个乡镇,近年来,昭平县把茶叶产业作为"百亿元产业"来打造,引导茶叶企业发展"公司+合作社+基地+农户"的产业模式,发挥茶叶企业的示范带头作用,为当地农户提供 10 万个就业岗位,帮助 8000 多户贫困户增加经济收入;同时,快速发展"茶旅融合",成功打造了南山茶海国家 4A 级旅游景区和故乡茶博园国家 3A 级旅游景区。茶产业已经成为昭平农业增收、农民脱贫致富、乡村振兴的特色优势支柱产业。

以实施茶叶产业扶贫为契机，昭平县政府出台各种补贴政策，鼓励农户，尤其是贫困户开展茶叶种植活动。在 2019 年对贫困户茶叶种植的补助标准为新种第一年、种植二年、种植三年的茶园每亩分别补助 2500 元、1000元、500 元。2020 年初对茶叶产业奖补进行调整，农户在 6 月 30 日前发展的第一年新种茶园，补助起点降低 50%（即 0.5 亩以上），3 月 31 日前发展的新茶园补助标准为每亩 3750 元，4 月 1 日—6 月 30 日期间发展新茶园按每亩 3250 元标准补助。

为了提升昭平茶叶品牌知名度，昭平政府积极参与线上直播平台，提高昭平早春茶叶的销售量，帮助贫困茶农增加销售收入。2020 年 3 月 21 日，在"全国 100 位县长爱心义卖直播大会"上，县长邓少华推介昭平茶产品，该场直播大会共有 30 多万人次观看；还通过淘宝直播等平台，推介昭平茶系列有机春茶，通过介绍、走进茶叶生产车间、茶叶美食制作、泡茶品鉴等场景，吸引观众超过 15 万人次在线观看。

昭平茶产业发展，如火如荼地进行着，茶农们因为采茶实现增收，充满动力；政府部门通过发展茶旅融合、招商引资、发展龙头企业、开拓线上线下销售市场等，用心打造昭平茶品牌，有效推动茶产业发展，实现农业、工业和旅游业的融合发展，最终实现经济效益与社会效益双赢。

第十五章　典型案例解析

一、山东省:传统农业大省砥砺前行谱乡村振兴新华章

山东作为传统的农业大省,用占全国 6% 的耕地和 1% 的淡水资源,生产出全国约 8% 的粮食、11% 的水果和 12% 的蔬菜,是全国的"米袋子""菜篮子"和"果盘子",不仅满足了本省粮食需求,还为全国粮食保产丰收做出了巨大贡献,也为全国贡献了科教兴农、农业产业化经营等农业生产经验。随着机械化、信息化和规模化的发展,日益涌现出中郝峪"公司+项目+农户"、尹家峪"企业+合作社+金融机构"等发展模式,有效促进了山东农业经营体系建设。山东农业发展具有合作化水平高、规模化程度大、新型农业经营主体多元化趋势优越等特征,目前已形成"农户+合作社""农户+企业+合作社"等新型经营体系基本运作模式。2018—2020 年,山东乡村产业经营体系发展指数连续 3 年居于全国首位,其中合作化指数、新型化指数、规模化指数连续 3 年分别稳定在第 2 位、第 1 位、第 3 位。

(一)数量稳步增长,经营主体合作力度不断加大

山东农业合作化程度比较高,处于全国领先水平。通过大规模的机械化、专业化生产模式,结合现代农业科学技术的力量,推动农业合作化生产水平的提升,实现农民增收、产量增产,不断提升农产品竞争力。2018—2020 年,山东合作化发展指数位列全国第 2,仅次于四川。农民专业合作社规模不断壮大,2019 年山东农民合作社达 21 万户,占全国数量的 1/10。到

2020 年农民专业合作社发展达 23.6 万户,是全国合作社第一大省。截至 2020 年,全省国家级示范社数量达 532 个。此外,农业物质装备水平大幅提升,全省农业机械化水平发展程度较高。2019 年,全省农作物耕种收综合机械化率达到 86% 以上,农业科技进步贡献率达到 64.56%,高出全国 5 个多百分点。2020 年,全省主要农作物耕种收综合机械化率已超 88%,粮食生产机械化率达到 98%,建成 50 个全省"两全两高"(全程全面、高质高效)农业机械化示范县和 70 个左右全国主要农作物生产全程机械化示范县。农业合作化水平的不断提升加快了农业现代化发展进程,有利于农业经营体系的完善。

(二)质量逐步提高,经营主体协调发展越发高效

山东新型农业经营主体逐渐多元化,这对于加快构建现代化农业经营体系,推动农业现代化发展具有重要意义。山东是全国最早实行农业产业化经营的地区,通过构建"公司＋农民合作社＋家庭农场""公司＋家庭农场"等形式加快推进农业产业化联合体发展,并且通过构建订单农业、入股分红等方式,将小农户融入农业产业链。2018—2020 年,山东新型化发展指数位居全国第一。其中,2018 年全省农业产业化国家重点龙头企业数为 88 个,涉农经营主体存续数为 37.72 万家,累计培育家庭农场 6.4 万家,培育新型职业农民 14 万人。2019 年全省农业龙头企业达到 9600 家,其中农业产业化国家重点龙头企业数为 107 个,涉农经营主体存续数为 39.47 万家,培育家庭农场 7.3 万家,累计培育高素质农民 40 万人。2020 年,全省农业产业化国家重点龙头企业数为 96 个,涉农经营主体存续数为 44.06 万家,农业经营主体培育壮大,累计培育家庭农场 8.7 万家,累计培育高素质农民 52 万人。山东已在全国率先建成以黄河三角洲国家农业高新技术产业示范区为龙头、19 个国家农业科技园区和 18 个省级农高区为重点、121 个省级农业科技园为依托,覆盖全省涉农县(市、区)的农业科技园区四级体系。随着新型农业经营主体发展壮大,需要促进生产性经营主体和服务性生产主体协调发展,逐渐适应经营主体多元化的发展需求。

(三)体量稳居前列,主体创收创利能力持续提升

山东农业规模化水平也在国内处于领先水平。截至 2020 年,山东土地经营规模化率已超过 60%。山东农业规模化水平的提升为全国粮食产量增产创造了重要的条件,为国家粮食"增产保收"提供了保障。山东地形以平原丘陵为主,平原、盆地约占全省总面积的 63%,山地、丘陵约占 34%,优越的地形条件为土地规模化经营提供了基础。2018—2020 年,山东农业规模化发展指数位列全国第 3,仅次于上海和江苏。其中,2020 年,山东耕地面积达 707 万亩,占全省土地面积的 45.1%,占全国耕地面积的 7.1%。全省每平方千米企业数为 21.66 家,全省单位面积农林牧渔总产值为 662.59 万元/平方千米,已逐渐形成规模化、集约化耕地经营模式。此外,山东通过引导农民依法自愿有偿流转土地经营权,提高承包土地经营规模化程度,形成土地入股、土地托管等多种规模经营模式。2020 年,全省农村土地经营规模化率超过 50%。并且山东也在全国率先启动耕地质量提升计划,组织实施土壤改良修复、农药残留治理、畜禽粪便无害化处理等六大工程。到 2020 年,山东已经建成省级生态循环农业示范县 30 个,全省生态循环农业示范基地面积达到 3000 万亩,有力地推动了生态循环农业规模化发展。

山东凭借优越的地理位置和资源条件等禀赋优势,利用机械化、工业化、科技化和信息化等先进生产技术,通过构建大型农业产业园、成立多种模式农民生产合作社、构建多元化生产经营主体以及大面积规模化和机械化耕种,逐渐形成完善的合作化、新型化、规模化的农业经营体系,正在打造成为一个农业大省和农业强省。

二、成都市:西南名城努力打造乡村振兴高地

成都地处中国西南地区、四川盆地西部、成都平原腹地,境内地势平坦、河网纵横、物产丰富、农业发达,自古有"天府之国"的美誉。近年来,成都市在人才培育、金融服务支持、树立典型、深化改革等方面下苦功、出真招、求

突破,实现了乡村产业快速发展,乡村经营体系稳步推进的新局面。2018—2020年乡村产业经营体系发展指数均处于全国各市前3(2018年第3位,2019年第3位,2020年第2位)。二级指标指数中合作化指数2018—2020年分别位列第25、25、28位;新型化指数最为突出,连续3年稳居全国第1;规模化2018—2020年分别位居第19、18、12位。

(一)人才为首,积极培育新型农业经营主体带头人

2020年6月,成都市正式印发《成都市深化新型职业农民制度试点实施方案》,指出2020—2022年,全市将培育新型职业农民3万人,其中农业职业经理人(生产经营型新型职业农民)6000人,确保全市乡村振兴示范区(市)县70%的村民小组都有1个以上新型职业农民领办创办的家庭农场。该举措为建立新型职业农民制度体系,加快促进农民向职业农民的身份转变,推进构建完善现代农业经营体系起到了重要的促进作用。自2011年开始培养新型职业农民以来,成都市新型职业农民制度试点和农业职业经理人培育工作取得了很大的成效,截至2020年,成都全市新型职业农民已超10万人。

在新型职业农民的培训上,成都市不仅设置了乡村旅游战略与国内乡村旅游促进乡村振兴的实践案例分析、乡村旅游营运与管理、标准化生产与农产品质量安全、农产品市场营销、农业信息化知识、农业法律法规、新型职业农民规范等一系列专业化课程,还安排学员前往优秀家庭农场和农民合作社实地学习考察。通过理论学习与外出参观实践相结合,培养出真正懂技术、善经营、会管理,能带动一批群众增收致富的农村致富带头人。对于国家级、省级、市级农民专业合作社社长和市级示范家庭农场业主的培训,还开设了创意农业、互联网、经济作物技术动态与发展和合作社数据库建设等进阶课程。

通过大力培育新型职业农民、新型农业经营主体带头人,成都市进一步推进了乡村人才培育集聚工程。此外,从2017年起,成都市持续实施农业科技引才引智计划,通过设立农业院士服务中心、博士后流动站和农业科技智库,引进了一批国内国际农业科技高端人才和专家团队;实施了农业人才

创新计划,鼓励农业科技人员、返乡创业人员、高校毕业生等开展农业创新创业活动和从事现代农业生产经营,支持科技特派员深入一线创新创业,支持农业科技人员兼职从事创新创业活动。

(二)金融支持,服务农业经营主体信贷需求

成都市农村金融供给体系不断完善,通过加快存量和增量改革步伐,有效匹配不断增长的农村金融需求。通过农村金融与普惠金融相结合,建立多渠道、多层次金融机构贷款平台,满足新型农业经营主体的资金需求,实现农村金融服务水平的不断提升。截至 2020 年底,全市涉农贷款余额6635.86 亿元,为农业生产活动提供了充足的资金保证。

近年来,成都市金融机构支持涉农贷款力度不断增强。2016 年,成都市出台《成都市现代农业龙头企业信用贷款管理暂行办法》,成都市农发投公司从当年起每年投放 10 亿元,专项针对农业产业化龙头企业开展信用贷款业务,农业产业化龙头企业可凭资质获得无抵押纯信用贷款。这充分缓解了农业经营主体融资难、融资贵的问题,调度了生产积极性,促进了家庭农场、农民合作社、农业产业化龙头企业、农业社会化服务组织等多种类型的农业经营主体蓬勃发展。

作为全国首个获批开展农村金融服务综合改革试点的城市,成都市立足全国农村改革领先地位。2017 年 7 月,成都市探索建立"农贷通"农村金融服务平台在全市得到推广和应用,实现了农业经营主体与金融机构的精准对接,通过风险分担解决了金融机构农贷不敢放、不愿放的担忧,充分发挥了政策性再贷款的引导作用,打通了农村金融服务"最后一公里",满足了新型农业经营主体的贷款需求。并且,平台成立两年就吸引入驻金融机构275 家,其中省市一级机构 93 家,发布金融产品 588 个,入库农村新型经营主体近 2 万户。2021 年,该平台成功入选四川省农业农村改革十大优秀案例。目前"农贷通"平台注册用户 7.21 万户,已归集涉农主体信用信息近42 万户,其中新型农业经营主体信息 5801 户,累计发布金融产品 848 个,通过平台累计发放贷款 1.99 万笔 311.11 亿元。"农贷通"平台的建设,使农户更易获得金融服务和信贷支持,使农村金融服务水平不断提升。

成都市通过搭建互联网金融服务平台,用科技金融手段破解资源错配难题:探索建立了涉农融资项目库、涉农企业直接债务融资项目库、金融服务和产品数据库,通过对库内重点企业重点项目需求信息推送,促进"政银保企"的充分对接,畅通农户和农企的融资渠道,助力新型农业经营主体标准化生产、品牌化运作,助推成都市现代农业转型升级。

(三)树立典型,打造农业经营主体高质量发展模板

为贯彻落实实施乡村振兴战略,推动城乡融合发展,构建品牌创造和品牌输出良性循环,从 2018 年开始,成都市开始举办乡村振兴"十大案例"评选活动,至今已连续成功举办四届。2018—2021 年,成都市分别评选出 10 个、110 个、120 个、120 个乡村振兴典型案例,涵盖了"十佳返乡创业农民工""十佳农业职业经理人""十大乡村基层治理创新典型""十佳基层供销社示范社"等称号,通过寻找好案例、树立好榜样、讲述好故事、推广好经验、提炼好模式、传播好方法,为乡村振兴提供成都智慧和成都方案,为四川农业农村发展提供成都经验。

乡村振兴"十大案例"的评选活动对新型农业经营主体的发展带来了极大的示范发展效应,为更多的乡村带来宝贵的生产、管理经验。助农增收效果良好,脱贫攻坚成效彰显,为推进全市乡村振兴、加快发展现代农业产业体系注入了新动能,为推进乡村振兴营造了氛围、鼓舞了士气、凝聚了力量。截至 2021 年 3 月,成都市共有重点农业企业 537 家,国家级农民合作社示范社 48 家,国家级农业产业化龙头企业 27 家,130 家省级、254 家市级农业产业化龙头企业。从产业来看,经过多年的发展,当前成都市新型农业经营主体覆盖了川粮油、川猪、川茶、川菜、川酒等多个"川字号"优势特色产业。同时,新型农业经营主体发展形势日趋多元多样化,部分农民合作社进入农产品精深加工、流通、批发零售等领域,一大批民间工艺、休闲农业、乡村旅游、电子商务的经营主体不断涌现,新型农业经营主体的发展质量不断提升,服务能力持续增强。

(四)深化改革,加快建设完善新型化农业经营体系

成都市立足于川中丘区农业大市、人均耕地面积不足 1 亩、常年外出务工人口超过 150 万的市情,推动形成经营主体多元、扶持方式精细、利益联结紧密和资产资源转型优化的现代农业经营体系建设。

一是经营主体多元化。成都市出台关于支持新型农业经营主体发展专项政策提出,每年投入专项资金 3000 万元,培育发展龙头企业、农民专业合作社、家庭农场、专业大户四大经营主体。支持农业产业化龙头企业优化结构、提质转型,发展"互联网＋"等新模式新业态。全面规范发展农民专业合作社,发起成立全省首家农民专业合作社联合社。注重培育新型职业农民,支持在校大学生和高校毕业生成为农业职业经理人,给予创业补贴;并且,支持农民工返乡创办新型农业经营主体,给予农业补贴等政策支持。全市培育市级以上龙头企业 181 户、农民专业合作社 3816 户、联合社 12 户、家庭农场 990 户,居全省前列。

二是扶持方式精细化。改革财政简单地按规模补助的模式,突出关键环节、分类细化支持。首先,重点支持龙头企业技术改造和品牌建设活动,激励龙头企业科技创新,推动现代农业技术的发展。其次,支持农民专业合作社畅通销售网络、品种改良、农技推广等多种渠道相结合的发展模式,支持家庭农场和专业大户基础设施建设,建立拨改投、投改贷和财政资金直接投向合作社等支农模式,从而推动建设多种经营体系运行模式。最后,清理"空壳社""一人社"和"假农场",确保财政资金真正用于支持经营管理规范、利益联结紧密、带动性强的经营主体。

三是利益联结紧密化。针对新型农业经营主体运行不规范、利益分配制度不完善等问题,探索建立"保底＋回购""按股分红＋务工收入""按资分红＋二次分利"等合作共享机制,创新建立"五统两金一保"和"产业风险金"等风险共担机制,鼓励各类经营主体与农民建立利益联结制度,促进共赢。其中,雁江宰山蔬菜专业合作社联合社推广"六统一"经营模式,带动 1.8 万余户农民种植蔬菜近 3 万亩,被评为"全国农民专业合作社示范社"。

四是农村资源资本化。一方面,深化农村土地经营管理制度改革,统筹

推进农村土地承包经营权、集体土地所有权、建设用地使用权、房屋所有权、林权、小型水利工程产权和集体财产权等"七权同确"。另一方面,深化农村土地流转制度改革,优化土地资源配置,完善农村土地流转基础设施,实现县、乡、村三级流转平台建设全覆盖。支持农户采取出租、转包、入股、托管、反租倒包等五种方式流转土地,目前,全市土地流转 100 万亩,其中 58 万亩用于发展多种形式适度规模经营。通过土地经营制度和流转制度的改革,深化了农村资源资本化发展。

第五篇　总结与建议

《左传》云:"其所善者,吾则行之;其所恶者,吾则改之。"

得失成败,均为一时之事,重要的是这些经历所给予的经验。前车之覆,后车之鉴。对于乡村产业的发展,同样如此。

第十六章　中国乡村产业高质量
发展的主要成效

产业兴旺作为乡村振兴战略的首要任务,其核心要义是推动农业农村现代化发展,实现农村经济转型升级,最终形成多样化、融合化的乡村产业体系,培育品牌化、特色化、数字化和科技化的生产体系,构建合作化、新型化、规模化的乡村产业经营体系。乡村产业作为现代化经济体系的重要组成部分,是乡村振兴的重要基础,是农业现代化的重要引擎。近年来,随着农业供给侧结构性改革不断深化,农业政策体系不断完善,农业农村基础设施和生态环境持续改善,以及互联网、大数据、电子商务等新产业的兴起,我国乡村产业发展迎来了难得的历史机遇,取得了令人瞩目的成绩。

一、产业形态日益丰富,三产融合不断深化

我国资源禀赋多元决定了乡村产业形态的多元,乡村产业的发展需立足于不同的资源禀赋和农业生产条件,从而发挥各个区域的比较优势。从国民经济行业角度看,我国乡村产业门类包含了农、林、牧、渔、服务业各个行业;从农产品分类来看,已经形成了涵盖玉米、水稻、小麦、大豆、甘蔗、畜产品、水产品等相对健全的农产品产业体系,世界各类主要农产品在我国均能生产,且生产规模居世界领先地位,可以满足城乡居民多样化的农产品需求。2020 年,我国粮食产量为 13390 亿斤,再创历史新高,连续 6 年保持在

1.3 万亿斤以上[①];从新产业新业态的角度来看,我国乡村产业逐渐由单一的乡村农业向现代特色农业、乡村生产性服务业、乡村生活性服务业、乡村传统特色产业、农产品加工业、休闲农业和乡村旅游、乡村建筑业、乡村环保产业、乡村文化产业等多元产业转变。2020 年,全国新注册农产品加工企业接近 13 万家[②],全国农产品网络零售额达到 5750 亿元,农产品加工业营业收入约 23.5 万亿元,规模以上农产品加工企业超过 8.1 万家,加工转化率提升到 68%[③]。

乡村产业形态的日益丰富、蓬勃发展,在提供农林牧渔产品外,不断涌现生态农业、休闲农业、"互联网十"等新兴业态。新产业新形态的发展既丰富了我国乡村产业的概念,也为农民带来了更多的就业机会和收入渠道,还极大提升了我国乡村产业的潜在竞争力。以休闲旅游业为例,根据农业农村部数据,截至 2020 年底,"一村一景""一村一韵"美丽休闲乡村共有 1216 个,乡村休闲旅游精品线路 1000 条;直接带动吸纳就业人数 1200 万人,带动受益农户 800 多万户[④]。很多乡村都建设了一批休闲娱乐、旅游度假、健康养生的农业园区、景点,通过发展乡村旅游振兴乡村经济。

总体来看,我国乡村产业体系的日益完善,不仅巩固了第一产业的发展基础,实现了粮食产量连年攀升,而且通过发展休闲旅游等第三产业有效增加农民收入,为实施乡村振兴战略注入了强大的内生动力。

二、乡村双创氛围浓厚,新型主体大量涌现

经营主体多元是现代化乡村产业演进过程中的必然现象,培育新型经营主体,发展农业适度规模经营,是推进农业供给侧结构性改革的重大举

---

① 国家统计局.国家统计局关于 2020 年粮食产量数据的公告.(2020-12-10). http://www. stats. gov. cntjsjzxfb/202012/t20201210_1808377. html.

② 数据来源于 CCAD.

③ 农业农村部发展规划司.农业现代化辉煌五年系列宣传之十六,"四链"结合农产品加工业高质量发展.(2021-06-04). http://www. ghs. moa. gov. cn/ghgl/202106/t20210604_6369044. htm.

④ 农业农村部新闻办公室.乡村产业保持良好发展态势预计 2020 年返乡入乡创业创新人员达 1010 万.(2020-12-29). http://www. moa. gov. cn/ztzl/nyncfzcj/202012/t20201229_6359100. htm.

措,是加快农业现代化的战略选择。相对于传统农业经营主体而言,新型农业经营主体的经营规模较大,更能体现规模化、集约化、专业化、市场化和社会化,收入水平也更高。随着我国经济的不断发展,改革开放不断深入,传统农业经营主体分散式经营的弱点开始显现,加快培育新型经营主体以应对农业系统风险、提高质量效益显得尤为迫切。

为此,国家出台了一系列财政、金融、人才、科技等优惠政策,旨在吸引返乡、下乡人员创新创业,鼓励大学生、中青年劳动力以及科技人员返乡创业。截至 2020 年末,全国高素质农民规模超过 1700 万,高中以上文化程度占比达到 35%[①],大批高素质农民活跃在农业生产经营一线,成为新型农业经营主体的骨干力量。新型职业农民是近年来涌现的一个新群体,2012—2017 年,连续 6 年中央一号文件都对新型职业农民的培育做出了部署。相比传统农民,新型职业农民具备更高的文化知识、现代农业生产经营理念,也更富有自主创新精神、职业素质和社会责任感。2020 年,返乡入乡创新创业人员达到 1010 万人,在乡创新创业人员数量达到 3150 万人,培训带头人和大学生村官 2 万余人。并且返乡下乡人员 60% 以上利用信息技术创业,85% 以上属于一二三产业融合类型,55% 运用"互联网+"等新模式,促进了乡村产业全面提升[②]。

在大力扶持农民创新创业的同时,国家也出台了众多政策支持新型农业经营主体的发展,如《关于加快构建政策体系培育新型农业经营主体的意见》《关于促进小农户和现代农业发展有机衔接的意见》《新型农业经营主体和服务主体高质量发展规划(2020—2022 年)》等,旨在通过新型农业经营主体的示范功能、组织功能和服务功能,提升乡村产业的生产效率,提高各类资源要素的配置效率,带动广大普通农户走向共同富裕之路。目前,我国已初步形成了以专业种植大户和家庭农场为基础,专业合

---

① 农业农村部发展规划司.农业现代化辉煌五年系列宣传之一,农业现代化成就辉煌 全面小康社会根基夯实.(2021-05-08).http://www.ghs.moa.gov.cn/ghgl/202105/t20210508_6367377.htm.

② 农业农村部新闻办公室.乡村产业保持良好发展态势 预计 2020 年返乡入乡创业创新人员达 1010 万.(2020-12-29).http://www.moa.gov.cn/ztzl/nyncfzcj/202012/t20201229_6359100.htm.

作社为纽带,农业产业化龙头企业为核心,多种生产经营主体共存的新型农业经营主体格局,以上述主体为代表的新型农业规模经营主体正在蓬勃发展。

图 16-1 显示了我国家庭农场(个体户)、家庭农场(企业)、农民专业合作社与农业企业的数量及增长率。分主体来看,其中家庭农场(个体户)[①]自 2013 年以来得到了巨大的发展,年均新设立数达 10.28 万家,年均新设个体户增长率为 12.92%。截至 2020 年末,家庭农场(个体户)存续数量达到了 73.69 万家,相比 2013 年的 7.71 万家,增长达 9 倍之多。家庭农场(企业)自 2013 年开始同样迎来了发展黄金时期,2020 年末共有 24.76 万家存续企业,相比 2013 年的 2.11 万家增长了近 12 倍。尽管近年来家庭农场(企业)注销数量有所增加,但由于新设数量的飞速增长,每年仍然净增加 30000 家家庭农场(企业)。农业企业作为现代经济组织,其发展很大程度上决定了乡村产业链条高质量发展的成效。2010 年,我国工商登记注册的农业企业仅有 26.07 万家,而在 10 年后的 2020 年,农业企业已突破 150 万家,每年新设的农业企业数随时间总体呈现出增长的态势,年均新设数增长率达到了 17.72%,在新设企业快速增长的带动下,我国农业企业同样表现出爆发式增长,年均存续企业增长率达到了 19.24%,其中 2013 年、2014 年更实际突破了 30% 的水平。

农民专业合作社在以上各类主体中数量最为庞大,2007 年 7 月 1 日《中华人民共和国农民专业合作社法》的出台,为我国农民专业合作社的规范化发展指明了道路与方向。截至 2020 年末,我国共有 221.86 万家在营农民专业合作社,尽管近年来在营农民专业合作社的增长率有所下降,但其仍保持着每年新设大于注销的态势。农民专业合作社的推广为我国乡村产业的发展做出了不可磨灭的贡献。

---

① 未在工商部门登记的家庭农场未被纳入统计范围中。

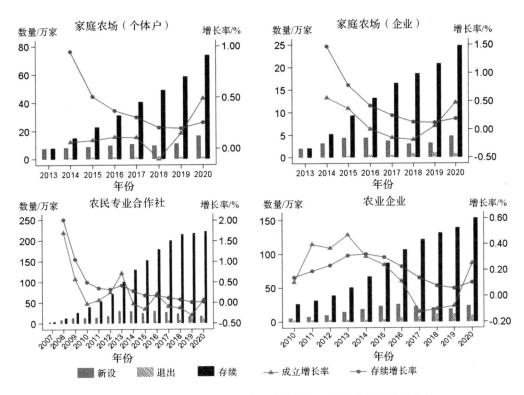

图 16-1　我国家庭农场、农民专业合作社和农业企业数量及增长率

数据来源：CCAD。

　　新型农业经营规模主体的快速增长得益于政府的大力引导与扶持。在乡村改革不断深入推进的背景下，我国乡村产业布局与结构、组织模式与形态也相应改变。在"三农"政策日益完善、力度明显加大，特别是乡村振兴的大力推行下，各类新型农业经营主体迎来了前所未有的快速发展期。另外，在我国经济由快速发展走向高质量发展阶段，产业发展更加专业化、生产经营更加规模化、集约化的主体不断增加也是必然趋势。

三、科技支撑不断增强，生产效率得到改善

　　实施科技强农、机械强农"双强行动"，是提高农业生产效率的关键之举，是提升农业效益和农民收入的必由之路，也是破解资源环境约束的根本

途径。近年来,我国农业科技水平逐渐提高,农业机械、设施大棚和现代农业基础设施不断完善,乡村产业质量效益得到了显著提高。

从全国农机作业水平来看,2020 年,全国农作物综合机械化率为71.25%,机耕率为 85.49%,机播率为 58.98%,机收率为 64.56%(见图 16-2),其中主要粮食作物水稻、玉米和小麦的耕种收综合机械化率分别稳定在 85%、90% 和 95% 以上。

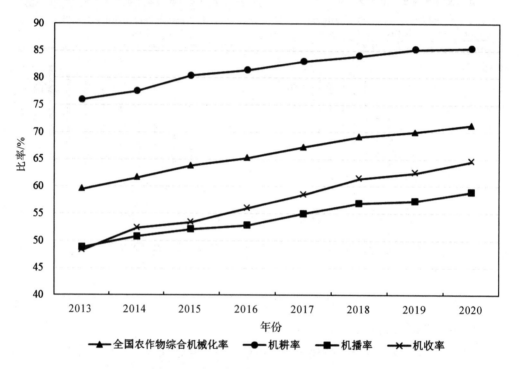

图 16-2 全国农机作业水平年度变化情况

数据来源:农业农村部农业机械化管理司。

从我国粮食主产区的农用机械拥有情况(见表 16-1)来看,山东、河南处于机械化领先位置,山东的大中型拖拉机数量领先全国,而河南则以小型拖拉机数量取胜。随着小型农业机械的推广应用,丘陵地区、偏远山区也具备了实现农业机械化的条件,不少地方还通过卫星导航和互联网服务进行信息化田间管理,在一定程度上弥补了耕地规模小的局限。

表 16-1　我国粮食主产区农用机械拥有情况（2019 年）

省份	农业机械总动力 /万千瓦	大中型拖拉机数量 /万台	小型拖拉机数量 /万台
山东	10679.8	48.25	199.09
河南	10357.0	37.31	313.97
河北	7830.7	28.00	122.39
安徽	6650.5	24.44	204.48
湖南	6471.8	11.71	23.99
黑龙江	6359.1	57.82	103.72
江苏	5112.0	16.77	62.61
四川	4682.3	7.44	15.00
湖北	4515.7	17.22	114.94
内蒙古	3866.4	35.40	83.54
吉林	3653.7	34.10	89.04
江西	2470.7	4.33	33.57
辽宁	2353.9	17.68	40.22

数据来源:《中国统计年鉴 2020》。

　　农业科技进步与技术推广有助于乡村产业资源利用效率的提升。图 16-3 显示,2020 年化肥有效利用率达到 40.2％,农药有效利用率达到 40.6％,分别比 2017 年提高 1.4 个和 1.8 个百分点,农业科技进步贡献率达到 60％。乡村里的人们正告别"面朝黄土背朝天"的传统农耕方式,乡村产业生产体系向产出高效、产品安全、资源节约、环境友好不断靠近。

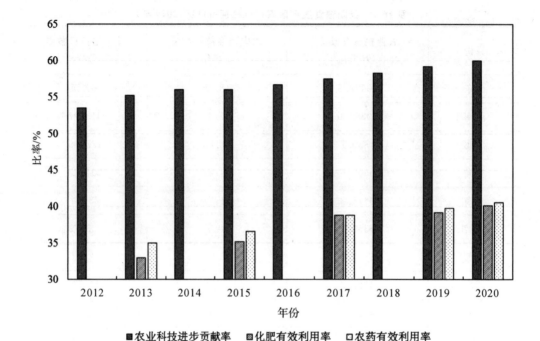

图 16-3　全国主要科技贡献相关指标年度变化情况

数据来源:农业农村部科技教育司、种植业管理司、农业机械化管理司。

四、品牌经营深入人心,特色产业助力减贫

　　第一,乡村产业品牌溢价效应逐步显现,区域公用品牌、企业品牌、产品品牌协同发展。近年来,农产品品牌建设一直是农业农村领域的重点,相关工作不断推向深入。2017 年启动实施特色农产品优势区创建认定,2019 年启动中国农业品牌目录制度建设,发布了《中国农产品区域公用品牌建设指南》。目前,我国已认定 308 个中国特色农产品优势区和 667 个省级特色农产品优势区,增强了绿色优质中高端农产品供给能力,培育了一批地理标志农产品品牌,截至 2021 年 8 月底,我国累计批准地理标志产品 2482 个。2020 年,我国新认证绿色、有机、地理标志农产品 2.2 万个,农产品例行监测合格率达到 97.8%。随着品牌意识的觉醒和品牌建设的加速,细分领域的空白被迅速填补,主导品牌不断涌现。比如五常大米、阳澄湖大闸蟹、洛

川苹果、眉县猕猴桃、库尔勒香梨、砀山酥梨等一批特色鲜明、质量过硬、信誉可靠的品牌深入人心,成为消费者心目当中特定品类里最先想到的名词。

第二,极具乡村特色的产业品牌不断涌现、现代化的生产模式逐渐建立。各地依托乡村区域特色资源,创立了一批特色鲜明的乡土产业、乡土品牌。截至 2020 年,已创立特色品牌 10 万余个,培育 2100 个乡村特色产品,认定"一村一品"特色村镇 3274 个[①]。在乡村产业生产体系不断发展的过程中,一批批国家现代农业产业园、农业产业强镇、农村产业融合发展示范园不断涌现,2020 年新创建 39 个国家现代农业产业园、259 个农业产业强镇[②]。它们在农业生产、农业品牌建设和农产品加工及物流方面都有着值得学习和推广的模式。例如江苏句容市农村产业融合发展示范园落实的"1 个科研院所专家团队+1 个本地农技推广团队+若干示范基地、示范户"构成的"1+1+N"新型农业技术推广体系,开发葡萄衍生物,利用溯源技术让消费者买得放心、吃得安心,并统一质量标准、生产资料、品牌包装、市场销售、技术指导,发展集观光、休闲、采摘于一体的现代农业。

第三,特色化品牌化发展助力产业扶贫扎实推进。在脱贫攻坚战中,部分地区实施品牌强农战略行动,为贫困地区优质农产品企业建立稳定的品牌及产品展示销售窗口,打通产销渠道,帮助贫困地区致富增收。近年来,各地有针对性地引导贫困农户大力发展水稻、小麦等特色粮食作物,因地制宜发展果蔬、中药材等经济作物,通过"一村一品"的发展模式来实现农户脱贫、地区脱贫。目前,通过产业扶贫我国已经建成了陕西洛川苹果,江西赣南脐橙,重庆涪陵榨菜等一批特色产业集聚群。2020 年,全国 832 个贫困县全部摘帽,12.8 万个贫困村全部出列[③],农村绝对贫困问题得到历史性解决。此外,农业农村部门还通过扶持农村电商等方式开展高效产销对接活

---

① 农业农村部新闻办公室.乡村产业保持良好发展态势 预计 2020 年返乡入乡创业创新人员达 1010 万.(2020-12-29). http://www.moa.gov.cn/ztzl/hyncfzcj/202012/t20201229_6359100.htm.

② 界面新闻.2020 年人大代表、政协委员关注哪些"三农"问题? 农业农村部回应.(2021-03-02). https://baijiahao.baidu.com/s? id=1693125196182407468&wfr=spider&for=pc.

③ 中国网.习近平庄严宣告:我国脱贫攻坚战取得了全面胜利.(2021-02-25). http://www.china.com.cn/opinion2020/2021-02/25/content_77249323.shtml.

动,畅通了农产品销售渠道。2020年,国家级贫困县网商总数达306.5万家,带动贫困地区网络销售农产品3014.5亿元[①],有力地推动了贫困地区经济发展,为贫困地区更快地脱贫摘帽提供了坚实保障。

五、数字赋能成效彰显,公共平台有力支撑

数字赋能在推动农业生产技术变迁,优化农业生产经营方式上发挥了巨大作用。在农村劳动力稀缺、资源配置效率低下、生产方式过于粗放的背景下,它能够促使农业生产经营朝精准化、集约化、绿色化和智能化方向转变,有效提高农业资源的利用率和农业生产效率。在信息不对称这一产业痛点上,数字赋能显著提升城乡要素资源流动活力。在信息高度流通以及大数据分析应用背景下,数据流将实现对经济体系的全要素数字化改造,从而促进城乡产业链、价值链、资金链、人才链和创新链的高效协同。当前我国智慧农业、数字农业得到快速发展,已实现利用卫星遥感、无人机、激光雷达等手段构建全覆盖的农业信息监测体系,大数据、物联网、云计算等新一代信息技术在农业领域的应用正在改变传统的农业生产模式。在畜牧业方面,利用语音识别、图像识别、物联网技术和RFID技术等实现智慧养殖和精细化养殖,提升畜牧业企业的数字化和智能化管理水平。

公共性数字服务平台的建设,促进了农业技术的传播。农业农村部近年建设了农业技术推广信息服务平台"中国农技推广",平台上有农业技术推广人员和专家教授线上解答技术难题、开展技术指导,新型农业经营主体和广大农户都可以通过网页、手机APP和微信公众号注册登录。新冠肺炎疫情发生以来,除了在田间地头指导农户,各地农业技术人员更多利用互联网平台进行"线上"答疑指导。一对一解答问题的同时,农业技术推广体系还通过开设网络课程广泛传播农业生产知识。大数据显示,2020年度农业技术人员累计服务1797万余次,平均日服务时长8小时,日服务里程350

---

① 中国网.商务部:2020年全国832个国家级贫困县网络零售总额3014.5亿元 同比增长26%.(2021-01-28).http://news.china.com.cn/txt/2021-01/28/content_77165087.htm.

万公里[1]。农业技术推广人员通过新技术的示范推广有效推动了乡村产业的科技进步。另外,由农业农村部主导的农业社会化服务领域全产业链智能服务平台"中国农业社会化服务平台"将服务组织提供的农事生产服务、农业信息服务、农资供应服务、农机租赁与维修服务、废弃物回收利用服务、农产品加工采购服务等内容以服务产品形式汇聚在平台上,小农户和新型农业生产主体利用手机和电脑直接与服务组织进行对接和交流,消除小农户与服务组织之间的信息鸿沟,促进农业服务资源在合理区域流动,全面提高农业社会化服务效率。政府通过农服后台进行项目监管,实时监测服务主体动态、服务价格、服务合同,智能化了解农机实时作业面积,通过系统智能比对实现项目实施预警与精准发放资金,保障项目顺利推进与资金安全,切实有效地推动了农业社会化服务的线上线下进程。

六、基础设施不断完善,发展根基越发牢固

乡村基础设施作为农民生活和农业生产的重要支撑,在做大做优乡村产业,改善乡村人民生活,优化乡村生产环境,推动乡村振兴方面具有重要的现实意义。目前,我国乡村在道路建设、水电供应、信息覆盖等方面得到了较大提升。

交通运输是现代经济的血脉,是我国国民经济发展中重要的组成部分。对于信息闭塞、与外界交流困难的偏远乡村而言更是如此,其将社会生产、交换、分配、消费各个环节紧密联系起来,将各个产业的上中下游充分衔接,还可以将各个地区间的经济联系在一起,从而实现共同富裕的发展要求。根据交通运输部数据显示,2010—2019年,我国农村公路建设里程总体呈现增长态势(见图16-4)。截至2019年末,我国农村公路里程达到420.05万公里,较2018年增长3.98%,领先全国公路增长速度。目前,我国实现具备条件的乡镇和建制村100%通硬化路,基本实现具备条件的乡镇和建

---

① 中国农业技术推广. 2020年度中国农技推广信息平台大数据. (2021-02-01). https://mp.weixin.qq.com/s/DXHgvkN04tR14YoB_3KETw.

制村 100％通客车,"四好农村路"建设长效机制正在形成。

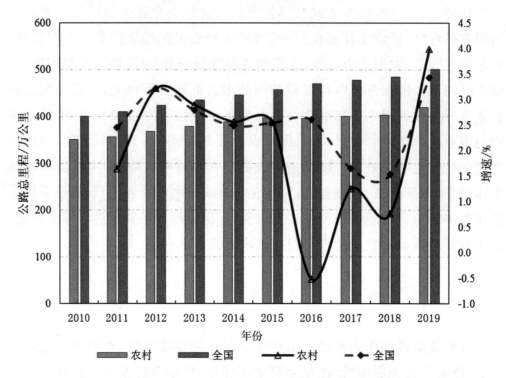

图 16-4 2010—2019 年我国农村/全国公路里程数及增速

数据来源:国家统计局(https://data.stats.gov.cn/easyquery.htm? cn＝C01)。

电力同样是我国国民经济的重要基础工业,对促进我国乡村经济发展意义重大。农村生产生活电气化水平和用电情况,能够直观反映当地的经济水平和发展程度。图 16-5 显示,截至 2019 年我国农村用电量为 9482.87 亿千瓦时,农村发电量为 2533.15 亿千瓦时,两者年均增长率分别达到了 2.41％、4.05％。根据国家统计局数据,我国农村用电量排前 3 的省(市)为江苏、广东、上海,分别为 1949.11 亿千瓦时、1448.04 亿千瓦时、1102.04 亿千瓦时,农村发电量排前 3 的省份为四川、云南、福建,分别为 435.41 亿千瓦时、385.59 亿千瓦时、246.38 亿千瓦时。

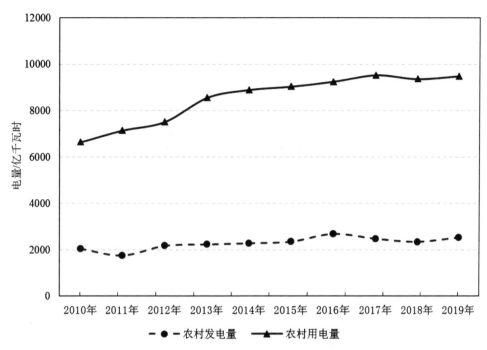

图 16-5　2010—2019 年我国农村用电量与发电量数据表(亿千瓦时)

数据来源：国家统计局(https://data.stats.gov.cn/easyquery.htm? cn=C01)。

乡村产业信息化、数字化的发展离不开互联网的加持,根据中国互联网络信息中心(CNNIC)发布的第 48 次《中国互联网络发展状况统计报告》,截至 2021 年 6 月,我国农村网民规模为 2.97 亿,农村地区互联网普及率为59.2%,较 2020 年 12 月提升 3.3%,城乡互联网普及率进一步缩小至 19.1 个百分点。农村地区通信基础设施逐步完善,推动农村互联网使用成本逐步下降。信息基础设施的逐渐完善为电子商务的发展提供了有力保障,2020 年全国农村网络零售额达 1.79 万亿元,全国共出现 5425 个淘宝村、1756 个淘宝镇[1]。此外,我国互联网及科技企业不断向四、五线城市及乡村下沉,带动农村地区物流和数字服务设施不断改善,推动消费流通、生活服务、文娱内容、医疗教育等领域的数字应用基础服务愈加丰富,为用户带来数字化便利。

---

① 阿里研究院.2020 中国淘宝村研究报告:1%的改变,1 万亿 GMV |.(2020-10-20).http://www.aliresearch.com/ch/information/informationdetails? articleCode=1268604879661998080&type=%E6%96%B0%E9%97%BB&organName=.

第十七章　当前中国乡村产业发展
面临的主要问题

我国乡村产业的发展已经取得了明显的成效,在乡村经济的发展中扮演着重要的角色,为促进农民增收起到了重要作用。不过在取得一定成绩的同时,我们仍需看到,我国乡村产业的发展仍处于起步阶段,面临着诸多短板和制约。从区域发展水平来看,各地区乡村产业发展不平衡、不充分的问题将长期存在;从自身发展状态看,乡村产业链条不够成型、效率低下、空壳主体比例较高、营收效益低下、带动农户的规模有限等问题依然存在;从外部发展环境看,乡村产业基础设施落后,经营主体规模偏小、集约化水平不高、效益不高的问题依然存在。此外,财税、金融、土地等扶持政策力度不足,各类新型农业经营主体融资难、融资贵、风险高等问题仍然突出。

一、产业地位弱势突出,均衡发展亟待加强

当前,我国发展最大的不平衡是城乡发展不平衡,最大的不充分是乡村发展不充分。改革开放以来,我国已经形成了从沿海到内地、从东部到中部再到西部、从大城市到小城市再到乡村、从发达地区到落后地区的多维阶梯式发展结构,非平衡式发展已然成为我国经济发展的主要特征。

从乡村产业发展指数来看,东部地区发展明显优于中西部以及东北地区,广东、山东、江苏、浙江优势明显。山东作为我国农业头号强省,在多项指标排名中居于全国首位,中西部地区除四川、新疆在个别指标上排名靠前外,整体表现落后。以2020年指数得分为例,一级指标产业体系发展指数

中,东部地区浙江、山东、福建位列全国前3,北京、天津2个直辖市以及西部地区西藏、青海等排名末位;生产体系发展指数中,东部地区的浙江、山东、广东排名前3,东北地区的吉林以及西部地区的宁夏、青海、西藏等省份居于落后位置;经营体系发展指数中,山东、四川、江苏、河南处于第一梯队,之后的湖南、安徽、广东、河北、福建、浙江、湖北、江西、上海水平总体相当,为第二梯队,其余省份的经营体系发展相对较弱,为第三梯队。从区域分布上看,东中部地区的省份排名总体高于西部及东北地区。具体到9个分项指标上,各地表现差异更为巨大,多数地区明显存在"偏科"现象,不均衡与不充分特点明显。

从国民经济结构角度来看,我国乡村产业在市场经济发展中处于弱势地位的现象从未发生过改变。从图 17-1 2010—2019 年我国国内生产总值各行业分布(当年价格)中可以看出 2010—2019 年我国农林牧渔业在国内生产总值中的占比情况。

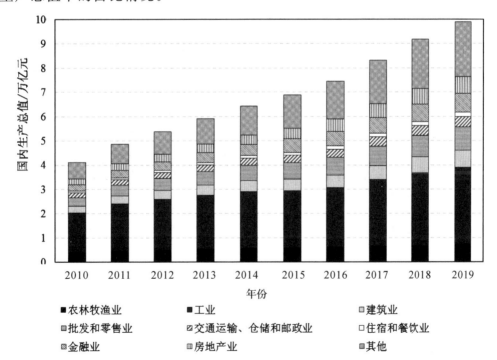

图 17-1   2010—2019 年我国国内生产总值各行业分布(当年价格)

数据来源:中国统计年鉴。

尽管 2010—2019 年我国农林牧渔业的绝对产值在不断增长,自 2010 年的 39618.98 亿元攀升至 73567.07 亿元,年均增速达到了 7.9%。与此同时,近年来,农林牧渔业产值在国内生产总值的占比持续下滑,2019 年为 7.42%,相比 2010 年的 9.61% 减少 2.19%。据世界银行数据,我国人均农业增加值与农业发达国家差距明显,2016 年我国仅为 2053.4 美元,远远落后美国的 8.1 万美元和日本的 5.6 万美元。

除整体表现弱势外,乡村产业内部各门类发展也极不均衡。图 17-2 显示了 2019 年我国各省份农林牧渔业分项产值比重分布情况。可以看到我国农林牧渔业的发展中农业贡献最大,其产值在我国各省份都占据着较大部分,其中甘肃、陕西、新疆、贵州、黑龙江、河南、重庆占比更是高达 60% 以上。

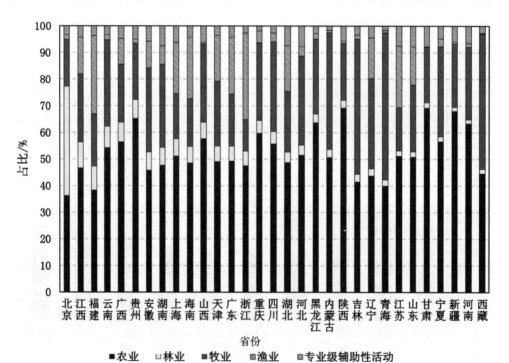

图 17-2　2019 年我国各省份农林牧渔及服务业总产值占比

数据来源:中国统计年鉴 2020。

相较而言,林业、牧业、渔业的发展要显得更为薄弱。林业中,除去北京
41.04％的占比外,其余省份均在 10％以下,排名第 2 的江西仅为 9.85％;
由于自身的地理位置、气候环境,青海、西藏牧业发展较为领先,分别以
55.19％、50.94 的占比居于前两位,但其产值仅为 250.8 亿元、108.4 亿元,
落后排名第 9 的四川,后者牧业总产值为 2647.9 亿元;渔业则主要集中于
东部沿海省份,浙江、福建、江苏 3 省渔业占比分列前 3,但从产值上看,仍
存在发展弱势的特点,最大产出的江苏仅为 1741 亿元。

二、产业链培育不完善,产业结构亟待优化

我国乡村产业链发展不充分主要体现在以下几点。第一,产业链狭窄
且较短。乡村产业下游产业涵盖了农产品加工、储存、运输、销售等诸多环
节。其中乡村产业链在第二产业方向上的纵向延伸主要以农产品加工业为
主。从前文可以看到,我国农产品加工业主要在规模上表现出明显的扩张
趋势,不过,这种扩张仍然停留在初级加工阶段,农产品精深加工相对滞后。
第二,产业链组织化程度及衔接程度较低,且存在断裂现象。由于我国人口
众多,可用于耕种的土地相对缺乏,人均土地资源分配严重不均,这就导致
了我国农产品市场生产存在较大的分散性;从而导致农产品加工、营销等环
节呈现小、散、乱等特点,农产品产销结合程度低,产业链整体脱节严重。近
年来,随着电子商务、直播带货的兴起,产销环节的脱节现象有所缓解,但未
能从根源上解决问题。此外,由于地方保护主义盛行,使得农产品的流通受
阻,产业链存在人为割裂现象。第三,乡村产业科技含量较低,农产品附加
值不高。由于我国地形复杂,机械化、信息化的使用难度和使用成本较大,
加大了农业机械化、数字化、信息化的推广难度,致使现代化农业技术的应
用面较小,农技推广困难,部分农民仍沿用传统农业生产工具、技术从事农
业生产。

乡村产业在产业链上的割裂和不完善,直接导致了乡村产业结构的不
平衡、不合理。

第一,第一产业扩大再生产的积极性不高。图 17-3 显示了我国 2010—

2019 年第一产业固定资产投资及其可比增速,可以看到第一产业增速持续下滑。

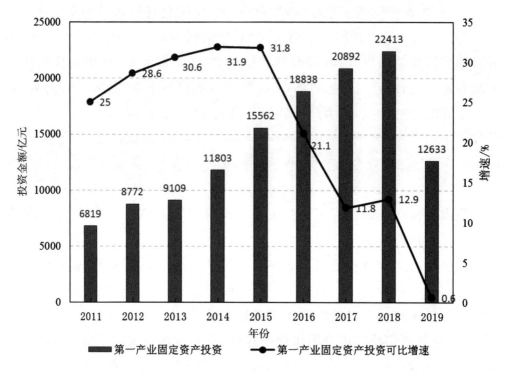

图 17-3   2010—2019 年第一产业固定资产投资(不含农户)及可比增速

数据来源:国家统计局(https://data.stats.gov.cn/easyquery.htm? cn=C01)。

第二,乡村产业结构调整区域进展不平衡,总体上缺乏长远的科学规划。由于对自身资源禀赋、产业优势的认识不足,同时缺乏农业科学相关的人才,盲目追求经济作物,导致了部分地区产业结构调整的趋同现象比较突出,农产品产业、产品结构单一,种植业产值比重偏高,牧业、渔业、林业比重偏低。产业结构的趋同又导致了不少地区农产品区域比较优势不明显。

第三,乡村涉农企业以小型为主,产品结构以中低档为主,科技含量不高。截至 2020 年末,我国现有的涉农企业中,国家级农业产业化龙头企业有 1419 家,仅占 0.095%,数量和占比都较低。据农业农村部、国家发展改革委会同规划实施协调推进机制 27 个成员单位编写的《乡村振兴战略规划实施报告(2018—2019 年)》显示,我国 2019 年的农业科技进步贡献率为

59.2％,距离美国等发达国家的 80％差距仍十分明显。由于大部分农产品科技附加值低,同时物流成本过高,使其在市场竞争中处于明显劣势地位。

总体而言,随着消费升级,农产品消费市场逐渐走向多样化、优质化,我国乡村产业结构也必然做出调整,从过去追求数量为主转变为保质保量。同时,当前我国乡村产业结构调整所面临的内外部形势较以往存在较大改变。对内,我国经济发展由高速发展转向高质量发展,人民对美好生活的向往加速了对种类多、品质佳的农产品需求;对外,国际环境形势更趋复杂严峻,叠加全球新冠疫情致使外贸严重受挫,逆全球化现象明显。当前乡村产业结构的调整需要各级政府、社会、涉农机构以及每个农户的努力。

三、全要素生产率较低,科技进步相对迟缓

农业生产率是衡量农业生产质量效益的重要方面,关系到乡村产业的竞争力与可持续性。农业生产率的提升一方面在于对土地、资金、劳动力等生产要素的有效组织,另一方面也依赖于农业科技进步对传统农业生产方式变革。当前,我国乡村产业在生产效率和科技进步方面均存在不少弊端。

第一,全要素生产率水平较低,技术进步相对迟缓。我国人多地少的矛盾始终存在,随着城市化进程加速,全国耕地面积持续减少,人均耕地面积不断减少。我国农业一直以家庭为单位进行自给自足式小农生产,精耕细作,机械化水平较低,劳动者素养较低,经营规模狭小,资源无法得到合理配置。土地、资本、劳动力、科技等要素投入的质量和配置效率都处于较低的水平,粗放式的要素投入对农业资源与生态环境造成极大的浪费和破坏,使得我国乡村产业全要素生产率低,前沿技术进步步伐缓慢。据测算,我国农业全要素生产率从 1980—2016 年以来的年均增长率为 1.74％,对总产出的增长贡献为 30.53％,我国农业总产出的增长源泉主要来源于中间投入[①]。乡村全要素生产率低下使乡村产业生产陷入低水平、低质量、高成本

---

① 李展,崔雪.中国农业全要素生产率的再测算:基于 KLEMS-TFP 视角.经济问题探索,2021 (5):95-107.

的恶性循环,可持续增长动能不足。

第二,科技成果转化及服务能力不足。目前,我国农业科技成果转化实行的是以政府农业科技推广机构为主,以科研单位、农业院校、科协组织等为辅的多元化转化模式。我国农业科技转化率仅有 30%～40%,远低于发达国家 65%～85%的水平。在成果层次上,以常规农业科技成果为主,以前沿技术、关键共性技术、核心技术、系统集成技术等为主的具有重大应用价值和自主知识产权的突破性科技成果还较为缺乏。另外,我国农业科技成果转化服务体系还不够完善,科技中介机构的综合服务能力有待进一步提高。我国农业科技社会化服务体系虽逐步建立,但是,科技服务的有效供给能力和效能还明显不足。加快构建产出高效、产品安全、资源节约、环境友好发展要求的农业技术体系和开放竞争、多元互补、协同高效的农业科技社会化服务体系,是推动乡村产业高质量发展的紧迫任务。

四、空壳主体大量存在,管理资源存在浪费

在本报告中,我们将没有开展任何业务活动且没有注销的农民专业合作社定义为"空壳合作社",基于国家市场监督管理局公布的异常经营名录来作为判别专业合作社是否为空壳的依据①,即一家合作社在一时点被移入异常经营名录,在另一时间节点又未被移出,则判定其为空壳合作社。截至 2020 年底,通过登记的住所或者经营场所无法联系的专业合作社共有 1.05 万家,未公示年报的有 84.06 万家,可见未公示年报的合作社是空壳

---

① 具体做法分两种情形。第一类为未上报年报的农民专业合作社,由于当年年报的上报时间为次年的 1 月 1 日至 6 月 30 日,考虑到工商管理部门处理未登记年报的企业需要一定时间,我们将移入时间在次年的 7 月 1 日到 12 月 31 日,且移出时间在第三年 1 月 1 日之后的农民专业合作社定义为"空壳合作社";第二类为通过登记的住所或者经营场所无法联系,此类情况由于工商管理部门例行的抽检工作,通常没有固定的时间,因此我们将当年移入且当年没有移出的专业合作社定义成"空壳合作社"。需要做出解释的是,农民专业合作社被列入经营异常名录的原因主要有三:一是未按照规定的期限公示年度报告;二是企业公示信息隐瞒真实情况、弄虚作假的;三是通过登记的住所或经营场所无法联系的。本报告主要基于第一与第三种情形来判别合作社是否为"空壳合作社"。

合作社的主要构成。

图 17-4 反映了我国 2015—2019 年分年度空壳合作社的数量与空壳率的情况。空壳合作社的数量随年份呈现出先减后增的态势，其中 2016年为 5 年最低值，共有 17.96 万家空壳合作社；随后不断增加，2019 年末空壳合作社达到了 27.19 万家。与空壳合作社类似，空壳率[①]也呈现出先降后升的趋势，5 年的空壳率依次为 13.15％、9.94％、10.59％、12.05％、12.38％。

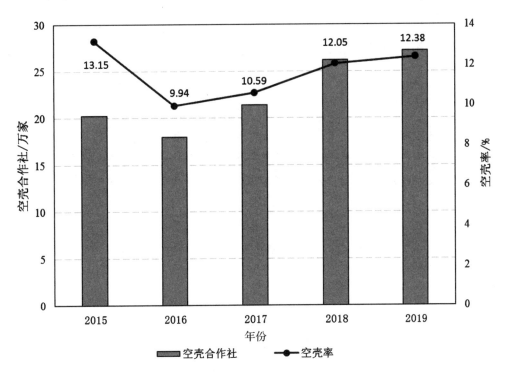

图 17-4　2015—2019 年我国农民专业合作社空壳数与空壳率

数据来源：CCAD。

图 17-5 从横向角度进一步比对了我国 2019 年度各省份的空壳率。可以发现，黑龙江、山西两省无论是空壳合作社还是空壳率都处于较高水平。详细来看，黑龙江、山东、山西 3 省的空壳合作社数量最多，分别达到了

---

① 空壳合作社与当年年末存续经营的合作社的占比。

3.59万家、3.24万家、2.85万家;在占比中,黑龙江以37.23%的空壳率位列全国首位,山西、新疆分别以28.35%、25.61%的占比列第2、3位。

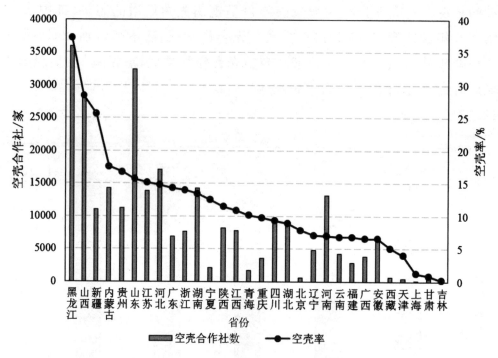

图17-5　2019年我国各省份空壳合作社数及空壳率

数据来源:CCAD。

我国农民专业合作社的空壳率整体处于较高水平,且呈现加重的趋势。尽管大多数农民创办合作社是在响应政府"脱贫攻坚""乡村振兴""共同富裕"的号召,旨在促进农民就业与增收、发展乡村产业。不过,这在客观上也催生出一批空壳社。由于各级政府对农民专业合作社的扶持力度不断加大,不少新成立的农民专业合作社目的是获取国家优惠政策,存在明显的套取政策红利倾向。

空壳合作社的存在,不仅影响了农民专业合作社的整体社会信誉,也影响到其在金融机构获得与其他市场主体平等的贷款机会,还损害了真正需要财政支持的合作社的利益。空壳合作社的大量增加还明显增加了市场监管部门应检市场主体的数量,直接加大了其管理成本、监管成本、服务成本,造成社会资源的严重浪费。

五、新型主体效益不高,带动农户能力有限

由于产权机制、组织构成、经营管理等诸多因素的影响,农民专业合作社、家庭农场在日常运作上与企业组织相比存在较大差距,其经营绩效的表现也不理想。在本报告中,我们以农民专业合作社为例,根据农民专业合作社上报的年报数据,考察农民专业合作社盈余数以及盈余率,用以反映新型农业经营主体的经营效益,具体如图 17-6 显示。

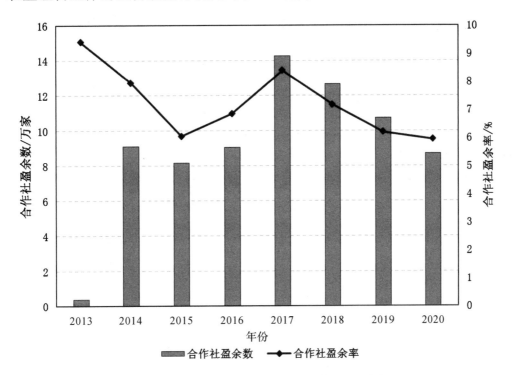

图 17-6　2013—2020 年我国合作社盈余数及盈余率

数据来源:CCAD。

从合作社盈余数来看,出现了一定程度的波动。由于企业年度报告公示制度由 2014 年正式开始实行,各项工作的落实需要一定的时间,因此 2013 年的盈余数处于较低水平为正常现象。从 2014 年开始,各年份的合作社盈余数均在 8 万家以上,2017 年相较 2014—2016 年有一个较大幅度

的增加,合作社盈余数突破 14 万家,达到了历年来合作社盈余数的最高值,随后在 2018—2020 年,合作社盈余数逐渐回落,分别有 12.67 万家、10.74 万家、8.69 万家实现盈利。盈余率是指在所有上报年报的合作社中实现了盈利的合作社占比。总体来看,盈余率与盈余企业数的走势相同,大体上均呈现出先增加后减少的趋势。2014 年由 7.95% 短暂回落至 2015 年的 6.05% 后开始反弹,2016—2017 年盈余率有所上升,两年分别达到了 6.85%、8.39%,其中 2017 年的 8.39% 同样为历年盈余率最高。2018—2020 年,盈余率呈现出逐步降低的趋势,三年分别为 7.18%、6.21%、5.95%。

在单位合作社的营收上,各省份存在明显差异,具体如图 17-7 所示。其中广东以 1042.86 万元/家排名全国首位,地处西部地区的西藏、陕西、宁夏以及东北地区的辽宁单位合作社营收表现尚可,分别以 781.30 万元/家、683.95 万元/家、493.22 万元/家、443.54 万元/家营收位居全国第 2 至 4 位。

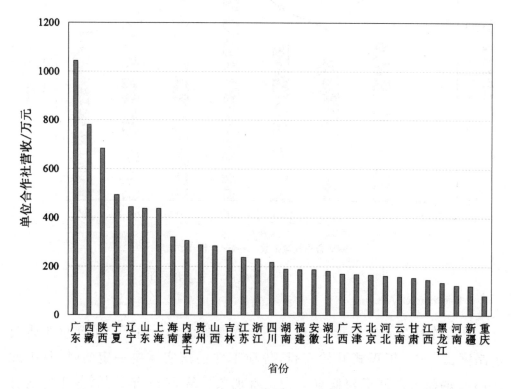

图 17-7　2016—2020 年我国单位合作社营收情况

数据来源:CCAD。

在此之后,仅有山东、上海两地营收突破 400 万元/家,营收在 400 万元/家以下的省份多达 23 个,而其中营收在 200 万元/家以内的省份就有 15 个,接近全国半数。

从合作社盈余数、占比以及各省份单位合作社营收三项数据来看,我国农民专业合作社的经营绩效总体欠佳。

带动农户规模有限。新型农业经营主体在构建之初,就被赋予带动、引导、服务小农户的使命,并作为核心环节建立"龙头企业＋农民合作社＋农户"的经营模式,以此来增强小农户的抗风险能力。然而,现实中新型农业经营主体对农户的带动作用并不明显。

以农民专业合作社为例,全国层面上看,2018—2020 年我国每家合作社的入社平均股东数分别为 12.30 人、12.10 人、11.41 人,入社股东呈现出下降趋势的原因主要在于合作社数量的快速增加。2018—2020 年入社股东中位数仅为 5 人,刚好为成立农民专业合作社的最低标准,带动能力极为有限。从省份层面来看,多数省份入社股东中位数同样集中在 5 人,而平均每家合作社的成员数及全省入社总人数则存在明显的差异,图 17-8 详细展示了 2020 年我国各省份合作社成员总数及单位合作社成员数的情况。从入社总人数来看,山东以入社 346.61 万人遥遥领先其他省份,排名全国首位;四川落后山东,以 105.84 万人排名次席;入社超百万人的省份共有河南、湖南、云南、吉林、江西、山西、河北 7 省,分别为 144.87 万人、123.59 万人、121.74 万人、117.49 万人、113.94 万人、111.13 万人、109.39 万人;入社低于百万人的省份共有 21 个[1],分布在 50 万～100 万人以内及 0～50 万人的分别为 13 个、8 个。从单位合作社入社股东数来看,仅有四川、北京、天津超过了 20 人/家,在 10—20 人/家之间的省份有 12 个,10 人/家以下的省份最多,达到了 15 个。

---

[1]　重庆由于在股东人数的登记上与其他省份存在明显差异,其登记为"个人股东""法人股东",因此在本项说明中未将重庆统计在内。

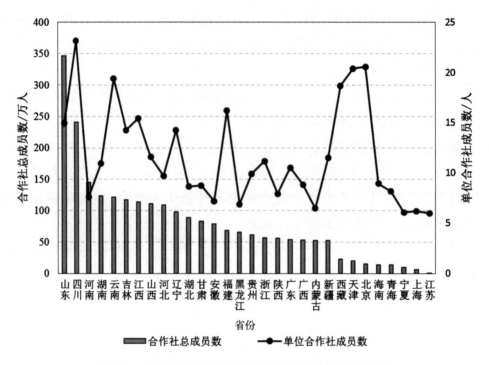

图 17-8　2020 年我国合作社成员总数及单位合作社成员数

数据来源:CCAD。

　　综上,我国农民专业合作社对农户的带动作用仍然停留在初级阶段。受制于我国人口结构与分布的特征以及资源禀赋的约束,在很长的一段时间内,小农户在我国的乡村产业经营主体中仍将占据相当大的比例,也是我国农地经营的常态,户均百亩或千亩以上、单位合作社百人以上的大规模经营仍难以在全国层面上推广普及。

六、乡村空心趋势加剧,人才振兴亟待破题

　　城镇化是现代化的必由之路,既是经济发展的结果,又是经济发展的动力。从结果上看,城镇化既促进了我国经济的快速发展,对提升农民收入进而缩小贫富差距大有裨益,同时也造成了乡村青壮年劳动力的大规模流动和农村人口结构的变迁,很多乡村出现了"人去村空"的现象,并由人口空心化逐渐演化为人口、土地、产业和基础设施整体空心化,乡村的人口结构、就

业结构、经济结构、社会结构无一不发生了重大变化。

第一，乡村劳动力规模锐减和年龄结构老化并存。随着农村年轻劳动力的持续迁出，乡村劳动力人口规模不断减少。2020 年人口普查数据显示，我国城镇人口 90199 万人，占比 63.89%，乡村人口 50979 万人，占比 36.11%；与 2010 年相比，城镇人口增加 23642 万人，乡村人口减少 16436 万人，城镇人口比重上升 14.21%。与此同时，乡村人口年龄结构也呈现快速老化的变动趋势。我国 60 岁及以上人口为 26402 万人，占 18.70%，其中，65 岁及以上人口为 19064 万人，占 13.50%。与 2010 年相比，60 岁及以上人口的比重上升了 5.44 个百分点。乡村由于青壮年人群的大量外出谋生，其人口年龄结构明显更趋"老龄化"，乡村产业的发展将持续面临人口长期均衡发展的压力。

第二，当前我国就业人口主要分布在第三产业，第一产业从业人口逐年下滑。图 17-9 显示了我国 21 世纪以来，三大产业的就业人口数量变动趋势。

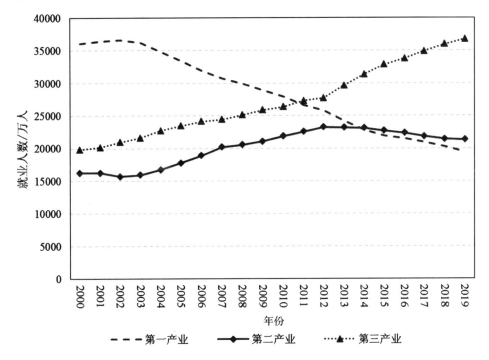

图 17-9　2000—2019 年我国三大产业就业人口趋势

数据来源：中国统计年鉴。

可以看到,第一产业就业人数于 2002 年达到峰值 3.66 亿后便一路减少,2019 年降为 1.94 亿,与高点相比,就业人数缩水达 46.93%,在很大程度上呈现出农业边缘化的特点。

第三,乡村从业人员素质相对欠缺。表 17-1 展示了我国乡村劳动者的受教育水平,可以看到,尽管近年来,学历在大专以上的农民占比逐渐增加,但是仍可以看到高中以下的占据了绝大多数比重,2015—2019 年初中及初中以下学历的农民工占比均在 70% 以上,反映出乡村生产中高素质人才的绝对缺乏。

表 17-1　我国乡村劳动者的受教育程度占比情况　　　　单位:%

年份	未上学	小学	初中	高中	大专及以上
2015	1.1	14.0	60.3	16.9	8.3
2016	1.0	13.2	59.4	17.0	9.4
2017	1.0	13.0	58.6	17.1	10.3
2018	1.2	15.5	55.8	16.6	10.9
2019	1.0	15.3	56.0	16.6	11.1

数据来源:艾媒数据中心。

人才是乡村发展的关键,当前乡村干部队伍文化程度普遍偏低、知识技能缺乏、农村年轻后备力量严重短缺。党的十七大以来,我国开始实行大学生村官政策,一方面大学生村官政策可以有效缓解大学生就业压力,另一方面鼓励优秀大学生到基层锻炼成长也是我国加强新农村建设的有力举措之一,为乡村的发展源源不断输送高素质人才。可以看到,大学生村官的政策实施,在一定程度上推动了城乡人才资源的均衡配置,在促进新农村建设上取得了一定的效果。不过,由于制度的不完善和农村基础设施不足,近年来在岗大学生村官人数日益减少,不少大学生村官在基层也未得到真正锻炼,干不下来、融不进去、留不住人、解不了题的问题依然严峻。如何更加有效地推动高素质人才自发地前往农村就业、创业,仍是摆在我国实现乡村振兴之路上的一道难题。

七、金融供给力度增强，主体融资困难依旧

我国在历经改革开放 40 多年的摸索试探后，农村金融发展取得了显著成就，各级政府对农村金融支持高度重视，农村商业银行、村镇银行等涉农金融机构遍地开花。图 17-10 与图 17-11 分别显示了我国 2010—2020 年涉农金融机构的新设数量以及存续数量、2018—2020 年分季度涉农贷款、农村贷款以及农户贷款数据。由图可见，2020 年底我国涉农金融机构数量达到了 18 万家，相比 2010 年的 13 万余家，增长率达到了 34.33%。从中可以看出，我国乡村在金融供给上得到的支持力度逐年增大。

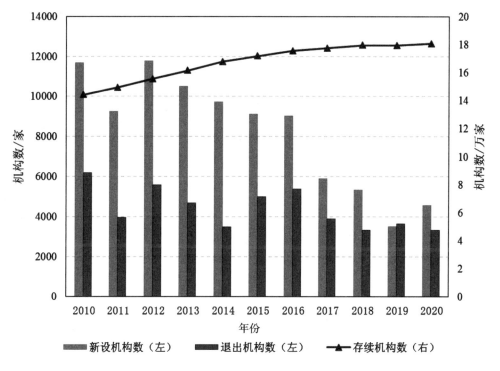

图 17-10　2010—2020 年涉农金融机构新设、退出及存续数量

数据来源：CCAD。

图 17-11 直观地显示了我国分季度涉农贷款、农村贷款以及农户贷款数据随时间均呈现出上涨的趋势。随着普惠金融支持力度不断加大，近年

来我国对"三农"领域的信贷支持也水涨船高,平均增长幅度分别达2.14%、2.36%、3.24%。截至2020年末,涉农贷款、农村贷款以及农户贷款分别达到了38.95万亿元、32.27万亿元、11.81万亿元。

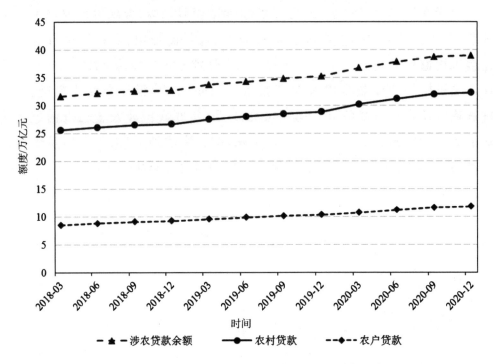

图 17-11　2018—2020 年分季度涉农贷款、农村贷款以及农户贷款数据(央行口径)

注:数据来源于中国人民银行。

不过,尽管国家对"三农"的支持力度不断加大,农民贷款依然是一个老大难的问题,新型农业经营主体自然也不例外。由于专业合作社、家庭农场等新型农业经营主体成立门槛较低,管理相对无序,加之资产不够稳定、财务不规范,以及对贷款政策及流程无法充分理解,叠加银行出于对风控的要求,仍然存在许多农业经营者无法贷到款,众多合作社、农企资金短缺、贷款难的融资困境仍在。

以合作社为例,图 17-12 展示了我国 2013—2020 年农民专业合作社的获贷款数及贷款获得率①。可以看到,仅有 2013 年与 2014 年合作社贷款

①　获得贷款的合作社数量与上报了年报的合作社数量之比。

获得率突破了 1%,之后的 6 年时间则均在 1% 以下,2017—2020 年合作社获贷款数与贷款获得率均随时间明显下降。

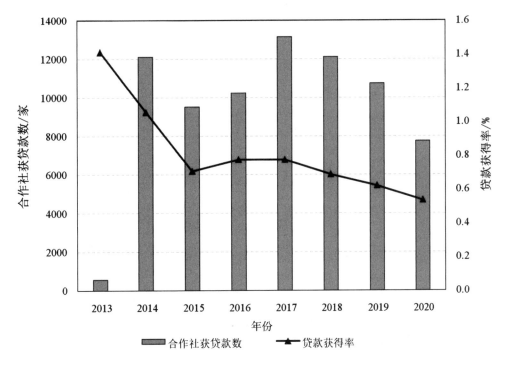

图 17-12　2013—2020 年我国农民专业合作社的获贷款数及贷款获得率

数据来源:CCAD。

图 17-13 展示了 2020 年我国各省份合作社获贷款数及贷款获得率。分省来看,西部地区的贷款获得率明显排名靠前,西藏、宁夏、贵州、云南分别以 3.25%、2.98%、1.74%、1.05% 排名第 1、第 2、第 3 与第 7 名;中部地区的湖北、安徽、山西 3 省则以 1.61%、1.47%、1.19% 紧随其后,位居第 4 至第 6 位。上述 7 省份也是全国仅有的贷款获得率均超过 1% 的省份。在此之后,所有省份的贷款获得率均在 0.85% 以下,包括所有的东部地区及东北地区的省份。总体来看,我国农民专业合作社在金融支持的获得上处于较低水平。这就需要各级政府群策群力,积极拓宽融资渠道,为新型农业经营主体的发展提供资金保障,对于经营效益好、示范带动作用强的新型农业经营主体给予更大的优惠政策和奖励制度支持。

此外,我们发现在贷款获得率方面,东中西的结构分布与经济发展水平呈现出明显的"倒置"现象。我们猜测其中的原因可能有三:一是当前的扶农支农政策资金更多偏向中西部地区;二是东部地区的产业结构并未以乡村产业为主;三是东部地区的经济发展水平相对更好,农户自身的经济实力较强使得其对信贷资金的需求可能没有中西部那么强烈。

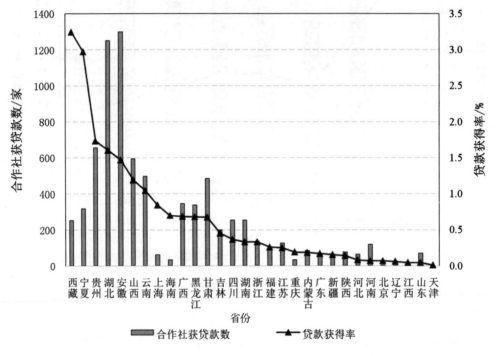

图 17-13　2020 年我国各省份合作社获贷款数及贷款获得率

数据来源:CCAD。

第十八章　推动乡村产业进一步高质量发展的政策建议

当前我国社会主要矛盾已经转变为人民日益增长的美好生活需要和不平衡不充分发展之间的矛盾。伴随着我国居民消费结构不断升级,人们对农产品品质标准要求也逐渐提高,然而我国尚未形成成熟的农产品供给体系,造成消费者需求和市场供给双方的矛盾越发突出,这就要求乡村产业必须由狭义的提供"食品"向生态、文化、休闲、旅游等方向综合发展,从而满足人们日益增长的消费需要。与此同时,当前我国经济已经由高速增长转向高质量发展的阶段,但我国农村产业仍具有成本高、粗放式发展等特点,其核心竞争力还相对较弱。因此,在质量型经济发展的背景下,乡村产业需要转变其增长方式,实现产业结构转型升级。一方面需要深化农业供给侧结构性改革,破除城乡二元结构,推动土地、劳动、资本与技术等要素有效流动,提高农产品供给质量和效率,推动新产业新业态发展,促进产业融合;另一方面,为适应社会主要矛盾转化、经济高质量发展和供给侧结构性改革的战略需要,应着力引导乡村产业向特色化、融合化、绿色化、品牌化、现代化方向发展,满足城乡居民对农村产业多样化、动态化的需求。

一、优化提升产业结构,推动乡村产业全面振兴

(一)助推乡村特色产业发展

乡村特色产业的发展就是要通过提供个性化产品、服务,满足多元化的

市场需求。以农民为主体,以市场为导向,依托自然生态资源优势,合理布局农业产业体系,发展特色产业,开发特色产品,建立特色农产品生产基地,打造农业全产业链、现代农业产业园、特色产业集群,推动农产品本土品牌建设。首先,立足资源禀赋,充分发挥各地区位资源比较优势,因地制宜发展特色种养、特色食品和特色手工业等乡土产业,力求将农业资源优势转化为产业优势,通过现代科学技术对传统农业的改造,提高农产品的质量与产量。其次,加快建设绿色种植基地和绿色产品基地,开展特色农产品标准化生产示范基地建设,用标准化技术提升乡土产品质量,建设一批土特产品保护基地,建设农产品批发市场,并结合互联网平台,实现特色食品生产、加工、配送、采购等全过程流通,构造完整的供应链体系和产品消费服务体系,打造一批绿色农产品产业体系。最后,发挥村镇自然资源优势,充分利用特色资源,推动整村开发,持续打造"一村一品"示范村镇,建设农业产业强镇和现代农业产业园。例如,在地域广袤的平原地区,发展规模化的粮食生产;在水资源匮乏区域,发展旱作农作物生产;在资源多样化的丘陵地区,发展特色农业;在资源、劳动和技术密集型地区,发展多样化农业和都市农业;在林地资源丰富地区,打造森林药材示范基地;在水资源丰富地区,发展渔业和水产品加工基地。

(二)支持农产品深加工发展

发展农产品深加工能够提升农产品附加值、农民收入以及农业现代化水平。推动农产品深加工发展应着力做好以下四个方面的工作:首先,积极发展农产品初加工,建立粮、油、果、茶等农产品生产基地,提供高质量的加工原料,提升农产品的品质质量,满足城乡人民消费需求,增加农民就业,提高农民收入,以标准化的加工技术延伸产业链条,将产业链增值收益留给农民。其次,加强农产品精深加工,制定标准化生产体系,持续推进农产品加工企业转型升级,支持农产品加工设备改造提升,利用生物、环保、信息等技术实现清洁生产、高效杀菌生产模式,建设一批有原料基地、有企业参与、有科技支持、有服务配套的农产品精深加工园区、农产品加工技术集成基地,推动粮食生产功能区、农产品生产保护区、特色农产品优势区建设,打造现代农业产业园区。再次,构建以企业为主体,产学研一体化的创新发展模式,引导企业技术进步,生产流程"机器换人",营销流程"电商换市",逐步完善网络营销的供应链体系,推动企业发展规模由小变大,由粗初加工向精深加工转变。最后,实现农产品综合加工,通过推动加工技术创新,实现副产物综合利用和农产品资源循环利用,统筹农产品生产由初加工到精深加工再到综合加工方向发展,丰富产业价值链,建设农业产业集群。

(三)推动产业深度融合发展

随着收入增长和生活水平的提高,人们不仅追求物质生活需要,更追求精神生活需要,为了满足人们多层次的消费需求,我们需要发展融合产业,不断推动主体融合、业态融合和产业融合,促进多元产业融合发展。

首先,在主体方面,大力发展农业产业化联合体。持续发展产业关联度高、辐射带动力强的大型产业化联合体,发展分工明确、风险共担、利益共享的中型产业化联合体,发展农业企业、农民合作社与家庭农场和专业大户的小型产业化联合体。重点依托农业产业化组织,以农业生产为中心,向前将农业生产所必需的种子、化肥供应与农业生产连接起来,向后将农产品加工、销售与生产连接起来,形成上下游各环节紧密衔接、各主体共同参与产业运行的完整产业链。

其次,在业态方面,深化农业与其他产业的融合发展,深度挖掘农业的多功能性,加快打造产业融合一体、协调发展的新时代乡村产业体系。加快推动乡村产业的转型升级,用现代科技装备促进产业发展,促进农业与种植业、农业与流通业以及农业与教育、医疗、休闲、旅游等产业相互融合,培育"农业+互联网""农业+工业+互联网""农业+工业+服务业+互联网"等多业态发展模式,打造以农业为主导,农业合作社为主体,集工业、旅游、休闲等产业为一体的新型农业平台载体。推进大数据、物联网等现代新兴产业与农业的深度融合,积极培育与发展现代农业的新业态、新模式。在生产领域,提高传统农业的信息化、智能化水平,打造数字化农业、智慧型农业;在销售流通领域,通过与电子商务的融合,使生产者、加工者、销售者和服务者之间有机联结在一起,重塑价值链,强化信息链与利益链,让农民共享产业融合发展的增值收益。

最后,在产业方面,推动一二三产业融合,生产、加工、销售一体化。完善农产品生产、加工、运输、销售等环节的冷链物流体系,优化以产地批发市场为龙头、销地批发市场为纽带、社区农贸市场为终端的市场网络布局,逐步提升市场由单一交易场所向商品交易、信息集成、电子商务、物流配送、统一结算等现代市场功能的转变,加快培育各类农产品批发和零售市场以及农产品电子商务平台建设,努力建设为农服务的流通网络和流通设施,完善经济信息市场的服务体系,提高流通效率,促进产销无缝衔接。积极发展现代乡村服务业,完善乡村社会化服务体系。鼓励各类服务组织围绕农业生产产前、产中、产后各环节,提供专业化的专项服务和全产业链的综合服务,实现产业的规模经济,提高农业生产效率,转变乡村生产方式。

二、搭建创新创业平台,助力乡村产业全面升级

(一)加强农村人才培育培养

乡村振兴目标的实现,人才是关键。实现农村人才振兴,需要培育多种类型的人才主体。

一是农业生产经营人才。一方面,加大对农民的全产业链培训和在线教育培训,培养一批能带领一方的高素质农民队伍,特别是培养一批爱农业、懂技术、擅经营的新型职业农民主体;另一方面,鼓励农民工、科技人员、大学生以及退役军人创办家庭农场和农民合作社,积极培养家庭农场、农民合作社经营者。二是农村产业发展人才。建设农村创业创新孵化实训基地,壮大乡村企业家队伍,培育农村创业创新带头人;同时,依托电子商务公共服务平台,加强培育多层次的农村电商人才;此外,大力支持高校开展传统技艺传承人教育,设立传统艺人工作站,培育乡村工匠,带动乡村特色手工业发展。三是乡村公共服务人才。积极推进"互联网+义务教育"体系发展,大力培养乡村骨干教师,加强乡村教师队伍建设;完善乡村卫生健康人才激励机制,加强卫生健康人才在岗培训和继续教育,定向培养一批大学生

乡村医生,加强乡村卫生健康人才队伍建设;推进文旅人才下乡服务,重视乡村文旅体育人才队伍建设。四是农业农村科技人才。加快培育高科技领军人才、创新人才和科技推广人才队伍的建设,提升农业农村现代化科技水平。五是乡村治理人才队伍。努力培养建设乡村党政人才、社会工作人才、经营管理人才、农村法律人才、大学生村官队伍以及党组织带头人队伍,为提升乡村治理水平提供人才支撑。

此外,农村人才培养仍需要精准引才。紧紧围绕乡村振兴战略,在聚焦乡村产业,摸清乡村发展人才需求的基础上,加大人才引进力度。首先是开展引智支农活动,结合各地区产业特色,有针对性地到农业院校、科研单位开展招才引智活动,引进一批懂农业、懂科技、懂经营的乡村振兴生力军。其次是积极引导涉农企业、农民专业合作社、家庭农场等新型农业经营主体与农业院校、科研单位开展交流合作,树立新发展理念,采取签订服务协议的方式,柔性引进农业科研人才,为乡村振兴注入科技力量。

(二)建立完善农业科研体系

构建高校院所和科研机构一体化科技研发合作模式,加强农业研究院、农产品加工研发中心和重点实验室的建设,创立农业科技研发体系和推广体系,依托互联网、大数据、人工智能、区块链等技术在农业方面的应用,促进数字农业、智慧农业、循环农业以及农产品精深加工业等农业科技工程的创新。针对各地区地理区位和资源禀赋差异,研发适宜各地的新技术,特别是适合丘陵山区的小型农业生产机械,实现资源合理配置和充分利用,达到最优效用水平。此外,还可以通过平台推广传播,增强农业技术的可获得性和应用性,利用现代装备技术提高农业的标准化、信息化和机械化水平,提升农业发展质量。

(三)推动数字农业跨越发展

农业发展容易受到自然因素和经济因素的影响,其具有一定的风险,这种风险主要体现在两个层面:一是农产品生产与消费者主体较分散,使得信息获取成本较高;二是农产品生产和消费主体之间具有很大的距离,供需双方信息交流不畅。这就需要借助互联网等信息技术来缓解农产品生产与消费主体之间的信息不对称,也需要依托大数据平台,提高农业机械化、专业化水平,推动农业科技创新和科技成果转化,通过科技兴农降低农业"产+销"过程中的风险,促进农业向绿色化、质量型方向发展。此外,在继续完善乡村水、电、道路等硬件基础设施建设的同时,也要大力推进乡村网络等软件基础设施的建设,加快互联网技术在农业生产、加工、流通、销售环节的应用与推广,引导电商、物流、商贸、快递、金融等各类电子商务主体到乡村布局,构建农村网络购物平台,借助电商平台创新农产品销售模式,将农产品销售由线下转到线上,简化中间运输、销售等环节,最终促进产销效率的提升。

三、深化农村综合改革,加快城乡要素有序流动

(一)深化农村土地制度改革

土地作为重要的生产要素,自古以来都关乎着国计民生。化解乡村产业用地难题,需通过农村土地制度改革来完成。

首先,健全土地流转规范管理制度。一是全面开展农村土地征收制度改革和农村集体经营性建设用地入市改革,加快建设城乡统一的建设用地市场。二是丰富土地流转模式,大力推行土地承包、土地中介、土地服务型全托管、土地收益型全托管、土地"半托管"型合作模式、土地入股等多种模式。三是加强流转平台建设,公开土地流转信息、促进土地流转市场有序发展。四是放活土地使用权,农业经营者应对农村耕地拥有充分的自主配置权,推动集体所有权、承包权、经营权"三权分置"的土地制度改革,实现土地经营权和农村建设用地的流转、抵押和转让,吸引合作社、经营农场和涉农企业的加入,从而为乡村产业发展提供空间。

其次,深化农村宅基地制度改革,盘活农村闲置资产。一是加快推进宅基地使用权确权登记颁证工作,起草农场宅基地使用条例,开展闲置宅基地复垦试点,盘活建设用地,重点用于支持乡村新产业新业态和返乡下乡创

业。二是推进宅基地所有权、资格权、使用权"三权分置"改革,落实宅基地集体所有权,保障农民房屋财产权和宅基地农户资格权,适度放活宅基地和农民房屋使用权。三是积极探索实施农村集体经营性建设入市制度。允许农村集体在农民自愿的前提下,依法把有偿收回的闲置宅基地、废弃的集体公益性建设用地转变为集体经营性建设用地入市,有序盘活农村闲置的房地资源。

最后,严格农业设施用地管理,深入推进农业"标准地"改革。一是完善土地出让收入使用范围,提高农业农村在人居环境整治、村庄基础设施建设和高标准农田建设中的投入比例。二是加快修订土地管理法、物权法等法律法规,实施严格的土地监管制度和耕地保护制度,严禁破坏耕作层的种植设施用地和养殖设施用地,严守耕地红线和生态红线,严防土地的粗放使用和闲置浪费,坚决遏制农地非农化现象。三是明确永久基本农田范围,严格划分设定种植设施用地和养殖设施用地范围,合理规划农业种植用地和养殖设施用地规模。

(二)强化乡村产业金融支持

融资难是农业经营主体普遍面临的问题。乡村产业由于自身属性的原因,没有工业企业那么多的抵押物与质押物,并且由于新型农业经营主体发展处于初级阶段,总体规模比较小,获得信用贷款的难度也比较大。充足的资金支持是发展乡村产业的重要保证,对此,本书提出以下建议。

第一,政府要加大对涉农经营主体的财政补贴力度。一方面,加强对新型农业经营主体的监管,密切关注新型农业经营主体的经营状态,并向其提供精准的资金和项目支持,由"大水漫灌"向"精准滴灌"方式转变,助推农业农村整体发展水平的提升。另一方面,政府需出台相应政策支持新型农业经营主体的发展,间接引导社会资本流入乡村产业领域,实现农业经营主体的发展壮大。通过统筹高标准农田建设、现代农业生产发展等涉农资金,集中建设产业园基础设施和配套服务体系,使用贴息、担保等方式,引导金融和社会资本投入乡村产业。此外,通过对金融机构实行差别化的监管和考核,下放县域金融机构贷款审批权限,解决涉农贷款积极性不足的问题。

第二,银行类金融机构要加大对涉农经营主体的资金支持。一是创新其涉农产品和服务,加大对新型农业经营主体的信贷支持,如推出"新型职业农民贷",创新"宜社则社,宜户则户"的办贷方式;二是增加县域网点建设,推动农业信贷服务向乡村延伸,争取实现更多县域的覆盖,解决涉农贷款主体不足的问题;三是深化农业信贷担保体系建设,深化政银担合作,开展农民合作社内部信用合作,切实帮助涉农经营主体融资纾困解难。

第三,提升农险保障水平。一是深化保险制度改革,健全涉农财产保险和人身健康保险,降低农业生产经营风险;二是加速农险覆盖保障,引导保险机构因地、因业精准施策,畅通农险承保渠道;三是开拓"特色"农险服务,下沉服务重心,针对性推出特色农险产品,满足地方农业发展需求;四是强化科技支撑,打造"智慧"农险模式,建立畜牧、防疫、保险等多方联动机制,依托科技手段做到精准承保与理赔。

(三)完善利益联结共享机制

乡村产业的发展需要通过合作社把农户、家庭农场、农业企业等联合起来,构建"订单＋分红"和"农民入股＋保底收益＋按股分红"等模式的多种利益联结机制,将小农户融入产业链,促进农民增收。构建由普通家庭、专业农户、家庭农场、农业企业等构成的多元农业经营体系,促进小农户与新型经营主体共生。一是推行"资本联投、生产联营、经营联动、效益联赢、风险联控"的"产联式"模式,"土地合作社＋职业经理人＋社会化服务"的"农业共营制"模式,"家庭农场＋农事服务超市"等适度规模经营模式,通过保底分红、二次返利等多种方式,让农户分享"全产业链"增值收益。二是积极发展订单农业,引导龙头企业在平等互利基础上,与农户、家庭农场、农民合作社签订农产品购销合同,合理确定收购价格,形成稳定的购销关系。三是拓展农民增收渠道,鼓励工商企业优先聘用土地流转农民,通过提供技能培训、就业岗位和社会保障,辐射带动农民增收;同时,也应引导支持小农户向新型职业农民转变,加强对小农户的职业培训,鼓励其使用新技术,实现农业生产提质增效。

四、发展高质高效农业，促进产品服务价值增值

(一)打通两山转化渠道，促进生态价值实现

在乡村产业发展过程中，良好的生态环境是最宝贵的资源和核心竞争力。守好绿水青山，打通绿水青山到金山银山的转化之路，是乡村产业发展的核心要义。

对此，首先应鼓励产业生态转型，扩大生态产品市场化优势。支持发展生态农业、生态工业和生态服务业，将生态资源优势转化为发展优势，从而最终转化为经济收益。其次是探索生态指标及产权交易，创新生态产品市场化模式。如森林碳汇交易、水权交易、排放权交易，通过交易市场的建立和完善，创新绿水青山向金山银山转化的市场化模式。最后是塑造生态产品和生态价值品牌，激励绿色行为。打造生态品牌，利用品牌宣传力量加深社会公众对生态系统、生态价值重要性的认识；通过对绿色行为的激励，提升社会公众对生态文明建设的参与度。

(二)系统优化供求机制，加快科技成果转化

长期以来，我国高度重视三农领域科学技术的发展，给予相关领域科学研究巨大支持，同时也积极推动优秀科技成果落地。随着科学技术的不断进步与科技体制改革的持续深化，科技成果转化过程中出现的问题日益凸显，例如成果权属问题、知识产权问题等，亟待制定完善相关法律法规。

提高我国的农业科技成果转化能力，要从政策支持、奖励机制、培训模式等方面着手，并结合先进科技成果供求现状改善科技成果转化的供求机制，以促进科技成果转化，推动新时代乡村产业发展。各类高校与研究机构也应在研究前沿领域技术的同时兼顾当下乡村产业所面临的问题，形成良好的产学研需求拉动循环，聚焦乡村人才振兴需求，统筹科技教育资源，形成与产业链紧密联系的技术技能人才培养培训机制，优化学科专业布局结构，创新人才培养模式，形成一批优质培养培训项目，积极发挥示范引领作

用，为全面推进乡村振兴提供有力的人才支撑。

（三）挖掘乡村品牌价值，激发产业内生动力

在乡村振兴大背景下，乡村品牌化呈现出不可逆转之势。乡村品牌成为乡村与消费者进行沟通交流的桥梁和纽带。在没有占有更多资源、没有增加产量的情况下，乡村品牌化实现了乡村资产的整体增值。品牌化是一条高质量、可持续、绿色化、共同富裕的乡村发展之路，是乡村发展方式的变革和转型，具有重大的历史意义和现实价值。

随着时代的发展和旅游项目的丰富，人们更加追求生活方式的回归和情感元素的共鸣。乡村品牌是联结情感与乡村独有元素的桥梁。品牌一定是有其独特性的，是彰显乡村特色的符号。但目前大量乡村存在品牌同质化现象，甚至成为博取关注乃至获利的固有模式。乡村品牌化发展，需要从历史文化、资源禀赋等优势出发，寻找差异，树立个性，明确定位，从而形成一个完整的识别体系。它关系到乡村发展的道路和方向，是统领全局的核心所在。将各地的产业内核与乡村品牌结合，丰富品牌的内涵，讲好品牌故事，让受众看到产品和品牌背后的精神力量。并进一步加大资源整合力度，借助政府的力量，引导企业联合，形成完整的产业链。

后　记

　　本书稿是一项集体成果,书稿能够得以完成,得益于多方的支持。从数据资料的收集整理[本书各省份数据仅包含大陆(内地)数据,不含港澳台数据],到指标的分析计算,最后到文稿的写作,历经一年时间。在书稿写作过程中,企研数据科技(杭州)有限公司的叶武威先生全程参与,为书稿的完成做出了巨大的贡献。此外,下述同学和同事也为书稿的完成贡献了力量:浙江大学中国农村发展研究院洪妤婷同学;企研数据科技(杭州)有限公司施丹燕、沈梦露、郑泽青三位同事;浙江工商大学王冬梅同学;浙江理工大学彭绮荣同学。诚挚感谢所有参与了书稿写作的同学和同事。

　　本书中的案例向浙江大学中国农村发展研究院的同学进行了征集,很多同学为我们提供了案例材料,但因为篇幅所限,只能忍痛割爱,本书稿只选择了部分案例。在此,我们向所有参与案例投稿的同学表示诚挚的感谢。

　　在数据资料收集过程中,我们得到了各地政府部门的大力支持,尤其是下述地区的统计局给予了我们巨大的帮助:内蒙古自治区(呼和浩特市、赤峰市、呼伦贝尔市、包头市)、辽宁省(葫芦岛市、锦州市、朝阳市、鞍山市、铁岭市、辽阳市)、江西省(萍乡市、新余市、吉安市、抚州市、宜春市)、山东省(淄博市、烟台市、德州市)、河南省(鹤壁市、三门峡市、许昌市、驻马店市、濮阳市、漯河市、焦作市)、广西壮族自治区(北海市、贺州市、贵港市、百色市、崇左市、防城港市、来宾市、河池市、玉林市)、四川省(攀枝花市、雅安市、阿坝州)、贵州省(毕节市、黔西南州、铜仁市、贵阳市)、青海省(西宁市、海西州、玉树州、海东市、海北州)以及新疆维吾尔自治区。在此一并表示感谢!

作者

2022 年 2 月

图书在版编目（CIP）数据

中国乡村产业高质量发展报告. 2021：农业现代化
发展路径与地域特征 / 阮建青，杨奇明，陈立辉著. —
杭州：浙江大学出版社，2022.9
ISBN 978-7-308-22989-0

Ⅰ.①中… Ⅱ.①阮… ②杨… ③陈… Ⅲ.①乡村—
农业产业—产业发展—研究报告—中国 Ⅳ.①F323

中国版本图书馆 CIP 数据核字(2022)第 159312 号

中国乡村产业高质量发展报告(2021)
——农业现代化发展路径与地域特征
阮建青　杨奇明　陈立辉　著

责任编辑	陈佩钰（yukin_chen@zju.edu.cn）
文字编辑	葛　超
责任校对	许艺涛
封面设计	续设计
出版发行	浙江大学出版社
	（杭州市天目山路 148 号　邮政编码 310007）
	（网址：http://www.zjupress.com）
排　　版	杭州青翊图文设计有限公司
印　　刷	杭州高腾印务有限公司
开　　本	787mm×1092mm　1/16
印　　张	22.25
字　　数	342 千
版 印 次	2022 年 9 月第 1 版　2022 年 9 月第 1 次印刷
书　　号	ISBN 978-7-308-22989-0
定　　价	89.00 元